智能运输工程系列教材

智能运输系统概论

贾利民　王艳辉　徐　杰　编著

清华大学出版社
北京交通大学出版社
·北京·

内 容 简 介

本书从交通运输系统及其发展的角度出发,在介绍了智能运输系统及其发展的基础上,对智能运输系统进行了详细的介绍,主要包括智能运输系统体系结构与标准化、智能运输系统基础理论与关键技术,最后围绕道路、轨道交通、航空和水路四种不同的交通运输方式对智能运输系统及其应用系统进行了介绍。

本书内容丰富,取材新颖,可作为高等院校交通运输类、智能运输工程本科生教材,是智能运输系统认知的重要基础课程,同时也可以作为交通信息工程及控制、交通运输规划与管理、道路与铁道工程、载运工程、运用工程专业的硕士研究生教材,还可供从事智能运输系统、交通信息工程及控制等领域研究的科研人员和工程技术人员参考。

本书封面贴有清华大学出版社防伪标签,无标签者不得销售。
版权所有,侵权必究。侵权举报电话:010-62782989 13501256678 13801310933

图书在版编目(CIP)数据

智能运输系统概论/贾利民,王艳辉,徐杰编著. —北京:北京交通大学出版社:清华大学出版社,2019.9
 ISBN 978-7-5121-4047-9

Ⅰ.①智… Ⅱ.①贾… ②王… ③徐… Ⅲ.智能运输系统-高等学校-教材 Ⅳ.①F502

中国版本图书馆 CIP 数据核字(2019)第 190639 号

智能运输系统概论
ZHINENG YUNSHU XITONG GAILUN

策划编辑:	谭文芳
责任编辑:	严慧明
出版发行:	清华大学出版社 邮编:100084 电话:010-62776969 http://www.tup.com.cn
	北京交通大学出版社 邮编:100044 电话:010-51686414 http://www.bjtup.com.cn
印 刷 者:	北京时代华都印刷有限公司
经 销:	全国新华书店
开 本:	185 mm×260 mm 印张:18.25 字数:456 千字
版 次:	2019 年 9 月第 1 版 2019 年 9 月第 1 次印刷
书 号:	ISBN 978-7-5121-4047-9/F·1899
定 价:	48.00 元

本书如有质量问题,请向北京交通大学出版社质监组反映。对您的意见和批评,我们表示欢迎和感谢。
投诉电话:010-51686043,51686008;传真:010-62225406;E-mail:press@bjtu.edu.cn。

前　言

智能运输系统（intelligent transportation system，ITS），也称为智能交通系统。该概念形成于1994年在巴黎召开的第一届智能交通世界大会，是将许多科学家、技术专家、运输管理者和企业在交通信息和控制方面的工作进行总结和提炼，综合技术领域的观点，充分考虑将来的发展方向，并且在各方面达成共识的基础上提出的。智能运输系统的快速发展与广泛应用，不仅能够有效地缓解交通的拥堵，而且在提高交通安全、加快交通事故的处理与救援、改善客货运输管理、减少环境污染等方面都有巨大的影响。因此，各重点高校均高度重视智能运输系统在交通运输系统的发展。

本书的编写力求涵盖智能运输系统体系结构、标准化、基础理论与关键技术，并兼顾道路、轨道交通、航空、水路各种运输方式智能运输系统的专业性知识，较为全面地反映了智能运输系统领域的知识体系，是一本集道路、轨道交通、航空、水路运输为一体的综合性的智能运输工程教材。

本书由北京交通大学贾利民、王艳辉、徐杰主编，参与编写的人员有：李曼、崔逸如、李阳、杜宇朝、郝伯炎、吴铭涛、孙鹏飞、张宪、崔广炎、郝羽成、刘丽、赵晨阳等。贾利民、王艳辉、李曼统筹全书内容，其中李阳编写第1章、第7章，崔逸如、杜宇朝编写第2章、第6章，郝伯炎、张宪编写第3章、第5章，吴铭涛、孙鹏飞、崔广炎编写第4章，赵晨阳、刘丽编写第9章，第8章由本书所有参编人员编写，赵晨阳、刘丽对全书进行了校对。在本书编写过程中，编者参考了大量书籍、期刊等资料，在此，谨向作者致以真挚的谢意。智能运输系统是一门发展中的学科，因编者学术水平及经验等方面的限制，本书中肯定有不当之处，恳请读者赐教。

编者
2019 年 5 月
北京交通大学

目 录

第1章 交通运输系统及其发展历程 ··· 1

1.1 交通运输系统概论 ··· 1
    1.1.1 交通运输系统基本概念 ·· 1
    1.1.2 交通运输系统的构成 ··· 1
1.2 交通运输发展阶段 ··· 9
    1.2.1 前机械化时代 ··· 9
    1.2.2 机械化时代 ·· 10
    1.2.3 电气化时代 ·· 11
    1.2.4 智能化时代 ·· 12
1.3 我国交通运输系统的发展现状 ·· 13
    1.3.1 道路交通运输系统发展现状 ······································· 15
    1.3.2 轨道交通运输系统发展现状 ······································· 17
    1.3.3 航空运输系统发展现状 ·· 18
    1.3.4 水路运输系统发展现状 ·· 19
    1.3.5 管道运输系统发展现状 ·· 21
1.4 交通运输系统的功能及发展目标 ······································· 21
    1.4.1 交通运输系统的功能 ··· 21
    1.4.2 交通运输系统的发展目标 ·· 22
习题1 ··· 23

第2章 智能运输系统综述 ··· 24

2.1 智能运输系统概述 ·· 24
    2.1.1 智能运输系统的概念与起源 ······································· 24
    2.1.2 智能运输系统的特性 ··· 27
    2.1.3 智能运输系统的结构与功能 ······································· 29
2.2 智能运输系统的发展及趋势 ··· 30

  2.2.1 道路智能运输系统的发展 ·········· 30
  2.2.2 轨道交通智能运输系统的发展 ·········· 36
  2.2.3 中国智能运输系统的发展趋势及未来展望 ·········· 41
习题 2 ·········· 45

第 3 章 智能运输系统体系结构与标准化 ·········· 46

3.1 概述 ·········· 46
  3.1.1 系统与体系结构 ·········· 46
  3.1.2 智能运输系统体系结构的定义与作用 ·········· 46
  3.1.3 智能运输系统体系结构的构成 ·········· 47

3.2 智能运输系统的需求架构 ·········· 49
  3.2.1 智能运输系统用户主体及服务主体的确定 ·········· 49
  3.2.2 智能运输系统需求架构的确定 ·········· 50

3.3 道路交通智能运输系统体系结构 ·········· 52
  3.3.1 美国智能运输系统体系结构 ·········· 52
  3.3.2 日本智能运输系统体系结构 ·········· 61
  3.3.3 欧洲智能运输系统体系结构 ·········· 67
  3.3.4 中国智能运输系统体系结构 ·········· 69

3.4 轨道交通智能运输系统体系结构 ·········· 71
  3.4.1 日本 CyberRail ·········· 71
  3.4.2 美国 Smarter Railroad ·········· 74
  3.4.3 欧盟 InteGRail ·········· 77
  3.4.4 中国铁路智能运输系统体系结构 ·········· 80

习题 3 ·········· 85

第 4 章 智能运输系统基础理论与关键技术 ·········· 86

4.1 智能运输系统基础理论 ·········· 86
  4.1.1 智能协同理论 ·········· 86
  4.1.2 智能控制基础 ·········· 89
  4.1.3 动态交通分配理论 ·········· 91
  4.1.4 实时动态交通信息预测理论 ·········· 92

4.2 智能运输系统关键技术 ·········· 94
  4.2.1 智能运输信息检测技术 ·········· 94
  4.2.2 智能运输信息传输技术 ·········· 99
  4.2.3 数据库与数据存储技术 ·········· 107
  4.2.4 智能运输信息处理技术 ·········· 112
  4.2.5 地理信息系统应用技术 ·········· 119

习题 4 ·········· 123

第5章 道路智能运输系统 124

5.1 道路智能运输系统概述 124
- 5.1.1 道路智能运输系统的概念 124
- 5.1.2 道路智能运输系统的构成 124

5.2 道路智能运输系统相关子系统 125
- 5.2.1 车辆定位系统 125
- 5.2.2 先进的交通信息服务系统 127
- 5.2.3 先进的交通管理系统 131
- 5.2.4 先进的公共交通系统 134
- 5.2.5 先进的车辆控制系统 137
- 5.2.6 电子收费系统 140
- 5.2.7 交通事故管理系统 143

习题5 146

第6章 轨道交通智能运输系统 147

6.1 轨道交通智能运输系统概述 147
- 6.1.1 轨道交通智能运输系统的概念 147
- 6.1.2 铁路智能运输系统的构成 148
- 6.1.3 城市轨道交通智能运输系统的构成 149

6.2 铁路智能运输系统相关子系统 150
- 6.2.1 铁路运输管理信息系统 150
- 6.2.2 调度指挥管理信息系统 152
- 6.2.3 车号自动识别系统 153
- 6.2.4 全路客票发售和预订系统 153
- 6.2.5 行包营运管理信息系统 155
- 6.2.6 铁路办公信息系统 156
- 6.2.7 行车安全综合监控管理信息系统 156
- 6.2.8 综合防灾安全监控系统 159
- 6.2.9 高速铁路综合调度系统 165
- 6.2.10 应急救援指挥系统 169
- 6.2.11 地对车安全监控系统 174

6.3 城市轨道交通智能运输系统相关子系统 176
- 6.3.1 城市轨道交通控制中心系统 176
- 6.3.2 自动售检票系统 182
- 6.3.3 电力监控系统 187
- 6.3.4 环境与设备监控系统 190
- 6.3.5 火灾自动报警系统 198

  6.3.6 列车自动控制系统 ······ 205
  6.3.7 通信系统 ······ 212
  6.3.8 乘客信息系统 ······ 220
  6.3.9 综合监控系统 ······ 229
习题6 ······ 232

第7章 航空智能运输系统 ······ 233

7.1 航空智能运输系统概述 ······ 233
  7.1.1 航空智能运输系统的定义及分类 ······ 233
  7.1.2 航空智能运输系统的构成 ······ 233
7.2 航空智能运输系统的功能 ······ 234
  7.2.1 航空运输货运系统 ······ 234
  7.2.2 机场设施系统 ······ 235
  7.2.3 助航系统 ······ 239
  7.2.4 空中交通管制系统 ······ 242
  7.2.5 航空运输安全管理系统 ······ 244
  7.2.6 航空移动通信系统 ······ 245
习题7 ······ 246

第8章 水运智能运输系统 ······ 247

8.1 水运智能运输系统概述 ······ 247
  8.1.1 水运智能运输系统的概念 ······ 247
  8.1.2 水运智能运输系统的构成 ······ 247
8.2 水运智能运输系统的功能 ······ 248
  8.2.1 先进的船舶控制系统 ······ 248
  8.2.2 船舶自动识别系统 ······ 248
  8.2.3 水上交通管制、事故处理与救援系统 ······ 248
  8.2.4 船舶导航系统 ······ 248
  8.2.5 智能航海系统 ······ 249
  8.2.6 货物安全运输监控系统 ······ 253
  8.2.7 船舶管理信息系统 ······ 254
习题8 ······ 255

第9章 智能运输系统前沿热点 ······ 256

9.1 道路智能运输系统前沿热点 ······ 256
  9.1.1 新型的智慧交通基础设施系统 ······ 256
  9.1.2 交通运营管理维护系统 ······ 257
  9.1.3 交通服务增值系统 ······ 258

9.2 轨道交通智能运输系统前沿热点 ··· 259
9.2.1 移动装备与基础设施系统 ··· 260
9.2.2 指挥与控制系统 ··· 261
9.2.3 运输服务与安全保障系统 ··· 261
9.2.4 能源系统 ··· 263
9.3 航空智能运输系统前沿热点 ··· 264
9.3.1 航空大数据系统 ··· 265
9.3.2 空事卫星系统 ··· 265
9.3.3 先进飞行器系统 ··· 266
9.4 水运智能运输系统前沿热点 ··· 267
9.4.1 水运大数据系统 ··· 267
9.4.2 智能船舶系统 ··· 270
9.4.3 智慧港口系统 ··· 273
9.5 综合智能运输系统前沿热点 ··· 275
9.5.1 综合运输协同服务系统 ··· 276
9.5.2 综合运输紧急救援与安全系统 ··· 277
习题9 ··· 278

参考文献 ··· 279

第1章
交通运输系统及其发展历程

1.1 交通运输系统概论

1.1.1 交通运输系统基本概念

交通运输系统是指在一定空间范围（国家或地区）内由几种运输方式、技术设备，按照一定历史条件下的政治、经济和国防等社会运输要求，组成的运输线路和运输枢纽的综合体。交通运输是社会经济发展的条件和基础，是国民经济的重要组成部分。运输布局是否合理和运输能力的大小都直接影响整个社会的运转，关系着整个国家的经济发展速度和发展水平。

交通运输系统是社会生产发展到一定历史阶段的产物。以机器应用为标志的近现代交通运输业，大致经历了以下4个发展阶段：

（1）以水路运输为主的阶段（18世纪—19世纪上半叶）；
（2）以轨道交通运输为主的阶段（19世纪30年代—20世纪30年代）；
（3）道路、航空、管道3种运输方式崛起的阶段（20世纪30年代—20世纪50年代）；
（4）5种运输方式协调发展的综合运输体系阶段（从20世纪50年代始）。

纵观交通运输的发展历程可以看出：随着技术及装备的不断成熟，水路、轨道交通、道路、航空、管道这5种运输方式，都曾在一定时期获得迅速的发展并得到了广泛的应用，在一定的地理环境和经济条件下有其各自的合理使用范围，最终它们逐步走向协调发展，构成一个现代化的交通运输系统。

1.1.2 交通运输系统的构成

1.1.2.1 轨道交通运输

轨道交通运输是使用列车运送货物和旅客的一种运输方式，是陆上基本运输方式之一。它在整个运输领域中占有重要的地位,并发挥着愈来愈重要的作用。轨道交通运输如图1-1所示。

图1-1 轨道交通运输

轨道交通运输有其典型特点,下面从旅客运输和货物运输两方面对轨道交通运输特点进行介绍。

1. 旅客运输

轨道交通旅客运输具有以下几个优点。

(1) 运输能力大。

轨道交通由于具有高密度运转、列车行车时间间隔短、行车速度高及列车编组辆数多等特点,其运输能力较大。

(2) 准时性强。

轨道交通运输不受其他交通工具干扰,不会产生线路堵塞现象,受气候影响较小,属于全天候的交通工具,列车能按运行图运行,具有可信赖的准时性。

(3) 舒适性好。

与其他交通运输相比,轨道交通运输由于运行在不受其他交通工具干扰的线路上,车辆具有较好的运行特性,车辆、车站等装有空调、引导装置、自动售票机等直接为旅客服务的设备,具有较好的乘车条件。

(4) 安全性好。

轨道交通由于运行在专用轨道上,不受其他交通工具干扰,并且有先进的通信信号设备,极少发生交通事故。

轨道交通旅客运输具有以下几个缺点。

(1) 投资大,运营费用高。轨道交通运输在施工过程中的投入较高,后期的运营成本也难以控制,轨道交通运营部门长期处于亏损状态。

(2) 路网结构调整困难。轨道一旦铺设完成之后便不能改变,故路网一旦确定便很难进行调整。

(3) 施工、运营技术要求高。存在隧道、地下和复杂地质环境等问题,对施工技术和运营技术要求较高。

(4) 事故处理困难。轨道交通客运一旦出现事故,后果可能非常严重,事故处理也较为困难。

2. 货物运输

轨道交通货物运输具有如下优点：

（1）运输能力大，适合于大批量低值产品的长距离运输；

（2）有多种类型的车辆，单车装载量大，几乎能承运任何商品，且受重量和容积的限制较小；

（3）车速较高，平均车速在 5 种基本运输方式中排在第二位，仅次于航空运输；

（4）运输受气候和自然条件影响较小，在运输的准时性方面占优势；

（5）可以方便地实现驮背运输、集装箱运输及多式联运。

同时，轨道交通货物运输具有如下缺点：

（1）轨道线路是专用的，固定成本很高，原始投资较大，建设周期较长；

（2）按列车组织运行，在运输过程中需要有列车的编组、解体和中转改编等作业环节，占用时间较长，因而增加了货物在途中的时间；

（3）货物运输中的货损率较高，而且由于装卸次数多，货物损毁或丢失事故通常比其他运输方式多；

（4）不能实现"门到门"直达运输，通常要配合使用其他运输方式才能完成运输任务，除非托运人和收货人均有轨道支线。

1.1.2.2 道路运输

道路运输是主要使用汽车在公路上运送货物和旅客的一种运输方式，它在中短途运输中的优势比较突出。其中城市道路主要负担城市内部通勤和出行市民的运输任务，高速公路主要负担城市间、区域间的客货运运输。道路运输如图 1-2 所示。

图 1-2 道路运输

道路运输主要有以下优点。

（1）机动灵活，适应性强。

由于道路运输网一般比铁路、水路网的密度要大十几倍，分布面广，因此，道路运输车辆可以"无处不到、无时不有"。道路运输在时间方面的机动性也比较大，车辆可随时调度、装运，各环节之间的衔接时间较短。特别地，道路运输对客货运量的多少具有很强的适应性。

(2) 可实现"门到门"直达运输。

由于汽车体积较小，中途一般也不需要换装，除了可沿分布较广的路网运行外，还可离开路网深入到工厂企业、农村田间、城市居民住宅等地，即可以把旅客和货物从始发地门口直接运送到目的地门口，实现"门到门"直达运输。这是其他运输方式无法与道路运输相比拟的特点之一。

(3) 在中短途运输中，运送速度较快。

在中短途运输中，由于道路运输可以实现"门到门"直达运输，中途不需要倒运、转乘就可以直接将客货运达目的地。因此，与其他运输方式相比，其客货在途时间较短，尤其随着高速公路系统的逐步完善，其运送速度也越来越快。

(4) 原始投资少，资金周转快。

道路运输与轨道交通、水路、航空运输相比，所需固定设施简单，车辆购置费用一般也比较低。因此，道路运输具有原始投资少、投资回收期短等优点。据有关资料表明，在正常经营情况下，道路运输的投资每年可周转 1～3 次，而轨道交通运输则需要 3～4 年才能周转 1 次。

(5) 车辆驾驶技术较易掌握。

与火车司机或飞机驾驶员的培训要求相比较，汽车驾驶技术比较容易掌握，对驾驶员的各方面素质要求相对也比较低。

道路运输亦具有一定的缺点。

(1) 运量较小，运输成本较高。

目前，世界上最大的汽车是美国通用汽车公司生产的矿用自卸车，长 20 多米，自重 610 t，载重 350 t 左右，但其运量仍比火车、轮船少得多。由于汽车载重小，行驶阻力比铁路大 9～14 倍，所消耗的燃料又是价格较高的液体汽油或柴油，因此，除了航空运输，道路运输成本最高。

(2) 运行持续性较差。

据有关统计资料表明，在各种现代运输方式中，公路的平均运距是最短的，运行持续性较差。

(3) 危险性较高，污染环境较大。

据历史记载，自汽车诞生以来，已经有 3 000 多万人因汽车交通事故而丧生，特别是从 20 世纪 90 年代开始，死于汽车交通事故的人数急剧增加，平均每年达 50 多万。汽车所排出的尾气和产生的噪声也严重地威胁着人类的健康，是大城市环境污染的最大污染源之一。

1.1.2.3 水路运输

水路运输是一种使用船舶（或其他水运工具）通过各种水道运送货物和旅客的运输方式。它特别适合担负时间要求较弱的大宗、廉价货物的中长距离的运输，包括煤、石油、矿石、建材、钢铁、化肥、粮食、木材、水泥、食盐等。按照其航行的区域，水路运输大体上可以分为远洋运输、沿海运输和内河运输三种类型。远洋运输通常指无限航区的国际运输；沿海运输是指在沿海地区各港口之间进行的运输；内河运输则是指在江、河、湖泊及人工水道（运河）上从事的运输。前两种又统称为海上运输。在有条件的地方，水路运输应成为大宗和散装货物的重要运输方式之一，也可以承担沿海内河的客运任务。水路运输如图1-3所示。

图1-3 水路运输

水路运输具有如下优点：

（1）运能大，能够运输数量巨大的货物；

（2）可用性较强，客货两宜；

（3）可越洋运输大宗货品，连接被海洋所分割的大陆，远洋运输是发展国际贸易的强大支柱；

（4）运输成本低，能以最低的单位运输成本提供最大的货运量，尤其在运输大宗货物或散装货物时，采用专用的船舶运输，可以取得更好的技术、经济效果；

（5）平均运输距离长。

水路运输具有如下缺点：

（1）受自然气象条件因素影响大，由于季节性制约程度大，因而一年中中断运输的时间较长；

（2）营运范围受到限制，如果没有天然航道则无法运输；

（3）航行风险大，危险系数高；

（4）运送速度慢，准时性差，经营风险增加；

（5）装卸作业量大，搬运成本与装卸费用高。

1.1.2.4 航空运输

航空运输是一种使用飞机（或其他飞行器）运送货物和旅客的运输方式。它适合于担负各大城市之间和国际的快速客运、报刊、邮件等对实效性要求高的货物的运输和昂贵、精密、急需货物的运输。航空运输如图1-4所示。

航空运输尽管成本和能耗高，但具有建设周期短、运送速度快、受地形限制较小等特点，因此常用于长途客运和精密仪器、鲜活易腐货物等的运输。

航空运输具有以下优点。

图 1-4 航空运输

（1）速度快。

"快"是航空运输的最大特点和优势。现代喷气式客机的巡航速度为 800~900 km/h，比汽车、火车快 5~10 倍，比轮船快 20~30 倍。距离越长，航空运输所能节约的时间越多，快速的特点也越显著。

（2）机动性大。

飞机在空中飞行，其受航线条件限制的程度比汽车、火车、轮船小得多。它可以将地面上任何距离的两个地方连接起来，可以定期或不定期飞行。尤其针对灾区的救援等紧急任务，航空运输已成为必不可少的手段。

（3）舒适、安全。

喷气式客机的巡航高度一般在 10 000 m 左右，飞行不受低气流的影响。现代民航客机的客舱宽敞、噪声小，机内有供膳、视听等设备，旅客乘坐的舒适程度较高。由于科学技术的进步和对民航客机适航性的严格要求，航空运输的安全性比以往大大提高。

（4）基本建设周期短、投资小。

要发展航空运输，从设备条件上讲，只要添置飞机和修建机场。这与修建铁路和公路相比，建设周期短、占地少、投资省、收效快。据计算，在相距 1 000 km 的两个城市间建立交通线，若载客能力相同，修筑铁路的投资是开辟航线的 1.6 倍，开辟航线只需 2 年。

航空运输主要有以下缺点：

（1）飞机机舱容积和载重量都比较小，运载成本和运价比地面运输高；

（2）准时性差，由于飞行在一定程度上被气象条件限制，其正常、准点性受到影响；

（3）航空运输速度快的优点在短途运输中难以充分发挥，因此，航空运输比较适宜于 500 km 以上的长途客运，以及时效性强的鲜活易腐和价值高的货物的中长途运输。

1.1.2.5 管道运输

管道运输是一种由大型钢管、泵站和加压设备等组成的连续运输方式。管道运输如图 1-5 所示。管道是流体能源非常适宜的运输手段，流体能源主要包括原油、天然气、成品油（包括汽油、煤油、燃料油及液化石油气）。管道运输投资省、建设周期短、运输能力大、占地少、受自然条件影响小，一般适合天然气、流向比较集中的原油和成品油运输。

图 1-5 管道运输

管道运输具有以下优点。

(1) 运输效率高。

理论分析和实践经验已证明，管道口径越大，运输距离越远，运量越大，运输成本就越低。以运输石油为例，管道运输、水路运输、轨道交通运输的运输成本之比为 1:1:1.7。一条输油管线可以源源不断地完成输送任务。根据其管径的大小不同，其每年的运量可达数百万吨到几千万吨，甚至超过亿吨。

(2) 管道运输占地面积小。

对于不同的运输方式而言，其占地情况迥然不同。在管道运输系统中，其埋藏于地下的管道占管道总长度的 95% 以上，因而在 5 种交通运输方式中，其占地面积最小，仅为公路运输的 3%，轨道交通运输的 10% 左右。因此对于节约土地资源意义重大的项目，可优先考虑管道运输方案。

(3) 管道运输建设周期短、费用低。

国内外交通运输系统建设的大量实践证明，管道运输系统的建设周期与相同运量的铁路运输系统相比，一般要短 1/3 以上，同时管道的建设费用比铁路低 60% 左右。历史上，中国建设大庆至秦皇岛全长 1 152 km 的输油管道，仅用了 23 个月的时间，而若要建设一条具有同样运量的铁路，至少需要 3 年的时间。

(4) 管道运输安全可靠、连续性强。

由于石油天然气易燃、易爆、易挥发、易泄漏，采用管道运输方式，既安全，又可以大大减少挥发损耗，同时由于泄漏导致的对空气、水和土壤的污染也可大大减少。也就是说，管道运输能较好地满足运输工程的绿色化要求。此外，由于管道基本埋藏于地下，其运输过程受恶劣多变的气候条件的影响小，可以确保运输系统长期稳定地运行。

(5) 管道运输耗能少、成本低、效益好。

发达国家采用管道运输石油，每吨千米的能耗不足铁路的 1/7，在大量运输时的运输成本与水路运输接近。因此，在无水条件下采用管道运输是一种最为节能的运输方式。

管道运输的缺点主要体现在以下几个方面。

(1) 运输对象受到限制，承运的货物比较单一，只适合运输诸如石油、天然气、化学品、碎煤浆等货物。

(2) 管道运输不如其他运输方式灵活，除承运的货物比较单一外，它也不容随便扩展管线。对一般用户来说，管道运输常常要与轨道交通运输或道路运输、水路运输配合才能完成全程输送。

(3) 为了进行连续输送，还需要在各中间站建立储存库和加压站，以促进管道运输的畅通。

(4) 管道运输属于专用运输，其成产与运销混为一体，不提供给其他发货人使用。

交通运输系统是一个由上述 5 种交通运输方式并存的综合系统，各种交通运输方式的优缺点及适用范围如表 1-1 所示。

表 1-1　各种交通运输方式的优缺点及适用范围

交通运输方式	优点	缺点	适用范围
轨道交通运输	(1) 运量大； (2) 速度快； (3) 成本和运价较低； (4) 全天候运输，一般不受季节影响； (5) 安全性好	(1) 始建投资大，建设周期长； (2) 受轨道线路限制，灵活性差； (3) 运输总成本中固定费用所占比重大	长距离运输货物、旅客
道路运输	(1) 机动灵活； (2) 技术标准及造价相对较低，修建快； (3) 客运成本和运价比航空运输低	(1) 长距离运输时，运营成本高； (2) 对环境污染较严重； (3) 安全性较差	中短途客货运输
水路运输	(1) 能耗少，投资省； (2) 成本和运价低廉； (3) 有利于旅游观光，乘坐舒适； (4) 通航能力大	(1) 速度慢； (2) 受地理位置及气候条件的影响大	担负时间要求不太强的大宗、廉价货物的中长距离的运输；部分旅客运输
航空运输	(1) 运输速度最快； (2) 航线直，两点之间的运输距离短； (3) 灵活性大，舒适，安全； (4) 基本建设周期短，投资少	(1) 运载量小； (2) 营运成本最高； (3) 受气候影响较大	各大城市之间和国际的快速客运等
管道运输	(1) 投资省； (2) 建设周期短； (3) 运输能力大； (4) 占地少； (5) 受自然条件影响小	(1) 能耗高； (2) 建设成本高	适合流体能源的运输，包括原油、天然气、成品油

1.2 交通运输发展阶段

交通是指从事旅客和货物运输及语言和图文传递的行业。交通工具指一切人造的用于人类代步或运输的装置，如马车、牛车、自行车、帆船、汽车、摩托车、火车、船只及飞行器等。交通工具的发展能够反映根据时代变迁而产生的交通运输模式的改革与变迁，不同的交通工具带有其各自独特的时代气息，图1-6为交通运输系统发展进程。

交通工具是现代人生活中不可缺少的一个部分。随着时代的发展和科学技术的进步，人们周围的交通工具种类越来越多，给人们的生活带来了极大的方便。陆地上的汽车和列车、海洋里的轮船、天空中的飞机等大大提高了人们的活动范围。火箭和宇宙飞船的发明，使人类探索另一个星球的理想成为现实。也许在不远的将来，人们可以到太空中去旅游观光，人们的后代可以到另一个星球去参观学习。

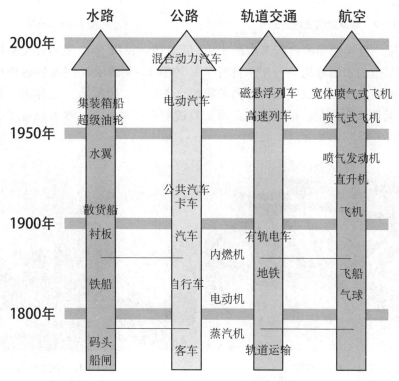

图1-6 交通运输系统发展进程

1.2.1 前机械化时代

早些时候，人类还没有"交通工具"这一名词，那时，人们主要靠步行来相互走访联系、运输物品。所以，那时候相对距离较远的两地无法进行很好的沟通，人们不能相互交流融合，科技、经济等都很不发达，发展也极其缓慢。最原始的交通方式如图1-7所示。

后来，随着社会的发展，人们可以驯服一些动物，如马、骆驼等，于是就有了马车（如图1-8所示）等畜力交通工具，它促进了部落间、朝野间的交流，促进了社会的进一步发展。该阶段运载工具的使能/赋能技术是生物质能源、材料、机械制造，通过畜力交通，利用生物质能源，形成了农业文明。

图1-7 最原始的交通方式

图1-8 马车

世界上第一批实用型的自行车出现于19世纪初。1817年，德国人德莱斯在法国巴黎发明了带车把的木制两轮自行车。自行车（如图1-9所示）问世后迅速成为当时深受人们青睐的交通工具。以风作为动力的帆船（如图1-10所示）也作为一种交通工具与畜力交通工具长期并存。很快这种交通工具被利用在战场上，这就促进了社会的飞速发展。

图1-9 自行车

图1-10 风力帆船

1.2.2 机械化时代

世界上第一台蒸汽机是由古罗马数学家亚历山大港的希罗于1世纪发明的汽转球，这是蒸汽机的雏形。托马斯·塞维利和托马斯·纽科门分别于1698年和1712年制造出了早期的工业蒸汽机，他们对蒸汽机的发展都做出了自己的贡献。1807年，罗伯特·富尔顿成功地用蒸汽机来驱动轮船。瓦特运用科学理论，逐渐发现了这种蒸汽机的缺点所在。从

1765 年到 1790 年,他进行了一系列改进,使蒸汽机的效率提高到原来纽科门机的 3 倍多,最终发明出工业用蒸汽机。

在陆路交通方面,人们开始研制能以蒸汽机推动车辆快速行进的运输工具。其中,英国的史蒂芬森率先取得了突破性成果。1814 年,他研制的第一辆蒸汽机车"布拉策号"试运行成功。1825 年 9 月 27 日,史蒂芬森亲自驾驶他同别人合作设计制造的"旅行者号"蒸汽机车在新铺设的铁路上试车,并获得成功。蒸汽机在交通运输业中的应用,使人类迈入了"火车时代",迅速地扩大了人类的活动范围。蒸汽机有很大的历史作用,它曾推动了机械工业的发展,解决了大机器生产中的最关键问题,使得交通运输取得了空前的进步。

蒸汽火车与蒸汽轮船(如图 1-11 所示)现在已经基本被淘汰,中国的蒸汽火车于 2009 年 10 月正式退出历史舞台。机械化时代的使能、赋能技术是通过热力驱动将新材料与机械制造相结合,蒸汽机燃烧化石能源,促使人类第一次工业革命的形成。

(a) 蒸汽火车　　　　　　　　　　　(b) 蒸汽轮船

图 1-11　蒸汽火车和蒸汽轮船

1.2.3　电气化时代

电与磁之间的相互转化为电动车的发展奠定了理论基础。19 世纪 80 年代中期,德国发明家卡尔·本茨提出了轻内燃发动机的设计,这种发动机以汽油为燃料。内燃机的发明解决了交通工具的发动机问题,引起了交通运输领域的革命性变革。电气化时代的使能、赋能技术是通过内燃机实现制造业与材料技术、石化工业技术的结合,通过燃烧二次能源,促使人类形成了第二次工业革命。19 世纪 80 年代,德国人卡尔·本茨成功地制成了第一辆用汽油内燃机驱动的汽车,与此同时,许多国家都开始建立汽车工业。随后,以内燃机为动力的内燃机车、远洋轮船、飞机等也不断涌现出来。1894 年,德国研制成功了第一台汽油内燃机车,并将它应用于铁路运输。1903 年 12 月 17 日,美国莱特兄弟制造的飞机试飞成功,实现了人类翱翔天空的梦想,预告了交通运输新纪元的到来。早期汽车、飞机和轮船如图 1-12 所示。

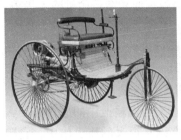  

图 1-12　早期汽车、飞机和轮船

1.2.4　智能化时代

智能化时代是信息高度发达，软、硬件高度自动化，各学科综合发展并突飞猛进的时代，它对人类创新能力的挑战是巨大的。在智能化时代，智能识别、计算机辅助计算分析、系统自动控制已经成为核心技术，智能化时代将人从繁忙的操作中解放出来，机器大大代替了人工，为人们的生活带来了极大的便利。在交通领域，智能化技术展现了其应有的价值。在智能化时代，将电子信息技术、机械制造技术、信息技术相结合，通过消耗二次能源，实现了快速、高效、安全的旅行，促使第三次产业革命的到来。

无人驾驶汽车与新能源汽车（如图 1-13 所示）是智能化时代的产物。无人驾驶汽车将传感器物联网、移动互联网、大数据分析等技术融为一体，从而能动地满足人的出行需求。新能源汽车是指采用非常规的车用燃料作为动力来源（或使用常规的车用燃料、采用新型车载动力装置），综合车辆的动力控制和驱动方面的先进技术而形成的技术原理先进且具有新技术、新结构的汽车。

图 1-13　无人驾驶汽车与新能源汽车

同时，高速公路电子收费（ETC）系统、自适应信号控制系统（如图 1-14 所示）等也都是智能化时代的产物。其中，自适应信号控制系统是一种智能型交通控制、管理系统，主要用于大中城市道路交通信号系统的优化协调控制。它通过检测器检测交通流信息，然后将这些数据实时地通过网络传到上位机，上位机实时地产生最佳的绿灯配时方案，并付诸实施，可以使一段时间内车辆放行最大，或者使其他交通控制评价指标如延误、停车次数等最小。这种控制方式适合于区域管理或干线协调时使用，上位机可以对多个路口信号机进行协调,使其运行方案可以根据交通流的变化而自适应地调整,从而提高整个区域或干线上的运行效率。

图1-14 高速公路ETC系统与自适应信号控制系统

1.3 我国交通运输系统的发展现状

交通运输系统是以运输线路为主线,将运载工具、港口、车站道路设施、航道等硬要素与运输组织、管理和协调系统等软要素贯穿而成的系统。其核心要素是以交通运输需求的特性(需求主体、运量、运距、流向、需求技术等)为出发点,按照不同运输方式的技术经济特征及区域运输路线环境状况,合理配置各种运输资源,快捷、高效、安全地实现运输对象的空间位移。为实现这一核心要求,必须对交通运输系统的5种运输方式进行合理规划布局,形成综合运输系统。综合运输系统是社会生产发展到一定经济阶段的产物。

中国经济发展所处的阶段要求交通运输业未来几年仍处于大建设大发展时期,为进一步解决其对经济发展的"瓶颈"作用,满足人民群众日益增长的消费需求,必须优化交通运输布局和运输方式结构,发挥整体优势和组合效率,提高交通生产供给的绝对量,并从结构上提高各种运输方式的供给效率,加快形成便捷、通畅、高效、安全的综合运输系统。图1-15至图1-21为我国近年来交通运输系统的基本情况。

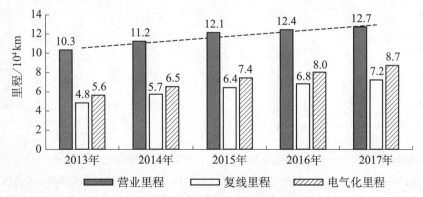

图1-15 2013—2017年全国铁路营业里程

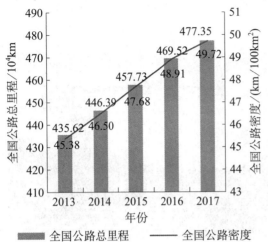

图 1-16 2013—2017 年全国公路总里程及公路密度

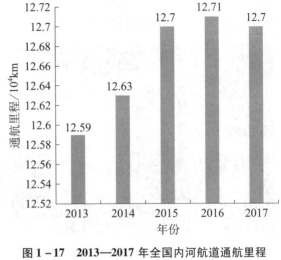

图 1-17 2013—2017 年全国内河航道通航里程

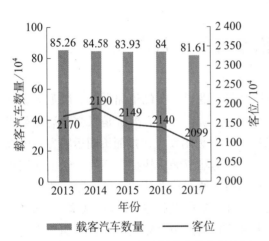

图 1-18 2013—2017 年全国载客汽车拥有量

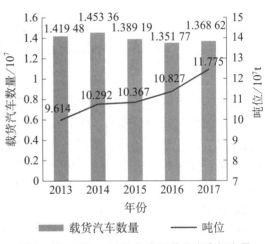

图 1-19 2013—2017 年全国载货汽车拥有量

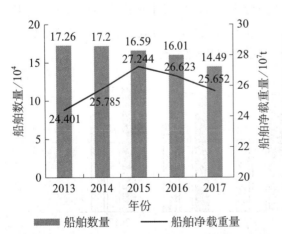

图 1-20 2013—2017 年全国水上运输船舶拥有量

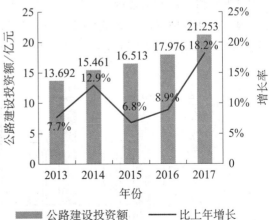

图 1-21 2013—2017 年公路建设投资额及增长速度

1.3.1 道路交通运输系统发展现状

根据《国家公路网规划（2013—2030）》和各省公路建设规划，我国在"十二五"和"十三五"期间需完成每年新增高速公路 5 000 km、新改建二级公路 2 万 km 和建设农村公路 5 万 km，才能满足完成规划建设任务的需求。按以上规模测算，公路建设投资规模每年约 1 万亿元以上。

近几年，我国智慧城市建设步伐不断提速，智慧城市试点工作正在全国上百个地方如火如荼地进行。根据国家发改委、交通运输部等八部委起草并上报国务院的《关于促进智慧城市健康发展的指导意见》，智能交通被列为十大领域智慧工程建设之一。随着越来越多的城市开始建设智慧城市和智能交通，目前智能运输信息系统在我国主要城市都已完成数据采集设备的铺设工作，并已得到了广泛的应用。各地政府对智能运输系统的建设日益重视，部分城市的智能交通管理已达到较高水平，城市道路交通管控系统、非现场执法系统、交通信号灯系统、交通流采集系统、交通诱导系统、ETC 系统、停车场资源引导系统均已经完成规模建设。道路信息发布、停车引导、路况信息推送等基于智能运输系统的服务已基本实现。

未来道路技术的发展，将更多关注于新型的路基、路面结构与材料，道路设施管理、检测与维修技术，针对多设施、多目标、全寿命周期、永久性路面的优化技术，研发面向大交通流、重载交通、多设施的综合优化管理技术等。在公路基础设施建设方面，引入新的技术手段及着力降低交通污染已成为目前国际上的研发热点。在道路材料方面，将光催化技术应用于道路路面材料，这是近年来日益受到重视的一项污染治理新技术。在道路施工技术方面，目前国内正在研究如何降低沥青混合料生产和摊铺时所需要的温度，减少沥青路面施工过程中的环境污染，以达到欧盟标准。该项技术最直接的益处就是，可以降低传统沥青混合料在生产过程中的能源消耗，并保证其在摊铺和压实过程中具有较高的施工性能。

未来智能交通的发展呈现如下几大趋势。

1. 全面感知的交通基础设施

随着车联网及物联网技术的发展，对道路上的人、车、物可实现全面感知，包括对道路的实时运行状况、道路交通流数据、外场设备的运行状况、各类的交通违法行为、交通设施现状的监测与掌控等，这些信息都为各项交通应用和信息服务提供基础支撑。

2. 协同运营的综合交通管控系统

该系统面向交通实时的管控需求，集成了图像视频、卡口电警、信号控制、交通检测、交通诱导等各类交管业务系统，为交通警情处置、勤务特勤管理、重点车辆管控、交通违法处置等提供集成管理手段。它将智能交通算法和交警指挥调度业务进行深度整合，为交通拥堵预警疏导、动态指挥调度、交通组织优化和交通信息服务提供辅助决策支持，为城市交通常态及突发事件状态下的有效指挥和管控提供技术支撑。

3. 安全智能的无人驾驶系统

随着智能技术和互联网技术的不断提高，无人驾驶汽车是未来交通工具的方向，这种智慧型汽车会将探测、识别、判断、决策、优化、优选、执行、反馈、纠控功能融为一体，不断学习、总结、提高技能。未来的我们只需动动嘴，躺在车上一觉醒来就可以到达我们预定的目的地。

4. 开放共享的交通智能化服务

由于移动互联网的应用，出现了很多创新的智能交通服务，如网约车、共享单车、定制化公交等，极大地方便了人们的出行。待未来无人驾驶技术成熟以后，人们就可以更方便地获得出行服务了，可直接采用租赁的方式去实现出行，或者采用租赁车加大容量公交的方式出行，自有车将不会是最方便和经济的出行方式，这样可以极大减少道路的拥堵，同时停车难问题也可以得到极大的缓解。

5. 科学智能的大数据决策体系

采用大数据对汽车数据进行分析，可快速实现对驾驶员未系安全带、边开车边打电话等危险行为做出判断。采用不同的行为分析模型可以快速分析车辆行为，如：落脚点分析、昼伏夜出分析、同行车辆分析、套牌车辆分析、区域碰撞分析、车辆轨迹分析、首次入城分析、隐匿车辆分析。采用大数据决策体系对各类交通数据进行清洗、挖掘，实现对海量数据的综合应用、深度应用和高级应用，揭示城市交通运输的规律性，为合理制定交通运输管理对策提供量化依据，提高决策管理能力；分析交通态势未来走向，为管控人员实施预判、防范措施提供支持，提高道路交通运输及安全管理的效率和全局掌控能力；为各类交通管理方案和临时管控措施的制定提供量化依据，辅助其执行效果的评估及优化，提高综合交通管理水平。城市智慧交通管控与指挥系统如图1-22所示。

图1-22 城市智慧交通管控与指挥系统

1.3.2 轨道交通运输系统发展现状

受益于中国基础设施建设的全面提速和城市化率的快速提升,轨道交通建设经历了为期超过 10 年的高速发展。根据国家统计局数据,铁路固定资产投资从 2004 年的不足 1 000 亿元发展到 2017 年的 8 010 亿元,近 13 年的复合增速高达 18.30%。从 2000 年到 2017 年,铁路运营里程由 6.87 万 km 提高到 2017 年的 12.7 万 km,铁路运输密度由 71.56 km/10^4km^2 提高到 129.17 km/10^4km^2。其中,高铁的爆发式发展贡献了主要的增长动力。我国高铁运营里程从 2008 年的 671.5km 快速增长到 2017 年的 2.5 万 km。2016 年 9 月 12 日,历时 7 年,总投资 12.98 亿元的青藏铁路无缝钢轨换铺工程完成,全线 1 956km 青藏铁路实现了"千里青藏一根轨",列车的平顺性和安全性有了很大的提高。

2016 年 7 月,国家发改委、交通运输部、中国铁路总公司联合发布了《中长期铁路网规划》,勾画了新时期"八纵八横"高速铁路网的宏大蓝图。根据《中长期铁路网规划》,到 2020 年,全国铁路营业里程达到 15 万 km,其中高铁营业里程达 3 万 km,覆盖 80% 以上的大城市,为完成"十三五"规划任务、实现全面建成小康社会目标提供有力支撑。到 2025 年,铁路网规模达到 17.5 万 km 左右,其中高铁网规模达到 3.8 万 km 左右,网络覆盖进一步扩大,路网结构更加优化,骨干作用更加显著,更好发挥铁路对经济社会发展的保障作用。展望 2030 年,国内基本实现内外互联互通、区际多路畅通、省会高铁连通、地市快速通达、县域基本覆盖。

1. 高铁网

在原"四纵四横"主骨架基础上,增加高铁,同时充分利用既有铁路,形成以"八纵八横"主通道为骨架、区域连接线衔接、城际铁路补充的高铁网。

新的规划方案中明确划分了高铁网建设标准。高铁是指通过改造原有线路(直线化、轨距标准化),使营运时速达到 200 km 以上,或者专门修建新的"高速新线",使营运时速达到 250 km 以上的铁路系统。高铁主通道规划新增项目原则采用时速 250 km 及以上标准(地形地质及气候条件复杂困难地区可以适当降低),其中沿线人口城镇稠密、经济比较发达、贯通特大城市的铁路可采用时速 350 km 标准。区域铁路连接线原则采用时速 250 km 及以下标准。城际铁路原则采用时速 200 km 及以下标准。具体规划方案如下。

(1) 构建"八纵八横"主通道。

"八纵"通道为:沿海通道、京沪通道、京港(台)通道、京哈-京港澳通道、呼南通道、京昆通道、包(银)海通道、兰(西)广通道;"八横"通道为:绥满通道、京兰通道、青银通道、陆桥通道、沿江通道、沪昆通道、厦渝通道、广昆通道。

(2) 拓展区域铁路连接线。

在"八纵八横"主通道的基础上,规划布局区域铁路连接线的目的是进一步完善路网,扩大高铁路网覆盖。

(3) 发展城际客运铁路。

在优先利用高铁、普铁开行城际列车服务城际功能的同时,可以有效规划、建设、支撑和引领新型城镇化发展，实现大中城市与中心城镇及具有服务通勤功能的城市群城际客运铁路的有效连接。

2. 普铁网

重点围绕扩大中西部路网覆盖，完善东部网络布局，提升既有路网质量，推进周边互联互通。具体规划方案如下。

（1）形成区际快捷大能力通道。

包含12条跨区域、多径路、便捷化的区际大能力通道。

（2）面向"一带一路"国际通道。

从西北、西南、东北三个方向推进我国与周边互联互通，完善口岸配套设施，强化沿海港口后方通道。

（3）促进脱贫攻坚和国土开发铁路。

从扩大路网覆盖、完善进出西藏、新疆通道和促进沿边开发开放这三个方面提出了一批规划项目。

（4）强化铁路集疏运系统。

规划建设地区开发性铁路及疏港型、园区型等支线铁路，完善集疏运系统。

3. 综合交通枢纽

枢纽是铁路网的重要节点，为更好发挥铁路网整体效能，配套点线能力，本次规划修编按照"客内货外"的原则，进一步优化铁路客货运枢纽布局，形成系统配套、一体便捷、站城融合的现代化综合交通枢纽，实现客运换乘"零距离"、物流衔接"无缝化"、运输服务"一体化"。

上述路网方案实现后，远期铁路网规模将达到 20 万 km 左右，其中高速铁路 4.5 万 km 左右。全国铁路网全面连接 20 万人口以上城市，高铁网基本连接省会城市和其他 50 万人口以上大中城市，实现相邻大中城市间 1~4 h 交通圈，城市群内 0.5~2 h 交通圈。

1.3.3 航空运输系统发展现状

经过几十年的建设和发展，我国机场总量初具规模，机场密度逐渐加大，机场服务能力逐步提高，现代化程度不断增强，初步形成了以北京、上海、广州等枢纽机场为中心，以成都、昆明、重庆、西安、乌鲁木齐、深圳、杭州、武汉、沈阳、大连等省会或重点城市机场为骨干及其他城市支线机场相配合的基本格局，我国民用运输机场体系初步建立。

"十二五"以来，我国通用航空作业总量、在册航空器、通航企业年均增长率分别为 14.8%、17.2%、17.9%，2015 年分别达到 77.9 万 h、2 235 架和 281 家，通用航空从业人员达到 12 970 人。截至 2015 年，我国共有 210 个运输机场，300 余个通用机场，"十二五"时期通用机场数量年均增长 4% 左右，通用航空保障机场 1.5 h 车程覆盖了全国 94% 的 GDP、79% 的人口、75% 的国土面积，机场保障能力稳步提升。"十二五"时期，民航系统大力推进通用航空组织机构建设和政策规章建设，极大提升了通用航空管理能力，然而其发展依然存在一些问题。

1. 发展基础依然薄弱

通用航空发展总体规模小，运营仅为巴西的 1/3，规模为南非的 1/6、墨西哥的 1/3；通用机场数量少，难以满足东部地区消费型通用航空和中西部地区作业转场需要。低空空域依然是制约通用航空发展的重要瓶颈，飞行服务站建设缓慢，航空情报、气象服务、告警服务等功能缺失。航空汽油储运配送体系仍未建立，FBO、MRO 等保障能力发展滞后，高层次管理人员、通用航空驾驶员、维修人员等仍然紧缺，通用航空基础保障能力亟待提高。

2. 发展结构有待优化

目前我国通用航空交通功能和消费属性远没有得到发挥，未能满足多样化、个性化的社会服务需求。航空培训类业务占 60% 以上，生产性服务占 20% 左右，适应于消费导向的应急救援、医疗救助、短途运输、私人飞行等新兴服务比例小。运营企业和通用航空器增长速度远高于通用航空生产规模，要素快速增量没有转化为实际运营增量，区域通用航空发展差距较大，发展中的不平衡、不匹配、不协调情况仍然突出。

3. 发展动力亟待增强

"十二五"时期，我国通用航空运营总体处于盈亏平衡，在持续性的行业补贴条件下，仍然有 60% 左右的企业处于亏损，少量盈利性较好的企业主要来自门槛较高、具有垄断效应、较大市场占有率、较好盈利模式的小众行业。企业小而全，规模效应缺失，没有形成高效集约的发展模式，外来扰动影响明显，整体抗风险能力弱，自我发展能力较差，行业发展内生动力不强。"十三五"时期，是全面落实国家治理体系与能力现代化的推进期，是经济增长模式转换攻坚期。我国民航大众化、多样化发展趋势明显，快速增长仍是阶段性基本特征。通用航空作为我国新经济的重要战略构成，其产业链条长、服务领域广、带动效应强的优势将进一步显现。到 2020 年，通用航空安全保障能力、行业服务与质量明显提升，初步建成功能齐全、服务规范、类型广泛的通用航空服务体系，培育一批示范性骨干企业实现发展规模、质量效益全面提升，较好适应国民经济社会发展需要。到 2020 年，通用航空飞行总量达到 200 万 h，机队规模达到 5 000 架以上，公共服务业加快提升，新兴消费不断增强，发展结构不断优化。

1.3.4 水路运输系统发展现状

"十二五"沿海港口基础设施建设完成总投资 4 870 亿元，新增千吨级及以上生产性泊位 812 个，其中万吨级以上泊位 549 个，新增通过能力 23.2 亿 t。截至 2015 年底，沿海港口共有千吨级及以上生产性泊位 5 114 个，其中万吨级以上生产性泊位 2 207 个，码头通过能力 79 亿 t，其中集装箱 1.74 亿 TEU。根据对沿海港口吞吐量数据的修正和港口生产情况的跟踪评估，沿海港口通过能力适应度为 1.05，总体适应发展需求，推进了电子口岸建设、港口集装箱多式联运信息服务系统建设，推广了船联网技术应用、船舶交通管理、港口电子数据交换等领域与世界接轨。大型港口企业基本建成智能化生产调度指挥系统，沿海大型集装箱港口信息化已经达到世界先进水平。

"十三五"时期是我国全面建成小康社会的决胜阶段，是实施"三大战略"的关键阶段，发展新理念、经济新常态、战略新导向和交通新态势等，将对"十三五"水运发展提出新的更高要求。

（1）要求水路运输为全方位对外开放提供更大的战略支撑。

水路运输是发展对外贸易和保障经济安全的重要支撑，是对接世界、加强交流、提升国际竞争力的先行官，全方位对外开放和建设海洋强国战略要求在水路运输大国基础上，进一步提升对国际贸易、重点物资运输的服务和保障能力，提升国际资源配置能力和话语权，提升对外开放前沿高地的政策创新能力，也要求更好发挥水路运输在"一带一路"倡议中的战略支点作用，为实现我国由发展中大国向强国迈进做出更大贡献。

（2）要求水路运输为区域协同发展发挥先行引导作用。

国家提出以区域发展总体战略为基础，以"一带一路"倡议、京津冀协同发展、长江经济带建设为引领，形成沿海沿江经济带为主的纵向横向经济轴带。新战略进一步强化了长江等内河水路运输和沿海内河港口在区域协同发展和开发开放中的战略地位，迫切要求加快长江等黄金水道建设，发挥好港口的战略支点作用，全面提升水路运输服务、带动纵深腹地发展的能力，发挥好先行引导作用。

（3）要求水路运输为"新常态"提供更好的服务质量和品质。

随着经济发展进入"新常态"，水路运输需求将进入中速增长和结构优化的新阶段，要求水路运输行业逐步改变依靠规模扩张和资源消耗的传统路径，加大供给侧结构性改革，实现由规模速度型发展向质量效益型发展的转变，优化服务模式，提供更好的服务质量和品质，切实降低全社会物流成本，与社会、民众共享水路运输发展的效益。

（4）要求水路运输促进综合交通运输系统的进一步完善。

要求切实发挥港口衔接多种运输方式的综合枢纽作用，特别是对接国际交通体系、物流体系核心枢纽作用，促进综合交通运输系统的进一步完善。内河水路运输仍是综合交通运输系统建设的薄弱环节，需要抓住国家加大内河水路运输发展的机遇，补齐短板，继续加强长江干线、西江干线及高等级航道建设。

（5）要求水路运输提高安全绿色发展水平。

加快推进生态文明建设迫切要求进一步发挥水路运输行业资源，利用集约、运输能力强大、绿色安全指数高等优势，继续加快发展，特别是内河水路运输发展。要求水路运输牢固树立安全绿色发展理念，有度有序利用自然，构建科学合理的自然岸线格局。在规划、建设、营运、管理等全过程中，强化安全应急保障，强化节约资源、降耗减排，增强可持续发展能力。

（6）要求水路运输全面深化创新发展环境。

全面深化改革要求水路运输行业加快完善现代市场体系，加强和优化政府公共服务，保障公平竞争，弥补市场失灵，推进政府治理体系和治理能力现代化；结合相关领域全面深化改革的进展，如大通关体制建设、国际贸易相关政策的创新、航运服务涉及的相关金融领域的开放创新等，全面推动水路运输行业的开放创新。以科技进步、基于移动互联的现代信息技术等支撑水路运输规划、建设、管理、运营全过程的创新发展。

1.3.5 管道运输系统发展现状

随着我国工业化进程的加快和能源结构优化的推进,我国油气管道建设正迎来一个大的发展机遇期。管道运输已成为中国继轨道交通、道路、水路、航空运输之后的第五大运输行业。

截至 2015 年底,除台湾外,全国已建成的油气管道总里程已达到 12 万 km,是 1978 年的 14.5 倍。2016 年大庆、胜利两大油田分别减产 182.6 万 t 和 320 万 t,2016 年中国天然气进口量将达到 733 亿 m^3,同比增长 19%,对外依存上升到 36.6%。

"十三五"期间,中国将建成原油管道约 5 000 km,新增一次输油能力 1.2 亿 t/a;建成成品油管道 12 000 km,新增一次输油能力 0.9 亿 t/a;新建天然气主干及配套管道 4 万 km,2020 年总里程达到 10.4 万 km,干线输气能力超过 4 000 亿 m^3/a;地下储气库累计形成工作气量 148 亿 m^3。随着国民经济对油气资源需求的持续稳定增长,预计未来 10~20 年,我国油气管道建设还将处于稳定增长期,其中天然气管道及储气库等配套设施建设将是今后的发展重点。

1.4 交通运输系统的功能及发展目标

1.4.1 交通运输系统的功能

交通运输系统是各种运输方式结合为一体的交通运输体系,作为一个社会经济大系统,其形成和发展有其自身的独特功能。

1. 生产功能

交通运输系统虽然没有"实物产品",但它是社会生产的必要条件。运输为社会生产和人民生活的正常进行提供保障与支持,货物运输与社会生产和人民生活密切相关;旅客运输满足了人们对便利出行的需求;交通运输系统创造就业机会,促进工业、旅游业及其他相关产业的发展;交通运输基础设施建设的乘数效应和引致投资作用拉动经济增长;港口、车站(尤其是港口)被认为是"经济增长极"。

2. 旅客运输功能

旅客运输功能是交通运输系统的基本功能之一,它直接关系到社会的生产、工作、生活和国际交往等各个领域。各种运输方式进入旅客运输市场,参与市场竞争,提高各种交通运输系统的服务水平。为此,各子系统之间既有合作又有竞争。

3. 保障国民经济系统循环

交通运输系统具有保障国民经济系统循环的功能,这种功能关系到国民经济的发展。交通运输系统将国民经济的物质生产、流通、消费领域联系起来,把城市与城市、城市与农村连接起来,从而保证国民经济、人民生活及工农业生产正常地进行。

4. 国际交流功能

交通运输系统可以把我国经济与国际上其他国家、地区的经济发展有机联系起来,进而实现经济、技术、文化等方面的全方位国际交流。

5. 国防功能

交通运输具有经济和国防的双重意义，既是国民经济的基础产业，也是保障军队作战的生命线，具有较高的军事价值，交通运输系统承载了军事装备与供给、军事调动等一系列战略价值。中外战争实践表明，出色的交通保障能够保证战争胜利，而混乱和低效率的交通保障只能导致战争的失败。因此，国防交通历来受到古今中外军事家的高度重视。

1.4.2 交通运输系统的发展目标

交通运输是国民经济中基础性、先导性、战略性产业，是重要的服务性行业。构建现代交通运输系统，是适应把握引领经济发展新常态，推进供给侧结构性改革，推动国家重大战略实施，支撑全面建成小康社会的客观要求。将《中华人民共和国国民经济和社会发展第十三个五年规划纲要》、党的十九大报告与"一带一路"倡议、京津冀协同发展、长江经济带发展等规划相衔接，提出新时代交通运输系统的发展目标：到2020年，基本建成安全、便捷、高效、绿色的现代综合交通运输系统，部分地区和领域率先基本实现交通运输现代化。具体包括以下目标。

1. 网络覆盖加密拓展

高铁覆盖城区常住100万人口以上的80%以上城市，铁路、高速公路、民航运输机场基本覆盖城区常住人口20万以上的城市，内河高等级航道网基本建成，沿海港口万吨级及以上泊位数稳步增加，具备条件的建制村通硬化路，城市轨道交通运营里程比2015年增长近1倍，油气主干管网快速发展，综合交通网总里程达到540万km左右。

2. 综合衔接一体高效

各种运输方式衔接更加紧密，重要城市群核心城市间、核心城市与周边节点城市间实现1~2 h通达。打造一批现代化、立体式综合客运枢纽，旅客换乘更加便捷。交通物流枢纽集疏运系统更加完善，货物换装转运效率显著提高，交邮协同发展水平进一步提升。

3. 运输服务提质升级

全国铁路客运动车服务比重进一步提升，民航航班正常率逐步提高，道路交通保障能力显著增强，公路货运车型标准化水平大幅提高、货车空驶率大幅下降，集装箱铁水联运比重明显提升，全社会运输效率明显提高。公共服务水平显著提升，实现村村直接通邮，具备条件的建制村通客车，城市公共交通出行比例不断提高。

4. 智能技术广泛应用

交通基础设施、运载装备、经营业户和从业人员等基本要素信息全面实现数字化，各种交通方式信息交换取得突破。全国交通枢纽站点无线接入网络广泛覆盖。铁路信息化水平大幅提升，货运业务实现网上办理，客运网上售票比例明显提高。基本实现重点城市群内交通一卡通互通，车辆安装使用ETC比例大幅提升。交通运输行业北斗卫星导航系统前装率和使用率显著提高。

5. 绿色安全水平提升

城市公共交通、出租车和城市配送领域新能源汽车快速发展。资源节约集约利用和节能减排成效显著，交通运输主要污染物排放强度持续下降。交通运输安全监管和应急保障能力显著提高，重特大事故得到有效遏制，安全水平明显提升。

 习题 1

1. 什么是交通运输系统？
2. 简述构建智能运输系统的重要性和必要性。
3. 交通运输发展一般有几个阶段？目前发展的瓶颈是什么？
4. 智能运输系统发展的使命和目标是什么？
5. 请展望智能运输系统的发展前景，讨论需要解决的核心问题。

第 2 章
智能运输系统综述

2.1 智能运输系统概述

2.1.1 智能运输系统的概念与起源

智能运输系统是 20 世纪 80 年代中期迅速发展起来的一门新学科,它研究 21 世纪的新型交通运输管理模式,是当前交通运输大学科的一个前沿领域,是新世纪交通运输专业的基础性课程。智能运输系统将先进的科学技术(信息技术、计算机技术、数据通信技术、传感器技术、电子控制技术、自动控制理论、运筹学、人工智能等)有效地综合运用于交通运输、服务控制和车辆制造,加强车辆、道路、使用者三者之间的联系,从而形成一种保障安全、提高效率、改善环境、节约能源的综合运输系统,为交通运输相关者提供高安全、高效率和高品质的交通运输服务。

智能运输系统(ITS)的发展,最早可以追溯到 20 世纪七八十年代的一系列车辆导流系统新技术的开发和应用。1991 年美国通过《地面交通效率法》(Intermodal Surface Transportation Efficiency Act),俗称"冰茶法案"。从此美国的 IVHS(intelligent vehicle highway system,智能型汽车公路系统)研究开始进入宏观运作阶段,1994 年美国正式将 IVHS 更名为 ITS。之后,欧洲、日本等也相继加入了这一行列。经过 30 年的发展,美国、欧洲、日本已成为世界 ITS 研究的三大基地。进入 21 世纪,ITS 逐渐在发达国家投入规模应用,也产生了良好的社会效益和经济效益,但是各国对 ITS 的开发并未停止,各国政府和企业紧紧抓住通信和信息技术的进步,根据 ITS 应用的实际效果,不断调整开发和应用的目标,调整系统结构,调整应用重点,并取得了长足进步。

国内外的无数发展经验表明,城市是决定一个国家综合国力和竞争力的关键,世界各国无一例外,城市集聚了大量的人才、技术、投资和财富。人口需要流动,资源需要分配,高度集中的人口与资源赋予城市交通以畅通、高效的使命。城市交通发展必须先行。城镇化的快速发展及相应的机动化使命,亦推动了我国城市交通运输系统的飞速发展,交通运输对经济发展的制约作用不同程度地普遍存在于每个国家/地区,如何解决大城市周围地区的交通拥挤和堵塞现象几乎成了最为棘手的问题之一。而作为支撑当代城市交通运输系统运行的智能运输系统则被人们寄予厚望，从运载工具、基础设施和运营管理等方面全方位一体化地发展一种保障安全、提高效率、改善环境、节约能源的综合运输系统成为交通运输领域迫在眉睫的任务，智能运输系统的发展价值日益凸显。

一般来说，城市的发展过程最初都是由小规模的单中心城市逐渐发展为由多组团构成的较大规模的多中心城市，这时城市由中心组团和外围组团构成。随着城市的不断发展，城市规模进一步扩大，仅由中心组团和外围组团构成的城市已无法满足城市空间扩展的要求，所以城市规模在已有结构基础上进一步发展形成了若干卫星城，此时的城市已进入都市圈的发展阶段。都市圈是以一个首位度占明显优势的核心城市为中心，以通勤范围为空间区域，由若干城镇组成的具有综合功能的空间范围。不管都市圈的规模是大是小，都市圈中的城镇都是一体化的城市集合，是一日通勤圈、生活圈、购物圈和日常活动圈。都市圈的客运交通需求是每天的、频繁的通勤与生活出行，呈现明显的峰值特性与高频度特性，城市演化过程如图2-1所示。

城市群是城市发展到成熟阶段的空间组织形式，是由地域上集中分布的若干都市圈、大城市和中小城市集聚而成的庞大的、多核心、多层次的城市集团，是生产要素、空间资源和流通市场一体化优化的空间区域。同都市圈相比，城市群主要是生产要素、生产力及生态环境等相互依托，相互之间有紧密联系、有较强产业关联、有传统的工商业交流和互相依赖关系，可以一体化优化从而实现提高生产效率、经济效益和环境效益的城市群体。和人员交流比，城市群之间更突出的是生产资料、半成品和产品之间的物流和交换等货物运输需求，以及商务、旅游等客流移动需求，这种需求与城市群以外的其他城市相比，有更高的频度，但是，这些需求不是每天的日常活动。

由于都市圈规模过大容易产生现代城市病，从而形成通勤难题，在区域规划中由都市圈向城市群进化的趋势越来越明显。建立城市群范围内一票到底、无缝衔接的起终点间高质量的"一站式"客运服务体系和单一式多式联运货运体系是提高交通服务水平的关键。通过智能交通手段实现城市群综合交通信息共享、系统整合和一体化应用是当前难得的机遇和挑战。应建设城市群一体化综合交通信息服务系统，实现跨区域、跨部门、跨交通方式的信息的整合与共享；建立动态全过程跟踪的智能物流系统，实现区域物流快捷服务；建立异常状态下高度智能化的应急系统；建立区域范围实时动态的交通需求态势分析与决策支持系统。

智能交通对于当代城市乃至都市圈具有明显意义。一方面，随着城市化进程的加快，机动车保有量逐年上升（如图2-2所示），城市面临的交通拥堵现象日益增强，交通事故多发等成为威胁城市交通安全的严峻问题（如图2-3、图2-4所示），智能交通是综合解决这些城市交通问题的利器之一。另一方面，智慧城市建设也是占领城市发展制高点、提高城市竞争力的关键，而智能运输系统是智慧城市的重要组成及支撑部分。这些都为智能运输系统的发展提供了良好机遇和动力。可以说全球范围内都正在形成一个新的智能运输系统产业，难以记数的大小项目正在开展，发展规模和速度惊人，以"保障安全、提高效益、改善环境、节约能源"为目标的智能运输系统概念正逐步在全球形成。

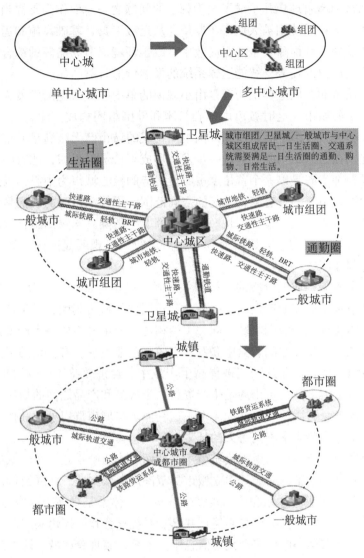

图 2-1 城市演化过程示意图

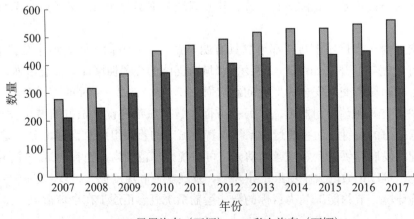

图 2-2 北京市民用汽车保有量统计图

图 2-3 交通拥堵

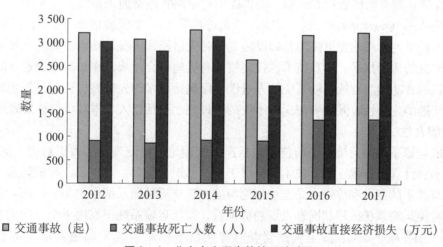

图 2-4 北京市交通事故情况统计图

在新的城市群区域组织形式中,除了由各级公路、快速路、交通新主干路等组成的道路交通系统外,还有由城市地铁、轻轨、城际铁路等组成的占据重要地位的轨道交通系统。二者相辅相成,为城市内部的生活、通勤和区域范围内的通勤圈和一日生活圈提供了全方位、多种类的交通服务。智能运输系统的发展也应当从城市群区域组织内部的不同种类交通需求出发,双管齐下,全面发展道路智能运输系统和轨道智能运输系统。

2.1.2 智能运输系统的特性

智能运输系统实际上是一个复杂的社会系统,涉及众多的领域和部门,管理体制、信息沟通能力、考虑问题角度等均会对系统建设与运行产生巨大的影响。系统开发涉及众多的技术领域,需要不同学科背景的专家参与和协调,政府、企业、研究单位等在智能运输系统建设过程中也要承担相应的责任。

智能运输系统的特性如图 2-5 所示,主要可总结为先进性、综合性、信息化和智能化。

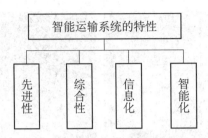

图 2-5 智能运输系统的特性

1. 先进性

在智能运输系统的概念还没有形成之前,各国交通管理部门就在寻求用诸如远程通信技术、计算机技术、电子技术等现代先进技术来改造和装备交通系统,用先进的理论方法来改善交通运输系统的管理和运营。美国提出的道路智能交通子系统更是明确地在名称上加上"先进的(advanced)"这一定语。"先进性"是一个模糊的概念,从总体上来讲,先进性不是单纯依靠建设更多的基础设施、消耗大量能源实现其功能,而是在现有基础之上,将先进的通信技术、信息技术、控制技术有机地结合起来,用于整个交通运输系统以实现其目的和功能。智能运输系统的先进性不仅包括技术的先进性,还包括思想理念的先进性和管理的先进性,其中智能运输系统的先进理念包括以人为本和可持续发展理念。

2. 综合性

智能运输系统的关键理论与技术包括:系统理论、控制理论、人工智能、信息技术、通信技术、计算机技术、电子技术、交通工程、知识工程等。可以说,智能运输系统是这些理论与技术的交叉和综合,是这些理论与技术在交通运输系统中的集成应用。从主要发达国家智能运输系统应用状况和发展趋势来看,智能运输系统正在由单个方向的智能化应用系统(如导航、ETC、安全辅助驾驶、智能信号控制系统)向更高层次的合作系统(cooperative system)演变。2012年,欧洲国家和美国正式在文件中统一使用合作型智能运输系统(cooperative ITS)作为下一阶段的ITS发展的代表,随后日本也表示加入。2013年上半年,韩国也完成了与欧洲、美国、日本政府间合作协议的签订,正式加入合作型智能交通的开发。为此欧洲、美国和日本逐步将其历年开发和应用的各种智能运输系统集成在合作系统的下面,并开始在产业和标准方面进行协调,这一趋势也充分印证了智能运输系统的综合性特征。

3. 信息化

智能运输系统通过各种手段来获取交通运输系统的状态信息,并为系统的用户和管理者提供经过分析处理的、有针对性的有效信息和决策结果,而这一切的基础都源于交通信息的采集,智能化的实现离不开信息化。而且,当交通信息达到一定的程度,就会改变交通出行行为、交通管理方式等,进而引起传统交通理论的改变,因此信息化是智能运输系统的基础。然而智能运输系统与交通运输信息化是不同的,智能运输系统的信息化不是单纯将信息化手段应用于交通运输中,而是以信息的智能收集、智能处理、智能发布、智能交换、智能分析、智能利用为主线,为交通参与者提供多样性的服务。

4. 智能化

智能运输系统中的很多子系统正是因为实现了智能化,才体现出与传统交通系统的差别。ETC 就是一个典型的例子。传统的道路收费系统设立收费站，车辆经过收费站要经过停车、现金缴费、收费站放行的流程，收费站前往往出现车辆排队现象，且不利于道路管理部门统计车辆通行与收费情况。而 ETC 使用电子结算、车辆自动识别技术、微波通信技术等，可以做到不停车的自动收费，既节约了时间，又提高了准确性，还能提供交通流统计数据等信息，体现出了智能性。再比如自动公路系统（automated highway system，AHS），可以实现车辆全自动驾驶，驾驶员一旦进入系统，只要输入目的地，就可以安全快捷地到达目的地，体现出了较高的智能性。

因此，智能运输系统的实质就是利用高新技术对传统的交通运输系统进行改造，从而形成一种信息化、智能化、社会化的新型交通运输系统。它使交通基础设施发挥出最大的效能，提高服务质量，使社会能够最有效地使用有限的道路交通设施和资源，并推动与之相关的通信、计算机、网络等产业的发展，从而获得巨大的经济效益和社会效益。

2.1.3 智能运输系统的结构与功能

智能运输系统与传统的交通管理系统最显著的区别是将服务对象的重点由以往的管理者转向出行者，即用先进的科技手段向用户提供必要的信息和便捷的服务，以减少交通堵塞，从而达到提高通行能力的目的。从逻辑结构角度来看，一个完备的智能运输系统，根据信息流的流动过程来划分，主要可以分为信息采集、信息传输、信息处理、信息发布四大部分；根据物理结构来划分，可分为运载工具、基础设施和运营管理三部分。从功能角度来看，智能运输系统将交通管理者、出行者、交通工具及设施有机地结合起来并纳于系统之中，提高了交通运输网络系统的运行效率。智能运输系统具有以下功能。

1. 出行者信息服务

出行者在出行前可通过手机 App 客户端使用个人出行帮助系统来获得自己所需的相关信息，以帮助选择出符合其出行预算和时间要求的交通工具与出行路线。在出行过程中，服务系统不仅可为出行者提供路径导航服务，还可实时提供路况等交通出行信息。出行结束后，出行者服务系统还可以告知出行者停车场位置及其他交通工具的接驳情况。全方位的出行者信息服务使出行更容易、更安全和更舒适。

2. 高效的应急调度服务

在交通系统中出现紧急状况时，智能运输系统可以对事故发生地进行迅速与精确的定位，并且可以根据现场所采集和提供的数据，为管理者推荐合适的应急措施与方案，帮助交通管理部门提供高效的快速应急服务。

3. 交通安全保障服务

无论是道路运输系统还是轨道交通运输系统，智能运输系统的发展都为保障交通安全提供了强大的技术支持和保证。在道路智能运输系统中，与智能运输系统控制中心相连的路况监控设备对路网交通状况进行实时监控，控制中心将连续监控的路网信息进行整合处理，从而提出整个路网的优化运行方案。与此同时，司机接收到与路网优化运行方案相应的引导信息，可以根据引导信息选择行车路线，从而大幅度提高现有路网基础设施的使用效率和安全性，交通管理水平也因相邻交通区域信息的交互而得到提升。在轨道交通智能运输系统中,智能的列车控制系统也是确保行车安全和效率的重要工具。

4. 移动支付服务

移动支付作为近年兴起的无现金社会主流支付方式之一,其服务特点满足了智能运输系统中对于效率和智能化的需求,比如道路智能运输系统中的 ETC 收费系统和智能停车场支付系统、轨道交通智能运输系统中自动售检票系统的移动支付接口等。智能运输系统中移动支付服务的兴起和普及是智能运输系统在发展中不断完善、不断紧跟时代潮流、不断满足使用者需求的重要标志。

2.2 智能运输系统的发展及趋势

2.2.1 道路智能运输系统的发展

道路智能运输系统就是将智能技术、信息技术、通信技术、电子控制技术和系统集成技术等有效地应用于城市道路和高速公路交通运输,实现人、车、路的和谐统一,在极大地提高运输效率的同时,充分保障交通安全、改善环境质量、提高能源利用率,从而建立起大范围内发挥作用的实时、准确、高效的交通运输管理系统。

智能运输系统发展的早期,世界各国对其并没有一个统一的名称,同时对于道路交通的研究集中于具体的技术层面。美国、日本、欧洲的道路智能运输系统研究走在了世界的前列,在世界各国的相互交流中促进了道路智能运输系统的发展,也带来了智能运输系统名称的变迁。智能运输系统这个名称是日本最先于 1990 年提出的,但当时并未得到公认。

在日本,智能运输系统曾经被称为路车间通信系统(road/automobile communication system,RACS)、先进的机动车交通信息和通信系统(advanced mobile traffic information and communication system,AMTICS)、通用交通管理系统(universal traffic management system,UTMS)、先进的道路交通系统(advanced road traffic system,ARTS)、超级智能车辆系统(super smart vehicle system,SSVS)和先进的安全车辆(advanced safety vehicle,ASV)系统。在欧洲,智能运输技术最初被称为道路运输信息(road transportation information,RTI)技术,后来又被称为先进的运输技术(advanced transportation technology,ATT)。在美国,智能运输系统起初被称为智能车-路系统(intelligent vehicle-highway system,IVHS)。1994 年春,为了筹备在日本横滨召开的第二届智能运输系统世界大会,日本道路交通车辆智能化推进协会提出采用简洁、中立的名称"ITS"的建议,得到了欧美的赞成。美国 IVHS 组织(IVHS America)也于 1994 年 9 月更名为 ITS America。至此,智能运输系统(ITS)这一名称才逐步被世界各国接受。

2.2.1.1 美国道路智能运输系统的发展

20 世纪初期,美国经济繁荣昌盛,工业生产空前发展。美国车辆保有量急剧上升,交通拥挤广泛存在,事故频发,急需有效措施保障交通安全、减少拥堵和提高道路通行能力。

美国 ITS 早期起源于 1970 年，此时美国各个州和地区的学术机构和汽车行业分别开始将高新技术应用于交通系统。该阶段，ITS 的研究方向主要集中在车载导航和路径规划系统方面，同时将 GPS、线圈探测器、DMS 和匝道管理开始应用在道路交通系统，并在北美洲首次成立了交通管理中心（TMC），早期的移动机器人也出现于该时期。

到了 20 世纪 80 年代，早期的交通项目已无法适应未来的交通需求，美国认为他们需要一个联邦支持的交通项目，通过应用新技术来解决交通系统的安全和环境问题。同时期，ITS 的前身 IVHS 产生，IVHS 主要关注包括信息处理技术、通信技术、控制技术和电子技术等在内的一系列连接车辆与道路基础设施的新技术。该时期典型的 ITS 应用有：自动交通监控系统、绿灯操作系统、节约燃油的交通信号管理系统、DARPA（无人驾驶陆地车辆）和重型汽车电子牌照程序。1987 年，美国启动了 NCHRP（national cooperative highway research project），该项目提出美国迫切需要一个面向全国交通系统的开发、展示和实施 IVHS 的体系框架。

随着冷战的结束和柏林墙的倒塌，美国进入了新一轮的科技革命，IVHS 的概念逐渐成为交通行业的主流。1991 年，美国布什总统签署的 ISTEA 法案要求美国运输部（USDOT）成立一个联邦建议委员会（ITS America）为 IVHS 提供建议和支持。1994 年，USDOT 正式将 IVHS 更名为 ITS，并且成立 ITS 项目联合办公室（ITSJPO）。ITSJPO 的关键活动之一是将 ITS 标准化，即开发和标准化一个国家级的 ITS 体系框架及一个具备互操作能力和协调能力的标准。该时期的 ITS 系统架构分为通信层、交通层和机构层三层。通信层保证系统间精确和实时的信息交换；交通层定义了子系统和接口方面的交通方案，同时定义了每一个交通服务的功能和数据需求；机构层包含了高效实施 ITS 所需要的机构、政策、资助机制和处理过程。1996 年，USDOT 还开展了 ITS 标准化项目来推进 ITS 在地面交通系统中的广泛应用，截至 2016 年，该项目已经出版了将近 100 个 ITS 部署标准。该时期的 ITS 应用有 FAST-TRAC、TravTek、Pathfinder、Guidestar、Advantage Ⅰ-75、INFORM（information for motorists）、Smart Bus、DSRC、ETC 和 E-Pass。

21 世纪初期，美国通信技术取得巨大发展，美国人手机持有率从 2000 年的 38.8% 逐渐增加到 2010 年的 94.6%，WiFi 技术、云技术也得到极大进步和广泛应用。2005 年美国政府开始实施 SAFETEA-LU 法案，该法案明确要求推进美国国家 ITS 项目计划，成立 ITS 建议委员会，形成国家 ITS 体系架构和标准。在此时期，美国 ITS 投资增长迅速，成为交通规划和建设的主流。该时期的 ITS 应用有驾驶员辅助系统、Clarus、511 电话号码等。

2010 年之后，美国通信技术、信息技术进一步发展。2010 年，美国 38 个州 70% 的人口居住区被 511 系统覆盖，TMC 监控了美国大部分的高速公路和主要道路，ITS 终端销售额达到了 4.8 亿美元。与此同时，ITS 提供了大约 18 万个就业岗位，ETC 车道覆盖率达到 98%，66% 的固定线路的公交车装载了 AVL。新时期的 ITS 体系框架 ARC-IT（the architecture reference for cooperative and intelligent transportation）和标准随着新技术和新系统的应用而不断完善，其中保障 ITS 的互操作能力是 ITS 体系框架的重点之一。

在 2014 年和 2015 年这两年的时间里，USDOT 先后完成了 V2V（vehicle to vehicle）和 V2I（vehicle to infrastructure）的通信协议标准的制定，交通管理者可以据此升级城市中的信号灯和其他路旁设备,使其具备互联互通的能力。2015 年之后,USDOT 对互联互通的车辆、互操作技术、应急能力、企业级大数据技术和无人驾驶技术进行研究,以打造车辆与道路更安全、移动性更强、环境更友好、创新性更强和信息更加共享化的现代交通社会。

2.2.1.2 日本道路智能运输系统的发展

1973 年,随着路线导航系统的发展,日本国际贸易和工业部发起了建设 CACS(comprehensive automobile traffic control system)的工作,日本成为世界上较早研究 ITS 的国家。

20 世纪 80 年代,日本建设部开展了建设 RACS 的工作。同时,日本国家警察局开展了建设 AMTICS 的工作。这两个系统在日本邮电部的标准化建设下简化并入 VICS(vehicle information and communication system)。

20 世纪 80 年代末到 90 年代,日本建设部的项目 ARTS 提出了通过道路和车辆一体化来促进道路交通的总体概念。与该项目相关的项目包含:智能车辆交通系统下的 SSVS(super smart vehicle system)、为促进车辆安全技术研发而设计的 ASV(advanced safety vehicle)和旨在形成甚至全面覆盖道路交通管理的 UTMS(universal traffic management system)。在公共部门和私营部门共同制定的未来规划的基础上,以私营部门为主的 ITS 市场正在逐渐形成,同时,利用 GPS 和其他技术的汽车导航系统已经商业化。基于以上的成就,在 1995 年,日本社会配备有导航系统的车辆累计总量超过 100 万。

从 1995 年开始,日本制定了全面的 ITS 计划。1995 年 2 月,以日本首相为首的先进信息和电信学会最终确定了"促进先进信息和电信学会的基本准则"。同年 8 月,五个政府部门和相关机构制定了《政府关于道路、交通和车辆领域先进信息和通信的基本方针》,促进了先进导航系统和安全驾驶援助等方面基础设施的研究与开发,同时还促进了多个 ITS 领域的开发和部署。1996 年,日本政府在改善基础设施及 ITS 的研究与开发等方面给予极大的财政支持,有效促进 ITS 的积极发展。图 2-6 为 1973—1996 年日本 ITS 发展图。

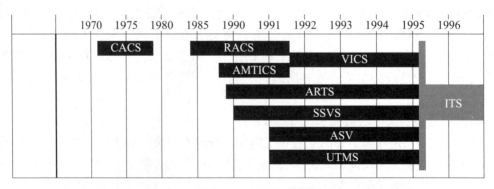

图 2-6 1973—1996 年日本 ITS 发展图

1998 年 5 月,日本内阁批准了一项为期 5 年的道路改善计划,该计划将重点放在 ITS 的部署上,确保道路具备部署 ITS 的实施条件及与 ITS 兼容的一系列准备工作,以促进信息和电信社会的发展。

到2004年，日本实现汽车导航、ETC、安全驾驶、交通管理、道路管理、公共交通、商业车辆操作、行人支持、应急车辆操作等方面的开发及现场评估发展，如图2-7所示，逐渐形成ITS技术提升指南。安全驾驶方面，在车辆内置主动安全系统。该系统具有防抱死制动、电子稳定性调节、自适应巡航控制、车道保持辅助、预碰撞安全等功能。为了追求更先进的ITS，2004年日本开始加速道路交通安全、交通流、便捷出行、经济刺激及平台标准化等方面的部署。到2013年，日本逐渐形成未来ITS发展方向（如图2-8所示），并不断迎接ITS可持续发展的新挑战。

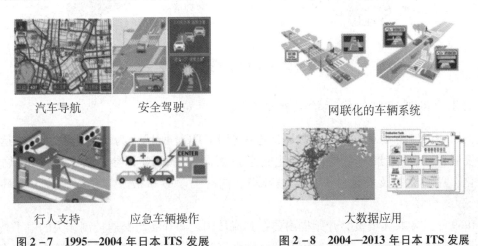

图2-7　1995—2004年日本ITS发展　　　　图2-8　2004—2013年日本ITS发展

2013年之后，日本提出跨部门战略创新，将自动驾驶技术与社会创新技术相结合，不断促进未来社会的可持续发展。在2017年左右，自动驾驶汽车实现所需的社会创新技术，安全、模拟、共享数据库平台、交通信号预测系统、右转碰撞警告系统（如图2-9所示）、智能交通管理系统（如图2-10所示）等逐渐成熟，自动驾驶汽车即将走入市场。

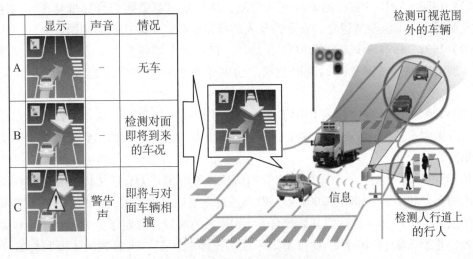

图2-9　日本的右转碰撞警告系统

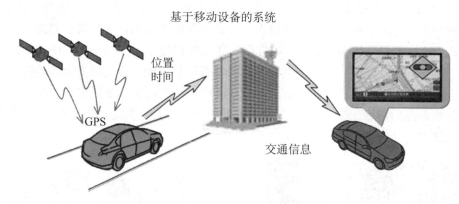

图 2-10　日本的智能交通管理系统

2.2.1.3　欧洲道路智能运输系统的发展

正如欧洲道路交通通信技术应用促进组织 ERTICO 所述，为了促进欧洲智能运输系统的发展，ITS 的愿景之一是："智能交通是面向所有的交通参与者，提供可供选择、无缝化、隐私性强及安全性高的运输环境，同时力争零事故、零延误，减少对环境的污染。"

1969 年，欧共体委员会开始提出要在其成员国之间开展与交通控制相关的电子技术研究与开发工作。1986 年，西欧国家开始在欧洲高效安全交通系统计划和保障车辆安全的欧洲道路基础设施（dedicated road infrastructure for vehicle safety in Europe，DRIVE）计划这两大计划指导下开展交通运输信息化领域的研究、开发与应用。

为了提高 DRIVE 计划的服务质量，从 1988 年开始，欧洲众国家联合加大对道路基础设施的投资建设，不断增加道路交通安全设施，逐渐完善道路设施，提高运输效率，减少车辆对环境的影响。DRIVE 计划按实施时间可分为以下 3 大阶段。

（1）1988—1991 年进行的 DRIVE Ⅰ 计划，该计划以基础研究和标准化工作为主。这些研究课题主要围绕模型建立、安全性及人的行为分析、交通控制等问题。

（2）1992—1994 年进行的 DRIVE Ⅱ 计划，该计划主要研究集中需求管理、交通旅行信息、城市间综合交通管理、驾驶支援、协调系统、货物车队管理及公共交通管理等问题。

（3）1994—1998 年进行的 DRIVE Ⅲ 计划，该计划围绕道路、航空、铁路、水路运输及复合运输方式进行研究，力求在全欧范围内建立专门的交通（以道路交通为主）无线数据通信网。

20 世纪 90 年代初，欧洲采取制度管理措施，不断推行 ITS 框架体系和应用在欧洲发达国家的开发和实施。1998—2008 年，欧洲通过立法和技术发展，加强 ITS 在欧盟和相关国家的发展。1998 年 4 月欧盟开始代号为 KAREN 的项目，奠定了开发欧盟 ITS 体系框架的基础，并于 2000 年 10 月，发布了第一版 ITS 体系框架，该框架的主要目标在于推进 ITS 在欧洲范围内的部署。

2008 年，欧盟委员会发布了一份关于欧洲智能运输系统部署行动计划的通信，要求对

ITS 发展政策优先次序进行评估，选择共同使用或重复使用的一般组成部分，并针对优化使用道路交通和出行数据、交通和货运管理的连续性及其在欧洲运输走廊和郊区的服务、道路安全、将车辆整合到运输基础设施中、数据安全和保护及责任问题、欧洲 ITS 合作与协调这 6 个"行动领域"提出明确的执行时间表并达成协议。

2010 年 7 月，欧洲议会和理事会发布的 2010/40/EU 指令为开发和使用必要的规范和标准提供了必要的框架，以便为 ITS 的部署和操作使用提供互操作性、兼容性和连续性。

从 2014 年开始，欧盟开始研究部署协同式智能运输系统（简称 C-ITS），以实现协作的、互联互通的、自动驾驶的移动交通社会。2016 年，欧盟开始研究通过建立具有强互操作能力的 C-Road 平台来连接各 C-ITS，并于 2017 年 9 月完成 C-ITS 平台标准的制定。

2.2.1.4 中国道路智能运输系统的发展

20 世纪末，中国智能运输系统框架的研究和标准体系的建立，为中国智能运输的建设和发展奠定了重要的基础。进入新世纪以来，中国连续通过智能运输系统示范城市建设、863 计划、国家科技支撑计划及三部委联合推动的"国家道路交通安全科技行动计划"等，有力推动了智能运输系统的科技进步和应用发展。总结中国道路智能运输系统的发展历程，可分为起步阶段、培育阶段、基础建设阶段、创新发展阶段和转型提升阶段这 5 个阶段。

（1）起步阶段（2000 年之前）：理念认知，基础研究。

1996 年，中国开始组团参加每年的世界 ITS 大会。1997 年，中欧智能运输系统国际会议在中国首都北京召开。2000 年，中国成立了首个全国 ITS 协调领导小组。同年，中国成立了智能运输系统工程研究中心、国家铁路智能运输系统工程中心、国家道路交通工程研究中心，开始形成中国 ITS 体系框架，并不断对中国 ITS 标准体系框架进行研究。

（2）培育阶段（2001—2005 年）：科技引导，应用示范。

2003 年 12 月 26—27 日，由科学技术部高新技术及产业化司、国家发展和改革委员会交通运输司、中国交通运输系统工程学会、《交通运输系统工程与信息》杂志主办的"智能交通（香山）高层论坛"在北京香山饭店召开。会议主要介绍了中国智能交通的发展现状和趋势、国家及有关部门为智能交通发展制定的相关计划和政策、ITS"十五"科技攻关计划项目阶段成果、ITS 示范城市发展情况及我国 ITS 产业与发展。

"十五"期间，国家科技攻关的重大专项包括：智能运输系统项目评价方法、基础交通信息采集与融合技术、智能运输系统数据管理技术、汽车安全辅助装置、专用短程通信设备、快速路系统通行能力、城市公共交通系统优化、自主知识产权的面向 ITS 领域的应用软件、车载信息装置、交通信息采集设备等。

该阶段，中国主要在北京、上海、重庆、天津、广州、深圳、济南、青岛、杭州、中山等地进行 ITS 示范，开展智能化交通管理系统、停车诱导系统、智能化公交运营指挥调度系统及 ITS 共用信息平台。

"十五"期间，中国在公路机电系统（收费、通信、监控）、交通一卡通、出租车监控-浮动车系统、电子地图与车辆导航及ETC等方面进行一定的研究，并在各方面取得相应的进展。同时，中国还开展卫星导航应用产业化专项、汽车电子产业化专项、下一代互联网示范工程等相关计划。

（3）基础建设阶段（2006—2010年）：基础技术，集成应用。

该阶段，中国逐渐加快智能基础设施的建设，开展863计划"综合交通运输系统与安全"专题，设立了107个智能交通与安全方面的研究课题，同时涵盖了交通信息采集、处理与发布，智能化交通控制，智能公交，综合交通网络优化与配置等众多智能交通技术。该阶段的科技支撑项目包含国家综合智能交通技术集成应用示范、特大道路交通事故综合预防与处置集成技术开发与示范应用及大运量快速公交智能系统与公交优先关键技术研发与产业化等。

同时，中国在该阶段还形成了国家智能交通综合技术集成应用示范，搭建了国家高速公路联网不停车收费和服务系统、北京奥运智能交通集成系统、上海世博智能交通技术综合集成系统、广州亚运智能交通综合信息平台系统、远洋船舶及战略物资运输在线监控系统。

（4）创新发展阶段（2011—2015年）：关键技术，创新发展。

该阶段，中国开展973计划项目，进行大城市综合交通系统基础科学问题研究；开展863计划项目，进行智能车路协同关键技术研究、大城市区域交通协同联动控制关键技术、综合交通枢纽智能管控关键技术、交通状态感知与交互处理关键技术、多模式地面公交网络高效协同控制技术及环境友好型智能交通控制技术的研究。

该阶段的支撑计划包括：城市道路交通智能联网联控技术集成及示范，大城市交通主动防控关键技术及示范，高速公路交通事故主动防控技术，道路交通安全技术集成应用，重点营运车辆安全监管服务技术，农村、山区公路安全性能提升技术，特种运输路径规划与实时监测关键技术及示范，特种运输物料状态检测与应急关键技术及示范。

（5）转型提升阶段（2016年以后）：新技术，新理念，新模式。

该阶段，中国的重点科技专项为综合运输与智能交通。中国在关注大数据、人工智能、智能车路协同、智能网联汽车、自动驾驶、新一代智能运输系统等前沿热点的条件下，进行基础设施智能化建设、载运工具智能协同建设、交通运行监管与协调、大型交通枢纽协同运行、多方式综合运输一体化及区域综合运输服务与安全风险防控等。

2.2.2 轨道交通智能运输系统的发展

轨道交通智能运输系统就是利用计算机技术、现代通信技术、现代信息处理技术、控制与系统技术、管理与决策支持技术和智能自动化技术等，实现信息采集、传输、处理和共享，通过高效利用与轨道交通运输相关的所有资源，以较低的成本达到保障安全、提高运输效率、改善经营管理和提高服务质量。新一代轨道交通智能运输系统包括铁路智能运输系统和城市轨道交通智能运输系统。轨道交通智能运输系统的实质是将智能运输系统技术与铁路运输系统充分结合，形成一个完整的集智能化控制、管理、决策于一体的新一代铁路运输系统。

尽管有关轨道交通智能运输系统的概念是 21 世纪以来才提出的，但发达国家有关轨道交通智能运输系统的研究已有 40 余年的历史了，并且在综合运营管理、列车运行自动控制、电子付费、紧急救援、安全监控等方面取得了很多成就，如欧洲铁路运输管理系统 ERTMS、法国地铁的连续实时追踪自动化系统 ASTREE、日本新干线的列车运营管理系统 COMTRAC 和 COSMOS、北美的先进列车控制系统 ATCS 和先进铁路电子系统 ARES、美国旧金山港湾铁路的先进列车控制系统 AATC、日本的新一代列车控制系统 ATACS 及计算机和无线电辅助列车控制系统 CARAT。这些系统尽管尚不能称为完整的轨道交通智能运输系统，但其研究都属于轨道交通智能运输系统的研究范畴。21 世纪以来，一些国家开始认识到基于已有工作基础，从总体上规划轨道交通智能运输系统的重要性，轨道交通智能运输系统的概念及其体系框架的研究开始引起关注。

2.2.2.1 欧洲轨道交通智能运输系统的发展

为建立全欧洲铁路网统一的铁路信号标准，保证各国列车在欧洲铁路网内的互通运营，提高铁路运输管理水平，1980 年，欧洲各国着手讨论出台通用的欧洲铁路运营制度。1989 年，欧洲共同体设立了欧洲铁路运输管理系统（ERTMS）项目，着手分析火车信号控制问题。1990 年底，欧洲铁路研究院成立了铁路专家小组来制定铁路运输系统的要求。1993 年底，欧盟理事会发布了互操作性指令，并决定对互操作性定义做出技术规范。

1995 年，欧洲开始实施第 4 个 ERTMS 框架方案。同时，为了明确欧洲路网的进一步执行工作，欧洲共同体为欧洲铁路运输管理系统的发展制定了全球性战略，包括系统的开发及对不同国家铁路线路的全面测试。

1998 年，各欧洲信号公司成立欧洲信号工业组织（UNISIG），确定了 ERTMS 的最终技术规范。2000 年，ERTMS 规范进行了最终的签署，ERTMS 开始为欧洲提供更高性能水平的铁路运营方向。

为了更好地满足铁路公司和基础设施管理人员的需要，欧洲委员会于 2008 年 4 月通过了欧洲铁路综合无线增强网络 GSM-R 系统需求规范 2.3.0d（SRS 2.3.0d），为系统规范了更多的功能。同时为了确保 ERTMS 不断适应铁路的需要，欧洲联盟铁路管理局与铁路相关方合作，对技术规范进行后续的完善工作。2009 年 7 月，ERTMS 部署计划的首次通过标志着 ERTMS 的一个新的里程碑。

面对日益增长的交通需求、拥堵、能源供应的安全及气候的变化，欧盟迫切需要巩固铁路在欧洲的运输市场的地位，从而建立一个欧洲铁路地区。ERTMS 虽然在一定程度上提高了铁路运输效率，但是并没有增加欧洲铁路部门和铁路制造业的竞争力和吸引力。在 ERTMS 的框架方案下，欧盟铁路研发项目的市场占有率和影响较低，速度也比较慢。为了改变这种状况，欧盟于 2010 年提出了 InteGRail。InteGRail 是顺应铁路运输系统发展而开展的欧洲铁路一体化研究项目，其目的是建立集成共享信息系统，通过感知、集成和共享信息实现铁路主要业务流程的协同一致，提供全局化决策支持，进而实现客运及货运延迟最小化、网络运量最大化、基础设施及车辆可靠性最大化、成本最小化，达到更高效、更高速、更准时、更安全、资源优化使用的目标。

接着,欧洲铁路研究咨询委员会(ERRAC)于 2014 年提出 SHIFT2RAIL 计划,联合阿尔斯通、Ansaldo STS、庞巴迪、西门子和泰利斯等公司,提出欧盟下一代铁路系统研究计划,如图 2-11 所示,通过新一代智能化技术,实现以下目标:

(1) 铁路运输的生命周期成本(建造、运营、维护、更新和报废基础设施及列车成本)削减 50%;

(2) 铁路运力提升 100%;

(3) 铁路运输的可靠性和准时性提升 50%。

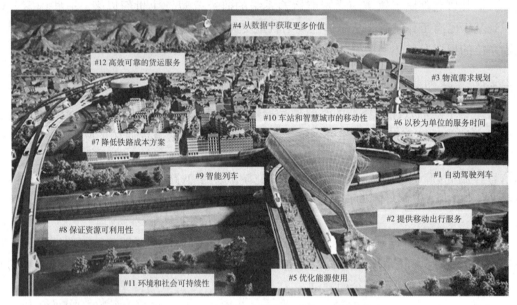

图 2-11 欧盟下一代铁路系统研究计划

2.2.2.2 美国轨道交通智能运输系统的发展

20 世纪 70 年代,美国大城市及周边地区人口日益密集,交通堵塞、空气污染、噪声等方面的问题日趋严重。为了给东北走廊等人口密集地区提供安全、高速、高容量的运输服务,美国运输部委托 TRW 系统集团研究较为先进的地面运输系统——有轨气垫车系统。

1992 年,美国交通部和美国智能交通协会向美国国会提交战略合作计划,表明在 20 年内通过应用新兴和未经验证的技术建立一个更安全、反应更快、效率更高的国家交通系统,促进了第一代 ITS 应用程序和服务的部署。智能运输系统有望成为新型公交和铁路系统、高速公路、街道等的常规组成部分。

1996 年,ITS 许多先进的第一代技术已经准备好进入市场。1996 年 1 月,美国交通部广泛部署 ITS 基础设施,不断促进 ITS 产品和服务在全国范围内的应用。同年 6 月,美国国家 ITS 基础设施建设竣工,将各种组件功能联系在一起,创建多模式和互操作的交通系统,从而更好地服务于所有模式下的旅行者和系统管理员。同样在 6 月,联邦公路管理局、联邦运输管理局、乔治亚州交通部和亚特兰大大都会快速运输局在亚特兰大夏季奥运会上首次展示了整合 ITS 的好处，这是第一次尝试将 ITS 各种组件集成到一个无缝、多式联运系统中。亚特兰大的成功经验也为当时正在进行的模型部署计划提供了基础。

1997 年，美国开始实施国家 ITS 工程。美国交通部针对建立国家 ITS 系统方案向美国国会做出了系列报告，总结了美国交通部管理的国家 ITS 项目的进展，同时全面审查了 ITS 战略实施计划自成立以来的进展情况及其总体效益。同年 6 月，美国联邦铁路管理局和美国智能运输协会召开了一次关于 ITS 及其对铁路的影响的联合技术研讨会，讨论了货运、城际客运和通勤铁路、铁路供应商及 ITS 供应商感兴趣的若干问题。

1999 年，美国交通部作为美国政府所有民用 GPS 事务的领导机构，与国防部、商务部等部门合作，致力于协调美国政府提供的 GPS 民用增强系统，并不断改善面向民用用户的基本 GPS 服务。同年 7 月，美国召开高速公路－铁路交叉口标准研讨会，目的是描述和推动 ITS 发展进程，为 ITS 技术在高速公路－铁路交叉口的应用制定行业统一标准。

2017 年，美国交通部开始进行铁路运行平视显示器的初步设计，旨在设计一种具有辅助功能的机车平视显示器，在帮助操作者定位周围环境中可能存在的危险的同时保持对车辆当前状态的感知。

2018 年，美国开启无人机系统在智能铁路中的应用实施计划，并将无人机超视距操作应用于线路异物入侵检测等相关方面。

2.2.2.3　日本轨道交通智能运输系统的发展

从 20 世纪 70 年代起，日本就从列车运营管理系统着手进行铁路智能化的研究。为了有效地辅助调度员的日常工作和决策，提高铁路运营管理的质量，日本先后于 20 世纪 70 年代初和 90 年代中期提出了两套列车运营管理系统（COMTRAC 和 COSMOS）。其中，新干线新型列车运行管理系统 COSMOS 是在计算机辅助行车指挥系统 COMTRAC 和新干线管理信息系统 SMIS 的基础上对硬件、软件和网络进行改进和完善而研制开发成功的，于 1995 年投入使用，一直沿用至今。借助 COSMOS 统一平台，各公司运营调度指挥均实现一级指挥，上下联相关互动，信息共享。

2000 年左右，为了满足旅客日益高涨的可持续流动性的要求，日本基于先进的列车运营管理系统，提出了以多式联运为基本目标的新型智能铁路系统 CyberRail。CyberRail 系统致力于实现两个层次的目标：一是提供实时的多式联运旅客信息服务；二是使铁路在列车计划和列车控制方面变得更灵活，从而更具竞争力。CyberRail 系统的基本原理就是利用最新的信息和通信技术，在电脑中记录大量必要和充分的旅行者信息，为旅客沿着运输链提供建议和向导。

目前，日本利用人工智能、大数据、互联网等技术飞速发展的机会，积极布局智能化轨道交通战略，并取得了显著效果。日本已经于 2015 年在 E235 系列上第一次实现了列车与轨旁设备一体化监控系统，搭建大数据平台，并尝试利用人工智能等算法进行数据分析工作。图 2-12 为东日本铁路 E235 安全监控系统。

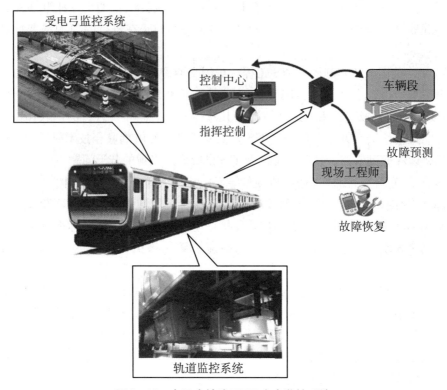

图 2-12 东日本铁路 E235 安全监控系统

2.2.2.4 中国轨道交通智能运输系统的发展

早期,世界各国不断加入智能铁路、数字铁路的研究浪潮中。中国学者紧密把握世界铁路发展动态,继续深化和系统化轨道交通智能运输系统的研究,率先形成了完整的系统性研究成果,并在青藏铁路得到应用,居国际领先地位。

2001 年,中国学者研究指出发展轨道交通智能运输系统是保持和提高铁路运输业在 21 世纪竞争力的核心战略,首次提出了轨道交通智能运输系统的完整定义、本质特征和发展模式。该系统具有如下的本质特征:系统目标的集成、系统功能的集成、开放的系统结构、智能技术的广泛应用。要使新一代轨道交通智能运输系统具备以上特点,就构成而言,它必须由以下几个主要部分构成:智能化的运输管理系统、智能化的运输自动化系统、智能化的物流控制系统、智能化的旅客服务系统、智能化的运载工具、智能化的基础设施及智能化的安全保障系统。中国轨道交通智能运输系统的发展模式是在统一的体系框架和标准体系指导下,采用分阶段渐进集成方式加以推进。

2003 年,中国学者首次提出了完整的轨道交通智能运输系统体系框架,从系统角度明确了轨道交通智能运输系统所应完成的功能、组成轨道交通智能运输系统的各个子系统及其功能、各子系统之间的交互关系和集成方式。中国轨道交通智能运输系统体系框架主要由服务框架、逻辑框架、物理框架等构成。

2005 年,结合中国轨道交通运输所面临的国际国内环境影响、科学技术发展的趋势,轨道交通智能运输系统的发展被列入轨道交通科技发展"十五"计划和 2015 年长期规划纲要，其总体战略目标包括：①实现集成化的列车运营管理和智能化的列车运行控制（无线列控和先进控制策略）；②实现综合调度集中指挥；③全面建成基于非接触式 IC 智能卡的铁路自动售检票系统；④发展电子商务；⑤建立铁路共用信息平台；⑥提供可靠的高带宽的车地高速数据接入手段；⑦提供能满足重载、高速运输要求的列车高效安全分解和编组的编组站综合信息管理及自动化系统；⑧提供完善的状态实时检测系统；⑨提供保障运营安全和维修效率的移动体和固定设施状态的实时检测、评估和维修支持的手段；⑩提供面向局部和全国的铁路客货运营销和管理决策支持体系；⑪提供与其他运输方式共享及交互的信息平台。

2010 年以来，随着信息新技术的发展和轨道交通智能运输系统实践的不断深入，中国学者又进一步明确了数字铁路、智能铁路、轨道交通智能运输系统的边界范畴。此外，随着物联网、大容量通信、互操作、云计算、大数据与计算智能等新技术的发展，轨道交通智能运输系统的核心特点——互联互通、信息共享、智能处理、协同工作、按需配置在新的使能/赋能技术的加持下得到进一步加强。轨道交通智能运输系统的系统目标是实现轨道交通运输全过程的可测、可视、可控与可响应。轨道交通智能运输系统新的体系框架覆盖了不同水平的轨道交通运输系统，较低层的可实现具有数字功能的数字铁路；在数字铁路基础上，通过实现铁路各业务流程和各类资源的协调控制与优化，形成包括智能化列车、智能化基础设施、智能化服务过程、智能化安全保障及智能化协同的智能铁路；通过面向铁路运输服务需求配置各类资源，最终全面实现服务层功能后即为轨道交通智能运输系统。

2018 年，中国工程院启动重大咨询项目"智能高铁战略规划（2035）"研究，旨在通过科学系统的方法，勾勒出中国智能高铁发展蓝图，为中国中长期铁路规划提供有益参考，促进智能高铁在国民经济中发挥作用，包含以下几方面内容：世界发展趋势与智能高铁的需求、智能高铁体系架构、智能高铁标准体系评价方法、智能高铁技术平台研究和智能高铁典型产品。

2.2.3　中国智能运输系统的发展趋势及未来展望

随着新技术的发展，科技推动的变革正在全球范围各个领域蓬勃兴起，交通运输领域也不例外。云计算、人工智能、移动互联网、高精度定位、基于高清视频和传感器的精准感知等技术的发展，加速了智能交通科技创新和智能交通应用的发展。在新形势下，进一步加快智能交通技术的研究和应用，创新发展中国智能交通产业，意义重大。为了实现中国智能交通科技创新发展与建设交通强国，应该做到以下几点。

（1）牢记使命。

交通运输的使命是实现安全、便捷、高效、经济的位移。面对新技术、新需求的不断涌现，不论交通行业在"位移+"领域添加何种新业态，位移过程不应该中断。要充分认识到技术在交通行业中的地位：技术为满足需求服务，战略需求统领战术需求，技术供给创造需求。

（2）"源于中国，普适全球"转变势在必行。

1840 年之后，中国交通行业一直在向西方不断学习追赶。在过去十几年中，中国智能交通产业通过国际合作和消化吸收及再研发,实现了跨越式大发展。进入新时期以后,中国智能交通不仅在规模上实现了快速增长,也同步实现了高质量发展。标准是世界的通用语言,正是有了标准,不同地区的经贸活动才成为可能,不同语言的人们才能享受相同的产品和服务。对产业而言,标准化是构建产业链的关键,是产业成熟的必经之路;对国家而言,标准是国际经济科技竞争的"制高点",标准化水平的高低,反映了一个国家产业核心竞争力乃至综合实力的强弱。

世界需要标准协同发展,标准促进世界互联互通。要加强智能交通领域国际标准制定,推进中国标准的海外应用。鼓励行业领军企业或骨干企业走出去的同时,把更多中国标准带出国,发挥国家、行业、企业的合力,实现"源于中国,普适全球"的目标。

(3) 融合发展是必由之路。

党的十九大报告提出,加快建设制造强国,加快发展先进制造业,推动互联网、大数据、人工智能和实体经济深度融合,在中高端消费、创新引领、绿色低碳、共享经济、现代供应链、人力资本服务等领域培育新增长点、形成新动能。智能交通领域的下一阶段,应有的放矢,加快推动高新技术与传统交通行业的融合发展,使互联网、大数据、人工智能更好为我国传统产业转型和实体经济发展注入新的动能,释放新的活力。

2.2.3.1 中国道路智能运输系统的发展趋势及未来展望

1. 发展趋势

2018 年 11 月,中国工程院院士黄卫、张军在第十三届中国智能交通年会上提出,智能运输系统的演进可以分为 5 个阶段,分别是交通信息化过程、网联化阶段、协同化阶段、自动化阶段、自主交通阶段。当时,中国处于以 V2V 和 V2I 为建设重点的协同化阶段。

以无人驾驶和新一代城市交通信号控制系统为代表的自动化和自主交通是我国智能交通发展趋势。自动化阶段的发展与运载工具的智能化和基础设施智能化发展有关,运载工具能够在规定的场景下实现自动驾驶,相应的基础设施智能化也达到一定的水平,智慧道路、新型智能化基础设施基本形成,交通系统的控制与决策达到较高的自动化水平,智能车、智能路、智能网及智能服务有机结合,实现系统化应用。自主交通阶段是智能交通系统发展的最高阶段,在该阶段,无人驾驶、自主决策的载运工具将得到广泛应用,智能化基础设施体系化,相应形成的自主交通系统具备自主感知、自主管控的智慧水平,是一种全新的智能移动互联交通系统。

2. 未来展望

以无人驾驶为主要特征的自主交通系统是未来智能运输系统的发展方向,是人工智能、大数据、宽带互联网、无人化载运工具与智能交通深度融合催生的重要创新载体,将引发近百年来交通形态和模式的重大变革,这也是交通科技创新发展的战略制高点。发展自主交通系统,对提升智能时代经济社会和国家安全保障能力、交通强国建设都具有重大意义。

中国道路智能运输系统有两个发展阶段:第一阶段,到 2030 年左右,主要是布局无人驾驶自主交通系统关键技术体系的研发与集成验证;第二阶段,从 2030 年左右到 2050

年，主要是进行无人驾驶自主交通系统工程建设。

同样，城市交通信号控制系统也是新一代智能交通系统的重要内容。城市交通信号控制系统摆脱现有交通信号控制系统"单元级-系统级"架构弊端，在移动互联环境下，面向车辆网联化发展需求，构建以"单元级-系统级-平台级"为架构的新一代城市交通信号控制系统。新一代城市交通信号控制系统具备以下特点。

一是"多源数据支撑"。摆脱单一车辆检测手段，从"单元""系统""平台"三个层级上，形成能综合利用移动互联环境下多源交通信息的交通信号控制系统。

二是"多种交通方式"。从服务小汽车交通，到兼顾慢行交通与公共交通，推动公共交通优先、慢行交通友好环境的快速形成。

三是"交通理论适应"。网联车、无人驾驶技术的发展，必然会带来微观交通流理论的变革，新一代交通信号控制系统需要能够适应网联车环境下的新型交通理论。

四是"运行智能可靠"。新一代城市交通信号控制需要从缓堵实际需求出发，在兼顾效率与安全的基础上，侧重考虑系统运行的智能化与可靠性技术。

新一代城市交通信号控制系统将具备综合利用与处理多源交通数据、信号控制配时参数动态智能优化、科学仿真评价与问题诊断、持续学习优化等能力。

2.2.3.2 中国轨道交通智能运输系统的发展趋势及未来展望

1. 发展趋势

国家高速列车科技发展"十二五"重点专项专家组组长及"十三五"国家重点研发计划先进轨道交通重点专项专家组组长、北京交通大学教授贾利民认为：新一代轨道交通智能运输系统（NG-RITS）是集成面向轨道交通需求或轨道交通需求导向的现代信息技术（如物联网、传感网、云计算、移动计算、大容量通信、现代大数据处理、系统与控制和智能自动化技术等），以实现轨道交通移动装备、固定设施和服务需求状态的全息化感知、诊断、辨识和决策为基础，通过动态高效配置与轨道交通全业务过程相关的所有时间、空间、设施、信息、人力等资源，以较低的成本达到更高的系统安全保障水平、更高的综合效能、更强的可持续性、更好的可互操作性。新一代轨道交通智能运输系统具备"系统集成化、业务一体化、运营管理与服务智能化、安全保障泛在化"内涵，以及"可测、可视、可控、可响应"四个核心特征，设计满足最新要求和集成最新技术的，由感知层、传输层、融合层、业务层构成的 NG-RITS 总体架构。

与智能化的程度和水平相对应，轨道交通智能运输系统的发展也分为初级、较高级、高级三个阶段。初级阶段为铁路全面信息化阶段（或称为数字铁路阶段），较高级阶段为铁路协同集成化阶段（或称为智能铁路阶段），高级阶段为铁路高度自主化阶段（或称为高级轨道交通智能运输系统阶段）。

初级及较高级阶段的关键任务包括：制定轨道交通智能运输系统总体发展战略规划和体系框架，初步建立区域地理信息共享平台，建成高速宽带车-地双向数据传输系统，初步建成全路行车安全监控系统，初步建成基于互联网和手持移动设备的客货运输用户服务系统，初步建成基于无线和先进卫星定位技术的列车调度指挥系统、物流追踪系统，建成轨道交通智能运输系统应用示范等。

高级阶段的关键任务包括：建成先进的全路地理信息共享数据平台，建立完善的客户服务体系和电子商务系统，建成涵盖客运、货运、机车车辆等各类调度的综合调度系统，建成包括客货运、集装箱、特种货物运输的综合营运管理系统，建立与其他运输方式开放互操作接口等。

当前中国铁路信息化和智能化建设取得了显著的成就，轨道交通智能运输系统的初级、较高级阶段建设任务及高级阶段的部分任务基本完成，正在面临着向更高级阶段——新一代轨道交通智能运输系统发展的新趋势，因此有必要对新一代轨道交通智能运输系统的定义、内涵、核心特征、发展目标等进行重新定义和架构，如图2-13所示。

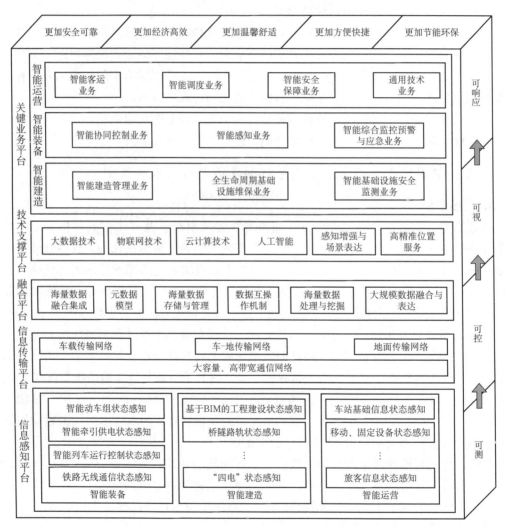

图2-13 新一代轨道交通智能运输系统的体系框架

2. 未来展望

到2035年，要建成高标准"安全、便捷、高效、绿色、经济"的现代化轨道交通智能运输体系，进入轨道交通强国前列；引领国家综合交通运输体系的轨道交通网络全面建成，以轨道交通为骨干的跨国运输服务覆盖欧亚大陆；实现支撑全球生态圈形成的轨道交通智能指挥与控制系统的国际标准化技术体系和工程化集成应用技术；形成适应轨道交通建设、运营、服务过程万物互联和可定义业务承载的通信技术的标准化和工程化，远程化、沉浸式、无人化调度指挥和控制一体化技术实现工程化应用；积极探索适应于新型、超高速、多栖化导向运输系统的调度指挥与运行控制技术的工程化研发。

习题 2

1. 简述智能运输系统的发展与城市演化之间的关系。
2. 什么是智能运输系统？请简要描述其特征。
3. 请描述 RITS 的主要特点。
4. 结合实例，试论述制约中国智能运输系统发展的因素是什么？

第 3 章
智能运输系统体系结构与标准化

3.1 概述

3.1.1 系统与体系结构

所谓系统,就是由相互作用和相互依赖的若干组成部分结合成的具有特定功能的有机整体。描述系统要从其 5 个基本要素出发,具体包括功能、组元、结构、运行和环境。而系统描述的过程又可以按照其整体性、相关性、目的性、层次性和环境适应性五个基本特性具体分析。同时在具体研究的过程中,还必须坚持以下 7 个基本原则,即整体性原则、综合性原则、联系性原则、有序性原则、动态性原则、结构性原则、模型化原则。

系统工程是组织管理某系统的规划、研究、设计、制造、试验和使用的科学方法,是一种对所有系统都具有普遍意义的科学方法。系统工程属于工程技术范畴,是组织管理各类工程的方法论,即组织管理工程;又是解决系统整体及其全过程优化问题的工程技术,它对所有系统都具有普遍适用性。系统工程具有以下 3 个特点:研究方法的整体性、应用学科的综合性、组织管理的科学化。

体系泛指一定范围内或同类的事物按照一定的秩序和内部联系组合而成的整体,是不同系统组成的系统。体系结构是高于系统设计的,对于同一体系结构可以有许多不同的设计方案。任何系统都有一定的结构,对于简单的系统,体系结构往往在不经意间形成;但对于复杂系统,特别是集成智能系统,则一般要先专门开发其体系结构,进而进行系统设计。

3.1.2 智能运输系统体系结构的定义与作用

智能运输系统作为复杂的大系统,是大量功能、技术和信息的集成。智能运输系统体系结构指系统所包含的子系统、各个子系统之间的相互关系和集成方式、各个子系统为实现用户服务、满足用户需求所应具备的功能，是一个适应国家发展计划和支持开发研究、标准化的不同技术成果的通用框架，是一个从事智能运输系统研究开发工作的所有团体都应该支持的通用的体系框架。

智能运输系统体系结构的作用如下所述。

（1）智能运输系统是一个贯穿于智能运输系统结构和标准研究制定过程的指导性框架，为检查系统构成和标准的遗漏、重叠及一致性提供依据。

（2）智能运输系统基于物理框架和逻辑框架的标准需求，为制定标准的出发点和衡量结果提供了工具。

（3）智能运输系统为科技人员管理智能运输系统提供了标准。同时人们可根据实际需求提出新的用户功能，以完善智能运输系统体系框架。

（4）智能运输系统是一个庞大的系统，包含有很多子系统，它的实施需要通过这些子系统来实现。智能运输系统体系结构为智能运输系统的各个部分提供了统一的接口标准，从而使各个部分便于协调，集成为一个整体。

（5）避免少缺和重复，使智能运输系统成为一个高效、完整的系统，并具有良好的扩展性。

3.1.3　智能运输系统体系结构的构成

3.1.3.1　基本定义

用户服务：在智能运输系统体系框架中，某一导向接近于最终用户的相邻层提供的服务能力。

服务主体：服务的提供者，它与用户主体是服务与被服务的关系。

系统功能：智能运输系统为完成用户服务必须具有的处理能力。

逻辑体系结构：确定为满足所有用户的所有需求，智能运输系统所必须提供的功能。逻辑体系结构定义了为提供各种智能运输系统用户服务，智能运输系统必须拥有的功能和必须遵守的规范，以及各功能之间交换的信息和数据关系。

物理体系结构：将逻辑体系结构中的功能实体化、模型化，把功能相近的实体（物理模型）归结成直观的系统和子系统。

设施：智能运输系统中的除了人工和信息之外的所有实体，包括移动的设施和固定的设施。

3.1.3.2　基本构成

智能运输系统体系结构主要由用户服务、逻辑体系结构、物理体系结构等组成，相关内容有用户主体、服务主体、智能运输系统标准等。由于体系结构各组成部分都是围绕着用户服务展开的，因此，可从用户服务和其他各组成部分之间的关系的角度来解释各组成部分的含义，其关系描述如表3-1所示。

表 3-1　智能运输系统体系结构各组成部分及服务关系

组成部分名称	作用
用户主体	明确谁将是被服务的对象，即明确了服务中的一方
服务主体	明确谁将提供服务，与用户组成系统基本运行方式
用户功能	明确系统能提供什么样的服务
系统功能	将服务转化为系统特定目标
逻辑体系结构	服务的组织化
物理体系结构	服务怎样具体提供
智能运输系统标准	智能运输系统标准化

1. 用户服务

智能运输系统体系结构中的用户服务部分主要用来明确智能运输系统的用户及用户需求，明确划分智能运输系统中各个子系统的用户，并且通过用户调查、访问等形式确定各个子系统的用户需求等，对用户需求进行合理排序后指导实施顺序。

2. 逻辑体系结构

逻辑体系结构定义了为提供各项用户服务而必须拥有的功能和必须遵从的规范，以及各功能之间交换的信息和数据。它包括功能域、功能、过程等多个层次及其之间的数据交换。

逻辑体系结构开发是智能运输系统体系结构开发的重要环节，其作用是明确完成用户服务需要的功能支持及功能之间数据交互，给出详尽的数据属性。从用户服务到逻辑体系结构的转化，是一个用户服务不断细化分解成功能、相近功能重新组合的过程。它不仅从宏观上把握了智能运输系统所需功能，而且从微观上对功能进行了重组。由此使得智能运输系统体系结构的构建具有严密的逻辑关系，为物理体系结构的构建提供了基础。

通常以一系列功能领域的方式描述智能运输系统的逻辑体系结构，每个领域都定义了功能及数据库，这些数据库与终端相联系。终端可以是一个人，一个系统，或者一个物理实体，从它们可以获得数据。一个终端定义了由体系结构模拟的系统所期望外部世界所做的事情，提供了终端期望可以提供的数据及由系统提供给它的数据。

3. 物理体系结构

物理体系结构是智能运输系统体系结构中的一部分，它以逻辑体系结构中的过程和数据为基础。它定义了组成智能运输系统的实体（子系统和终端），以及各实体间的关系。物理体系结构把逻辑体系结构中给出的过程分配到各子系统中，为标准化工作奠定基础。

物理体系结构是由逻辑体系结构中的功能进行组合得到的，同时，物理体系结构与用户服务具有一定的呼应关系，物理体系结构是对用户服务的实现。因此，从此角度来说，智能运输系统体系结构的开发是一个闭循环过程。智能运输系统体系结构开发步骤示意图如图 3-1 所示。

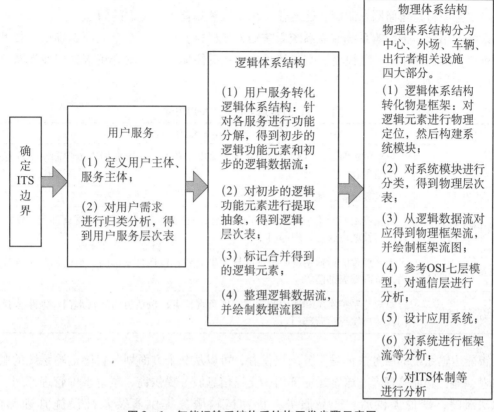

图 3-1 智能运输系统体系结构开发步骤示意图

3.2 智能运输系统的需求架构

智能运输系统的需求架构是对智能运输系统需求的描述,是根据实际进行需求具体化设计的重要步骤。构建需求架构主要有两个步骤。第一步是确定智能运输系统的用户主体及服务主体,二者分别是智能运输系统需求的提出者及实现者,两者之间的交互共同完成了智能运输系统的功能实现。第二步是确定智能运输系统的需求架构。

3.2.1 智能运输系统用户主体及服务主体的确定

智能运输系统作为一个由设计、制造、使用、管理、运营维护多步骤构成的全生命周期的复杂系统,其用户也贯穿其全部的交互过程。与之对应的是服务主体,服务主体是服务的提供者,用户主体和服务主体共同组成了系统基本运行方式。

所谓用户服务,是从用户的角度来看系统所能做的事情,智能运输系统用户服务的实质是智能运输系统提供的服务或产品。提出智能运输系统用户服务项目,也就提出了智能运输系统的开发范围及发展目标。只有先提出智能运输系统用户服务项目,才能为相应的、实现这些服务所必须的研究与开发、运营测试及实施制定计划，因此确定智能运输系统用户服务项目是任何国家制定智能运输系统发展规划首先要考虑的问题。

系统的用户是指影响系统或受系统影响的人或机构，可以从 6 个方面识别信息技术系统的用户，即：使用者、建设者、交通管理者、相关团体、公共安全负责部门及运营管理者，如表 3-2 所示。

表 3-2 智能运输系统的用户主体

用户	用户介绍
使用者	包括主次两类，主要用户为从系统输出中获益者，次要用户为控制系统并提供系统输入者
建设者	提供系统软、硬件者
交通管理者	希望使用 IT 来解决或缓解问题或提供信息服务者，包括道路管理部门、铁路管理部门及城市轨道管理部门
公共安全负责部门	为处理智能运输系统中出现的异常事故者，包括公安部门、消防部门、急救部门及抗震减灾部门等
运营管理者	对规范系统实施和使用的规章制度负责任者，包括道路运营部门、铁路运营部门及城市轨道运营部门

智能运输系统的服务主体是服务的提供者，可以从 9 个方面划分智能运输系统的服务提供者，即：交通管理者、旅客运输部门、交通信息服务提供商、紧急事件管理部门、政府执法部门、设备提供商、产品服务、货物运输服务提供商及基础设施管理部门，如表 3-3 所示。

表 3-3 智能运输系统的服务主体

服务者	服务者介绍
交通管理者	提供管理决策信息服务者
旅客运输部门	提供旅游出行信息服务者
交通信息服务提供商	提供交通动态、静态信息者
紧急事件管理部门	救援抢险服务提供者
政府执法部门	政府执法机构及交通秩序维持者
设备提供商	交通设施设备的提供者
产品服务	产品服务及设施设备改造者
货物运输服务提供商	货物运输提供者
基础设施管理部门	基础设施设备管理、维护者

3.2.2 智能运输系统需求架构的确定

世界各国的交通运输虽各有特色，但共性仍是主要的，各国智能运输系统用户需求的主要内容都是"交通管理""交通信息服务""车辆控制"等。借鉴先进国家地区特别是

ISO 已有的研究成果，采用"借鉴、筛选、增补、整理"的办法，即：首先借鉴先进国家/地区及 ISO 的智能运输系统用户服务需求内容，建立智能运输系统用户服务备选库，然后按照建立智能运输系统用户服务的基本考虑，对备选库中的服务进行逐项考察、筛选，排除那些不需要的服务项目，增补一些反映实际社会经济及交通特点的服务项目，最后对用户服务进行整理，合并一些功能重复的项目，并进行适当分类，最终拟出符合本国国情的智能运输系统需求架构。服务架构明确为满足用户的需求，系统所应具有的处理能力。服务架构的定义是整个 ITS 体系结构制定发展的基础。围绕智能运输系统"高品质服务、高安全、高效率"的目标，根据用户需求分析的结果，并结合运输的现状、发展趋势、管理机制等因素，将 ITS 划分为提供信息、交通管理、车辆安全与控制、商用车管理、公共交通管理、紧急服务、电子收付费、骑自行车者与行人支援、灾害救治与数据服务 10 个服务领域，合计 33 个服务项目，如表 3-4 所示。

表 3-4 智能运输系统需求架构

编号	服务类型	服务项目
1.1	提供信息	出行前信息
1.2		在途驾驶员信息
1.3		路线导行
1.4		旅行者服务信息
2.1	交通管理	交通控制
2.2		偶发事件管理
2.3		需求管理
2.4		维持/执行交通法规
2.5		排放测试与缓解
2.6		道路-铁路交叉口
3.1	车辆安全与控制	视野强化
3.2		自动驾驶
3.3		纵向防撞
3.4		横向防撞
3.5		危险预警
3.6		撞前避伤
4.1	商用车管理	商用车电子结关
4.2		商用车行政管理
4.3		自动路边安全检查
4.4		商用车车载安全监视
4.5		危险物品异常响应
4.6		商用车队管理

续表

编号	服务类型	服务项目
5.1	公共交通管理	公共运输管理
5.2		需求响应型公共交通
5.3		公共交通管理在途公交信息
5.4		合乘车管理
5.5		公共出行安全保障
6.1	紧急服务	紧急事件通报与个人安全保障
6.2		紧急车辆管理
7.1	电子收付费	电子财务交易
8.1	骑自行车者与行人支援	骑自行车者与行人支援
9.1	灾害救治	救灾交通管理
10.1	数据服务	历史数据服务

3.3 道路交通智能运输系统体系结构

3.3.1 美国智能运输系统体系结构

3.3.1.1 总体架构

ARC-IT 体系结构为智能运输系统的规划、定义和集成提供了一个通用框架。它是一个成熟的产品，反映了其社区的广泛领域（交通从业者、系统工程师、系统开发人员、技术专家、顾问等）的贡献。截止到 2019 年 1 月，ACT-IT 体系架构已经更新到 ARC-IT 8.2 版本，这里将据此进行简单介绍，有兴趣深入了解的读者可以自行前往美国运输部网站查阅最新的资料。图 3-2 为 ARC-IT 8.2 总体架构图。

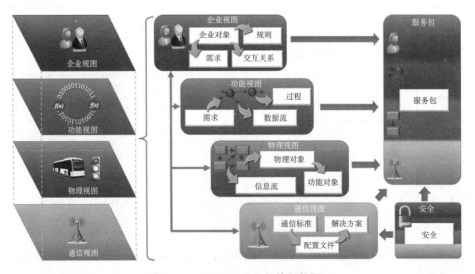

图 3-2　ARC-IT 8.2 总体架构图

ARC-IT 体系结构包括一个用户服务包,并通过企业、功能、物理和通信 4 大视图对智能运输系统进行描述,具体如表 3-5 所示。

表 3-5 美国 ARC-IT 体系结构构成

组成部分	内容描述
用户服务包	表示物理视图的切片,用于处理特定服务,如交通信号控制;将几个不同的物理对象(系统和设备)及其功能对象和提供所需服务的信息流收集在一起
企业视图	处理利益相关的组织和用户主体之间的关系并描述其功能,企业视图的构建块是企业对象,侧重于描述企业对象之间的关系,同时定义了企业对象如何与物理对象交互
功能视图	功能视图是处理抽象功能元素及其逻辑交互的分析,定义控制和管理系统行为的过程,包括监视及描述系统功能行为的其他活动控制元素,同时还描述了数据处理功能、数据存储及这些元素之间的信息逻辑流
物理视图	描述了支持智能运输系统的运输系统和信息交换,定义提供智能运输系统功能的物理对象(系统和设备),信息流定义物理对象之间的信息流,功能对象组织在每个物理对象中支持智能运输系统所需的功能
通信视图	定义物理对象的通信方式,同时定义了通信标准和配置文件,这些标准和配置文件结合到通信解决方案中,指定了如何在物理对象之间可靠、安全地共享信息

除此之外,ARC-IT 体系结构从全局角度解决安全问题,覆盖了 4 个视图。

3.3.1.2 用户服务包

用户服务包如表 3-6 所示。

表 3-6 用户服务包

服务领域	服务内容
商用车辆运营	车辆运营和车队管理;货运管理;电子清算;商用车辆管理;国际边境电子清算;货运信号优先;商用车辆运营路旁安全;智能路旁和虚拟动态称重;货运动态旅行计划;为货运公司提供道路天气信息;货运单优化;危险品管理;路旁危险品安全侦测与防护措施;商业车辆司机安全验证;车队和货运安全保障;电子工作日记;智能访问程序;智能访问程序-重量监控;智能限速
数据管理	智能运输系统数据仓库;性能监控
维护和建设	维护和施工车辆设备跟踪;维护和施工车辆维修;道路自动处理功能;冬季维护;道路养护与施工;工作区管理;工作区安全监控;维护和施工活动协调;基础设施监控
停车管理	停车位管理;智能停车换乘系统;停车电子支付;区域停车管理;装载区管理
公共安全	紧急呼叫和调度;紧急响应者的路由支持;紧急车辆优先;求救通知;车辆应急响应;突发事件现场应急响应人员到达前准备指南;事故现场安全监测;道路服务巡逻;交通基础设施保护;广域警报;预警系统;灾难响应和恢复;疏散和再入管理;旅客灾难信息

续表

服务领域	服务内容
公共交通	过境车辆跟踪；公交定线运营；动态公交运营；公交收费管理；过境安全；运输车队管理；过境旅客清点；过境旅客信息；交通信号优先；间歇公交车道；公交行人指南；过境车辆在站/停车警告；车辆在公交车辆前右转；综合协调；中转站请求；盲人导航；过境连接保护；综合多式电子支付
支持中心	联网车辆系统监控管理；核心授权；数据分发；地图管理；位置和时间；对象注册与发现；隐私保护；安全和凭证管理；中心维护；现场设备维护；车辆维护；行走装置维护
可持续发展的旅游业	排放监测；生态交通信号时序；生态交通计量；路边照明；电动充电站管理；HOV/HOT通道管理；生态车道管理；信号交叉口的生态进近和发车；连接生态驾驶；低排放区管理
交通管理	基于基础设施的交通监控；基于车辆的交通监视；交通信号控制；联网车辆交通信号系统；流量测量；交通信息发布；区域交通管理；交通事故管理系统；综合决策支持和需求管理；电子收费；道路使用费；动态道路警告；标准铁路平交道口；高级铁路平交道口；铁路运营协调；可逆车道管理；速度警告和执行；吊桥管理；道路封闭管理；变速限制；速度协调；动态车道管理和路肩使用；边境管理系统
旅客信息	广播旅客信息；个性化旅客信息；动态路径引导；基础设施提供行程计划和路线指导；旅行服务信息和预订；动态拼车和共享交通；车内标识
车辆安全	自动车辆安全系统；车辆间基本安全；态势感知；特殊车辆警报；曲线速度警告；停车标志间隙辅助；驾驶员道路天气警报；队列警告；减速区警告/车道关闭；限制车道警告；超大车辆警告；行人和骑车人安全；交叉口安全警告和避碰；协同自适应巡航控制；基础设施增强的协同自适应巡航控制；自动车辆操作；交通代码分享
天气	天气数据收集；天气信息处理与分发；现场天气影响警告

3.3.1.3 企业视图

企业视图处理的是智能运输系统在提供服务时，多个组织与多个用户之间的多重关系及确定它们各自应该扮演的角色。这些组织和用户之间的关系取决于在提供用户服务时所承担的角色。

企业视图的构建块是企业对象，是用于信息交换、管理和操作的一个独立于组织范围之外的系统。企业视图侧重于这些企业对象之间的关系，但也定义了企业对象如何与物理对象交互，这些物理对象在企业视图中显示为资源。

企业对象和资源之间的关系被组织成多类型的协调关系，目的是实现为智能运输系统服务提供所必需的共同合同或协议。企业对象和资源之间的关系包含拥有、操作、开发、安装、维护等关系。当相关人员参与到智能运输系统中时，他们是企业对象，要求智能运输系统能够帮助他们实现目标或解决问题，他们的需求体现在用户服务包中。

ARC-IT体系结构中的企业模型具体如下。

企业对象：与其他企业对象和/或物理对象交互的组织或个人。一个企业对象可能是另一个较大的企业对象的组成部分，而这个较大的企业对象又可能是第三个甚至更大的企业对象的组成部分。企业对象可以全部或部分参与其他企业对象。例如，设备开发人员是汽车制造商的一个员工，但也参与技术标准的设定。

资源：支持企业对象获得成果的资产。这可能是一个物理或虚拟元素，并且可能数量有限。所有物理对象都是资源，但其他资源可能包括政策和文档。

关系：企业对象之间的正式或非正式协调，如协议、合同、资助和期望。

角色：对象参与对象间的关系的方式，是与对象间的关系相关联的一组行为和动作。

企业视图考虑支持体系结构技术层的政策、资金激励、工作安排和管辖结构，为理解实现者将是谁及这些实现者在实现智能运输系统时可能承担的角色提供了基础。企业视图也是地面运输系统目标的来源，还可以用于支持交通规划和项目开发的体系结构的政策和过程。

在智能运输系统中负责采集、维护、安装、操作、认证、制定政策的组织或者用户可以通过企业视图解决大量的问题，使相关人员能够回答以下问题。

(1) 谁负责提供与运输相关的用户服务？
(2) 谁负责安装、操作和维护智能运输系统的服务、应用程序和设备？
(3) 运输运营商之间需要建立什么样的关系来促进管辖区之间和管辖区之内的服务？
(4) 服务提供者和服务消费者之间需要存在什么关系？

3.3.1.4 功能视图

功能视图从功能角度审视智能运输系统，同时定义了支持智能运输系统用户需求的功能需求。它与物理视图和通信视图不同的地方在于，其他两个视图主要关注功能的实现方式、部署地点、信息转移方式和协议。也就是说，功能视图主要解决智能运输系统提供什么功能的问题。

通过功能视图可以分析抽象功能元素及它们之间逻辑上的相互作用关系。这里，ARC-IT 体系结构被描述为一组分层组织的过程，在过程和数据存储区之间移动的数据流都在数据字典中定义。

功能的行为（亦称过程）是该元素为实现目标而执行的一组操作。通过实现一个过程的操作来达到应用程序或其他过程实现操作的目的，这个过程可能会涉及执行这些操作时的数据收集、数据转换、数据生成或处理等步骤。功能视图定义了控制和管理系统行为的过程（如监视），以及描述系统功能行为的其他活动控制元素。它还描述了数据处理功能、数据存储及这些元素之间的信息逻辑流。

ARC-IT 体系结构采用结构化分析方法在 Hatley/Pirbhai 工作的基础上，对功能视图进行建模分析，从而说明功能元素之间的数据流。在 ARC-IT 体系结构中，为方便起见，功能模型的建立不包括图表，只包括流程及其数据流的集合，而物理视图中的图形描述就是系统行为的图像表述。

功能视图提供了对抽象功能元素及其逻辑交互的分析，这与物理和通信视图形成了直接对比。物理视图和通信视图关注的是如何实现功能，如何分配功能，如何传输信息，使用哪些协议，以及使用什么方法来实现功能。换言之，功能视图讨论"功能是什么"，而物理视图和通信视图更关注"功能怎么实现"。

ARC-IT 体系结构的功能模型采用结构化的分析方法，并定义了以下结构构件。

过程：用于支持用户服务包所需的一个功能或活动。一个过程执行行动是为了实现一个目标或者支持另一个过程的行动。这可能涉及执行这些操作时的数据采集、数据转换、数据生成或处理。最详细的过程（有时称为基本过程）在过程规范中定义。

过程规范：一个过程的最详细文本定义。过程规范包括一个概述、一组功能需求和一组完整的输入和输出。

数据流：功能视图中进程之间或进程与外部物理对象（或终结器）之间数据流动的表示。在物理视图中，数据流聚合在一起形成物理视图的高级信息流。

终结器：表示体系结构边界之外的系统的一个物理对象。终结器可以是信息源和/或接收器。ARC-IT 体系结构不定义终结器的任何内部功能。

功能视图定义了控制和管理系统行为的过程，例如监视，以及描述系统功能行为的其他活动控制元素。功能视图以自上而下的方式显示流程，从一般流程（如"管理交通"）开始，然后分解为更详细的流程（如"提供交通监控""监控高占用率车辆车道使用"）。

在智能运输系统部署中承担项目开发工作的相关人员需要充分理解功能视图，特别是其中与物理视图中功能对象相关的要求。大多数情况下，这些开发人员将同时承担服务提供者、应用程序开发者或硬件设备开发者的角色。功能视图可以帮助这些利益相关者回答以下问题：

（1）实现给定的服务需要哪些类型的数据？

（2）实现给定的服务需要什么功能？

3.3.1.5 物理视图

物理视图描述运输系统和支持智能运输系统的信息交换。在这个视图中，体系结构被描述为一组集成的物理对象，它们互相交换信息以支撑体系结构用户服务包。物理对象表示其体系结构的主要物理组件，包括子系统和终结器。子系统是作为整个智能运输系统一部分的物理对象，向智能运输系统提供"边界内"的功能。终结器是位于智能运输系统边界的物理对象，提供智能运输系统功能所需的信息或从智能运输系统接收相关信息。功能对象将子系统分解为可部署的多个小部分，并更具体地定义支持特定服务包所需的功能和接口。信息流描述了物理对象之间发生的信息交换。物理视图中的信息交换由 3 个部分标识，包括源物理对象、目标物理对象及交换的信息流。

物理视图与其他架构视图相关。每个功能对象都链接到功能视图，保证功能视图更精确地描述执行的功能及功能对象交换数据的详细信息。在企业视图中，物理对象和功能对象也被描述为资源，它描述了所涉及的组织及它们在安装、操作、维护和认证体系结构的所有组件时所扮演的角色。

此外，物理视图还包括概念层次结构。从最抽象（最高）的层次考虑架构，物理视图描述了支持中心系统、现场系统、出行者系统和车辆系统之间的交互，如图 3-3 所示。

物理视图的角度表示了在场地和后勤办公室中操作的物理元素、这些元素的功能、在提供用户服务时承担的角色及它们之间的连接关系。

物理视图的角度定义以下对象。

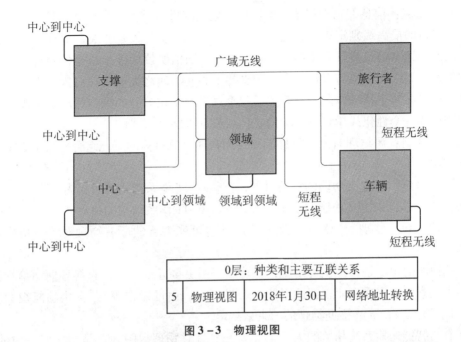

图 3-3 物理视图

（1）物理对象：参与到智能运输系统中的人员、地点或事物。物理对象根据所支持的应用程序、包含的过程及与其他物理对象的接口进行定义，并且物理对象的定义范围受到单个企业对象的控制。物理对象总共分为 5 类：中心、场地、支持中心、旅行者和车辆，具体如下。

中心：一个提供应用、管理、行政和支持功能的元素，位于不靠近道路网的固定位置，又可以称为"后勤办公室"。中心，传统上是一个以交通为中心的术语，它通过呼叫管理中心来支持交通管理需求，而后勤办公室通常是指商业应用程序。

场地：靠近交通网络并具有监控（如交通探测器、摄像头）、交通控制（如信号控制器）、信息提供（如动态信息标志）和局部交易（如收费、停车）功能的基础设施，通常由运行在中心的运输管理功能控制。该领域还包括相互连接的车辆路旁设备和其他提供移动体和固定的基础设施之间的通信的基础设施。

支持中心：一个提供非运输特定服务的中心。通常，这些服务提供的是使能功能，如便捷通信、通信安全或通信管理。

旅行者：旅客在旅行前和途中用于评估运输服务的工具，包括旅客所拥有和操作的设备，以及运输和信息提供者所拥有的设备。

车辆：包括适用于所有车型的驾驶员信息和安全系统。

移动体：所有车辆和移动旅行者物理对象的总称。

（2）功能对象：物理视图中物理对象的构建块。功能对象将一个特定物理对象的相似过程分组到一个可实现的包中。分组还需要适应不同级别的功能的需求。由于功能对象既是物理视图中最详细的组件，又与特定的服务包相关联，因此它们提供了面向接口的体系结构定义和面向部署的应用程序之间的通用链接。功能对象在功能视图中提供由物理对象定义的功能。

（3）信息流：信息在物理视图中的物理对象之间进行交换，信息流及其相关的通信需求提供了接口的最高级别定义。信息流与企业视图中的实体关系相关，并且在通信视图中有更详细的描述。信息流具有流动性，隐含着各种通信协议标准，总是伴随着条款协议关系。如果在关系中两个参与者都是中心、支持中心或场地之类的物理对象，则这种关系是正式的；如果在两个移动体之间，则关系几乎总是非正式的。如果在移动体和固定基础设施之间交换的是个性化或单独的目标信息，则关系可能是正式的。

（4）三元组：源物理对象、信息流和目标物理对象目标的三元组合，是用于定义接口的基础结构。

（5）子系统：已定义功能的物理对象，在 ARC-IT 体系结构的边界内。

（6）终结器：未定义功能的物理对象，在 ARC-IT 体系结构的边界外。

（7）服务包（物理的）图：说明支持服务包可能需要的所有物理对象、功能对象和信息流的摘要图。

物理视图的角度是一种工程角度，比功能视图更接近于设计，直接导向通信视图。物理视图中元素的边界受企业视图的限制（归谁所有，由谁操作等），提供功能视图所需的功能（能做什么），最终根据物理的约束来指定。

所有与智能运输系统相关的人员都需要充分理解物理视图，它是用户服务包的基础，是一个简洁的、相对容易阅读和遵循的图表，并传达了服务交付、服务功能、服务信息交换及与这些概念相关的关注点。物理视图使工程师能够回答以下问题。

（1）提供给定服务涉及哪些物理实体？

（2）不同物理元素之间需要哪些接口？

（3）为物理实体分配了哪些功能？

（4）物理元素之间交换信息需要考虑哪些安全问题？

（5）物理设备需要考虑哪些安全问题？

3.3.1.6　通信视图

通信视图描述了在物理视图中物理对象之间互操作所必需的协议，并且确定了满足物理连接性、环境和运营的挑战及相关的政策所需要的性能要求和限制范围。物理视图中的每一个三元组都映射到一组标准或已发布的规范，这些标准或规范可以一起用于构建可互操作的实现。这些标准通常以分层的方式考虑，从顶部包含数据元素、消息和对话框定义的标准，到底部提供访问设施、网络、传输和物理数据交换的标准。由于大多数标准之间关系的必要层次性，这些协议被组织在一系列层中。同时考虑的还有提供设备管理和安全性的标准，这些标准通常在所有以通信为中心的层中建模。一种典型的三元组方案的通信视图如图 3-4 所示。

ARC-IT 体系结构的通信模型是在通信领域的历史贡献上构建的，包括了 OSI 模型、ITS 体系结构、NTCIP 框架和 DSRC/WAVE 实施指导。ARC-IT 体系结构的通信模型具体如下。

ITS 应用信息层：ITS 应用信息层标准定义了两个端点之间信息的结构、意义和交换控制。

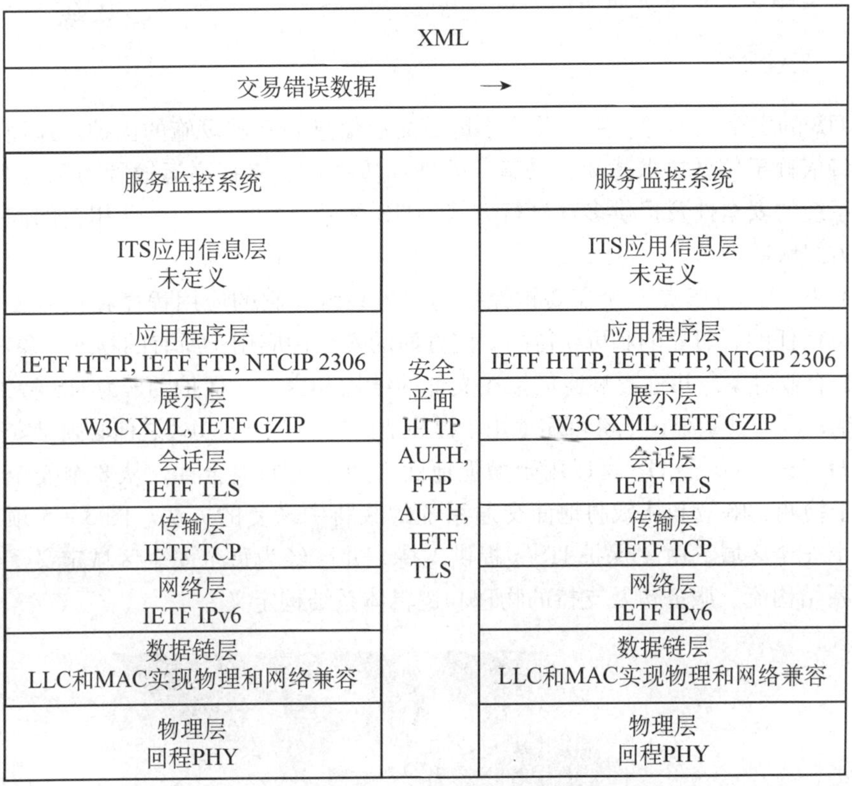

XML		
交易错误数据 →		
服务监控系统		服务监控系统
ITS应用信息层 未定义	安全平面 HTTP AUTH, FTP AUTH, IETF TLS	ITS应用信息层 未定义
应用程序层 IETF HTTP, IETF FTP, NTCIP 2306		应用程序层 IETF HTTP, IETF FTP, NTCIP 2306
展示层 W3C XML, IETF GZIP		展示层 W3C XML, IETF GZIP
会话层 IETF TLS		会话层 IETF TLS
传输层 IETF TCP		传输层 IETF TCP
网络层 IETF IPv6		网络层 IETF IPv6
数据链层 LLC和MAC实现物理和网络兼容		数据链层 LLC和MAC实现物理和网络兼容
物理层 回程PHY		物理层 回程PHY

图 3-4 典型的三元组方案的通信视图

应用程序层：应用程序层标准定义了交换编码数据的规则和流程。

展示层：展示层标准定义了表现被传输信息内容的位和字节规则。

会话层：会话层提供了应用过程之间打开、关闭和管理一个对话的机制。会话在成对的请求和回应（信息交换）及单独的信息发布中是异步的，并且需要确认是否收到信息。

传输层：传输层标准定义了交通网络端点之间交换应用数据的规则和流程。

网络层：网络层标准定义了路由、报文拆装和网络管理功能。

数据链路层：数据链路层标准定义了一些通信媒体的两个相邻设备之间数据交换的规则和流程。

物理层：物理层是一个通用术语，用于描述该层中的众多信令标准，通常是为特定的通信媒体和行业需求而开发的。

此外，安全面板可用于辨识可用于指定系统之间相互认证的政策和方法的标准与跨越通信堆栈的一层或多层的数据加密标准。

在 ITS 中承担用户角色、应用程序或设备开发者角色、测试人员、维护人员或标准开发角色的相关人员需要从通信视图的角度研究 ITS。通信视图结构使工程师能够回答以下问题。

（1）通信协议是否存在以及能提供满足任务需求的接口解决方案？这些协议是什么？

（2）如果某些协议丢失，那么这些协议在哪些层丢失（没有提供哪些功能）？

（3）哪些协议解决了关键的系统范围的安全问题，如保护数据机密性、保护消息完整性、防止在途操作？

(4) 哪些组织负责维护通信标准和规范？

3.3.1.7 安全性

关于 ITS 的安全性问题，主要关注于地面交通信息和基础设施的保护。地面交通现在至未来都将依赖于信息技术感知、采集、处理和传播信息来提高运输货物和旅客的效率，提高交通系统的安全性及提供多种旅行方式。ITS 体系结构中与安全性相关的问题主要由以下两种方式解决。

(1) 保护 ITS。ITS 是一个需要被保护的信息系统，它的应用程序在被需要时需要保证它们是可信任的、可靠的和可获得的。该方面的安全性应用于所有的物理对象和信息流，影响所有的企业对象，并且影响通信描述文件的结构和内容。保护 ITS 为 ITS 特别是 C-ITS 提供了基础，因为其系统在能够可靠地用于提高地面运输系统的功效之前必须是安全的。

(2) ITS 安全领域。ITS 可以用于增强地面交通系统的安全性，从 8 个安全领域定义了 ITS 用于检测、响应和从威胁地面交通系统的威胁中恢复的方法。图 3-5 顶部显示了它的这 8 个安全区域，由"保护 ITS"提供支持，并已经为每个安全区域定义了特定的子系统、体系结构流、服务包及支持的物理和逻辑体系结构定义。

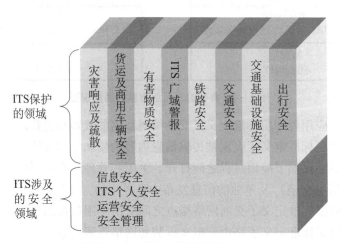

图 3-5 ITS 安全性问题解决方式

以一个包含闭路电视摄像头和控制中心的交通监控系统为例，来进一步说明这两种安全方式。从一个角度来看，需要确保摄像机只能由控制中心控制，不能轻易脱机工作，并且任何可能收集到的敏感图像都不会受到未经授权的泄露。这些都是与确保交通监控系统安全有关的考虑因素，它们是"保护 ITS"的一部分。从另一个角度来看，交通监控系统是一个 ITS，它既提供威慑，又提供应对工具，从而提高运输系统的安全。交通监控系统的这一角度指的是 8 个 ITS 安全领域之一的"交通安全"。

3.3.1.8 智能运输系统未来发展方向

在 USDOT 的《ITS 2015—2019 战略规划》中提出了以下对未来十年 ITS 的设想："更智能的劳动力，更智能的汽车，更智能的社区"。其中，交通系统的劳动力与互相连接的汽车、无人驾驶、智能社区、大数据分析、网络安全、云计算和共享汽车等技术密切相关。在未来，道路上将不存在孤立的车辆和基础设施，所有的车辆和基础设施都将连接在一起，公交车、火车、信号灯、道路维修区域甚至于智能手机，都将有机地结合，形成一个互相连接的车辆生态系统，每个元素的运作模式都将改变，系统的互操作性得到极大的提升。图3-6是其中6种典型的形式。

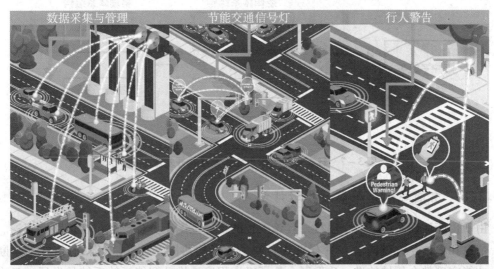
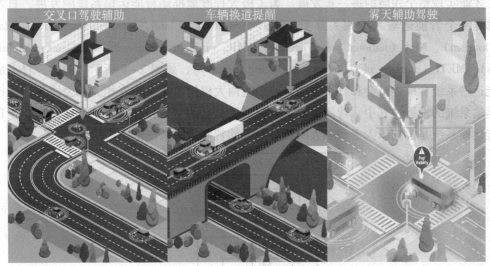

图3-6 ITS未来发展方向

3.3.2 日本智能运输系统体系结构

日本于1998年1月着手开发国家智能运输系统体系结构，并于1999年11月完成。日本智能运输系统体系结构采用了面向对象的建模技术来建立系统的逻辑体系结构和物理体系结构。日本智能运输系统体系结构的开发流程如图3-7所示。

日本智能运输系统体系结构描述了组成系统的各子系统和各种设备之间的基本结构，重点说明了系统的基本结构及各组成部分间的关系，重点突出了以下两点：

（1）保持灵活性，以满足社会的需求和不断发展的技术；

（2）确保兼容性和连通性，以保证信息的及时和完善。

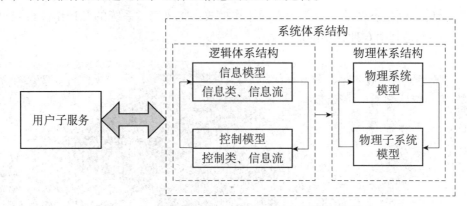

图 3-7 日本智能运输系统体系结构开发流程图

3.3.2.1 智能运输系统综合推进计划

由于智能运输系统是一个项目，且该项目的目标范围十分广泛，包括道路、交通、车辆、信息和电信 5 方面内容，只有当政府和私人机构协同工作，信息和电信技术不断发展，才能实现整个领域的进一步发展。为了极大程度地推动智能运输系统的发展，日本内阁部署 4 个智能运输系统相关部委：MLIT（ministry of land, infrastructure, transportation and tourism）、NPA（national police agency）、MIC（ministry of internal affairs and communications）、METI（ministry of economy, trade and industry），如图 3-8 所示。同时，日本成立智能运输系统标准委员会和日本智能运输系统两大机构与 4 个政府相关部委协作，推动智能运输系统的发展。其中，智能运输系统标准委员会的主要目标是推动 ISO 标准化，日本智能运输系统是由知识人士和私人团体等组成的智能运输系统推广机构。

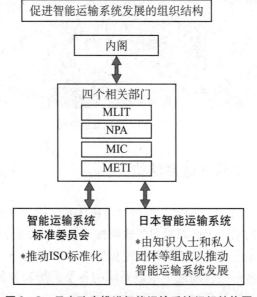

图 3-8 日本政府推进智能运输系统组织结构图

3.3.2.2 智能运输系统体系结构

日本智能运输系统体系结构的设计原则是所建立的体系结构应具有足够的灵活性，能适应社会需求变化和技术进步带来的剧烈变革，保障智能运输系统在信息和通信技术与设施的基础上的社会相容性和关联性。

日本智能运输系统体系结构描述了组成系统的各子系统和各种设备之间的基本结构，重点说明了系统的基本结构及各组成部分间的关系，重点突出了以下两点：

(1) 保持灵活性，以满足社会的需求和不断发展的技术；
(2) 确保兼容性和连通性，以保证与先进的信息和电信社会的互操作性和互连性。

为了反映体系结构开发过程中的两个特点，采取以下措施：

(1) 使用面向对象的分析方法，实现功能和数据的统一，使系统尽可能直接描述现实世界，可以更容易地对系统的各个部分进行更改和添加；
(2) 建立新的用户服务（如图 3-9 所示），实现智能运输系统与社会的协调。

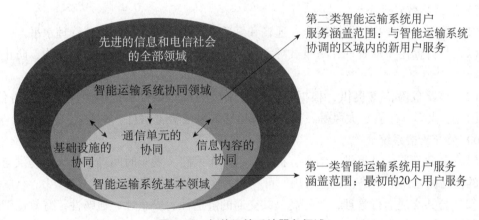

图 3-9　智能运输系统服务领域

为了明确智能运输系统各项服务所需的信息和功能，日本学者将 9 个研究领域的 21 个用户服务划分为 56 个特定用户服务，再划分为 172 个特定用户子服务，构成了一个完整的用户服务体系。每个子服务都有详细的定义，以便明确提供的特定服务，如图 3-10 所示。

1) 先进的导航系统

(1) 路线导航信息提供系统，为驾驶员选择最佳行驶路线、最短化出行时间提供信息，这些信息包括：各条路线的拥堵状态、交通管制、可利用的停车设施等。驾驶员出行前也可以在家中或办公室得到这些信息，以制定有效的出行计划。

(2) 目的地信息提供系统，提供与目的地有关的各种信息，使驾驶员选择合适的旅行目的地，为了使驾驶员和旅客充分享受旅行，系统还通过车载装置等提供区域的服务信息。

2) 电子自动收费

驾驶员在通过收费站时实现不停车自动非现金付费，可以提高驾驶的舒适性，减少收费站管理人员的费用，便于采集车辆 OD 数据等。

3) 安全驾驶支持系统

(1) 道路和驾驶信息提供，为驾驶员提供驾驶信息和道路条件信息，特别是当夜间行驶或雾中行驶时，可以有效地降低事故的发生，提高驾驶安全性。信息通过埋置在道路上的传感器采集。

（2）危险警告，有效防止碰撞和突发交通事件的发生，当车辆所在位置的危险情况被探测到时，警告自动发出。

（3）辅助驾驶，通过自动刹车系统和前面所提到的危险警告系统防止车辆因偏离而引起的碰撞或突发交通事件的发生。

（4）自动驾驶，自动驾驶系统可以有效地减少驾驶员的驾驶负荷并能防止交通事故的发生。

4）交通管理最优化

（1）交通流优化，通过全路网的信号控制系统对交通流进行优化，以此提高交通安全性和驾驶舒适性。

（2）发生交通事故时交通管制信息提供，对交通事故地点实行有效的交通管制，防止因交通事故引发的突发交通事故的发生。

5）道路高效管理系统

（1）管理水平提高，保证安全、通畅和舒适的出行环境，提高道路管理水平。

（2）特许商用车辆管理，对重载等特许商用车辆实行管理，保护路面结构，防止危险发生。

（3）道路危险信息提供，根据不同行驶区域的自然条件，提供道路危险警告信息。如：雨天、大雾、冰雪、大风等，以及沿海道路的海浪警告信息。

6）公交支援系统

（1）公共交通信息提供，为乘客提供有关乘车线路、发车时间等信息，并提供与公交有关的实时拥堵、车票费、其他费用、可利用的停车空间等信息。

（2）公共交通运行管理，为提高公共交通的舒适性、安全性、通畅性，有效地管理公共交通和采集公交数据信息。

7）车辆运营管理系统

（1）商用车辆运营管理，提高商用运营车辆管理水平，降低商用交通量，提高运输安全性。

（2）商用车辆自动跟车行驶，通过商用车辆自动跟车行驶，快速提高运输效率，降低商用车辆的交通量，提高运输的安全性。

8）行人诱导系统

（1）人行道线路诱导，为行人和骑自行车者创造安全的路边环境。

（2）行人危险预防，有效防止人、车事故的发生，当行人在机动车道上穿越时，系统及时向驾驶员发送警告信息并自动刹车。

9）紧急车辆支援

（1）紧急事件自动警报，当车辆发生突发事件或发生地震、洪水等灾害时，系统自动向救援中心发出紧急事件警报，从而缩短救援时间。

（2）紧急车辆诱导及救援行动支援，紧急车辆诱导及救援行动支援系统通过实时采集突发事故地点和受损路况信息，及时通告救援组织并进行救援指导，为交通事故或自然灾害突发地准备救援车辆。

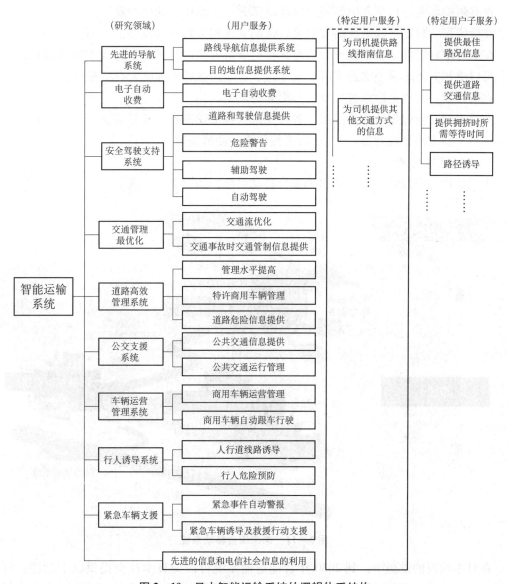

图 3-10 日本智能运输系统的逻辑体系结构

3.3.2.3 智能运输系统未来发展方向

在日本的综合计划中，提出了以下两个关键因素：连接智能运输系统各个领域的先进信息技术和通信技术，智能运输系统和其他信息化领域的连通性。为此，日本政府制定了2016—2020 年的智能运输系统发展计划。

1）社会机遇

加强交通安全、安全保障和交通事故等方面的管理，逐渐实现从价值到技术的分解，与当地社区持续合作，重新定义合作与竞争的界限，同时建立全球合作与协调政策等，全方面推进智能运输系统的发展。

2）分层治理

在有限的场地进行全方位智能运输系统部署，实现社会的全面发展。

在价值层：智能运输系统的发展可以带动其他相关行业的发展；

在服务层：智能运输系统可以为全体社会成员提供出行服务，行动不便的弱势人群和盲人可以更加方便地乘坐交通工具，安全性、舒适性在极大程度上有所提高；

在平台层：智能运输系统实现用户服务的基础；

在技术层：智能运输系统采用了各种先进的技术及设备（包括先进的交通工具、大型交通枢纽、换乘路径规划等），为出行者提供更加便捷高效的出行服务。

3）综合移动系统

形成城镇与当地社区相互协作的综合移动系统，如图 3-11 所示。

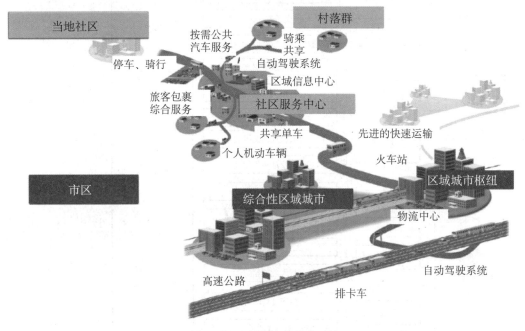

图 3-11　未来综合移动系统

在日本政府的设想中，到 2030 年智能运输系统可以为日本社会提供以下功能：每位出行者可以享受安全舒适的移动体验，在整个网络化社会实现综合物流运作，实现能量和移动出行的整体优化，出行者及货物运输实现多模态和无缝移动等，在极大程度上满足高效便捷出行，如图 3-12 所示。

在确保社会充满活力、包容和安全的前提下，日本智能运输系统相关机构将综合考虑智能运输系统综合移动服务，形成集成移动服务，如图 3-13 所示。

（1）满足与公共利益相适应的各种流动需求。

（2）高度创新的技术、模式组合和加强的基础设施。

（3）跨行业、跨学科、跨辖区协作。

图 3-12 未来社会智能运输系统提供的服务

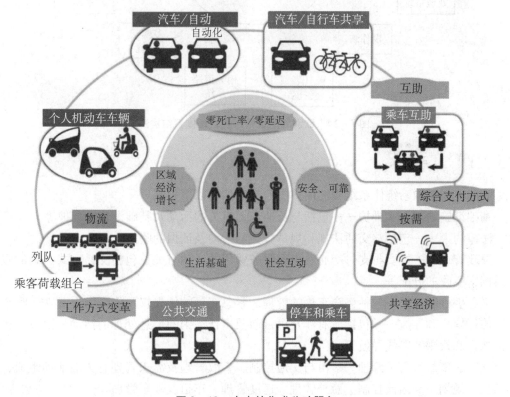

图 3-13 未来的集成移动服务

3.3.3 欧洲智能运输系统体系结构

欧洲于 1998 年 4 月开始代号为 KAREN (keystone architecture required for european networks）的项目，奠定了开发欧盟智能运输系统体系结构的基础。1999年8月和10月，欧洲先后完成了逻辑体系结构和物理体系结构，此后陆续补充完善了其他部分的内容，形成了欧洲整体的智能运输系统体系结构。

欧洲期望建立一个开放、精练而稳定可靠的智能运输系统体系结构，能支持多种地面交通模式并可在不同的模式之间自由转换，同时保证技术上的独立性。

欧洲智能运输系统体系结构开发也采用了结构分析方法，其总体结构与美国智能运输系统体系结构相像，主要包括功能体系结构、物理体系结构、通信体系结构、费用效益分析等内容，从不同的角度描述了智能运输系统系统。图3-14为欧洲智能运输系统物理体系结构图。

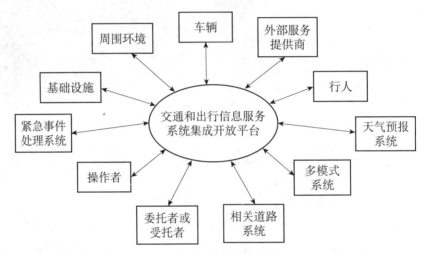

图3-14 欧洲智能运输系统物理体系结构图

3.3.3.1 用户服务

欧洲智能运输系统体系结构的用户服务一般涉及以下领域。

基础设施的规划和维护——包括与长期规划有关的活动及基础设施的维护等。

法律约束——包括与交通法规和规章有关的活动及证据的收集。

财政管理——主要与支付交通及出行服务费用的活动有关，包括交易方式、它的强制性及国家税收的分配等。

紧急事件服务——包括盗窃车辆的管理、紧急车辆的优先权及危险货物事故管理等。

旅行信息和导航——包括所有涉及出行前及出行途中的信息处理的活动，以及出行方式的选择和换乘及路线导航等。

交通、事故和需求管理——由与交通控制、事故管理及需求管理有关的活动组成，包括监控、规划、交通流控制、意外管理、速度管理、车道及停车管理。

智能汽车系统——由车辆内的功能组成，主要包括视野的扩展、横向和纵向防撞、车道保持、车队行进、速度控制。

商用车和车队管理——包括法定数据的采集和报告、订单及文件管理、规划、日程监控、操作管理、车辆和货物安全及多式联运的管理。

公共交通管理——包括需求响应及普通公共交通、途中实时信息及出行者安全车辆管理、调度和监控、信息处理、通信及公交优先等。

3.3.3.2 逻辑体系结构

在最高层次上，KAREN 功能体系结构由一系列功能领域组成，包括：提供电子付费；提供安全和紧急情况处理；交通管理；公共交通运营者管理；提供先进的驾驶便利；提供出行者旅行辅助；为法律强制提供支持；货物管理和车队调度。

KAREN 为每个功能领域开发了数据流图，数据流图显示了每个领域的功能是怎样被分成高级和低级功能的。数据流图还显示了这些功能是如何联系在一起，如何与不同的数据库联系在一起及如何通过数据流与终端联系在一起。

3.3.3.3 物理体系结构

KAREN 为在物理体系结构中描述的系统确定了 4 个主要部分。

（1）中心：采集和比较交通数据、电子付费和货物运输清单的地方及管理它们的存储的地方，也是制定交通规则及车队管理规范的地方。如：交通控制中心、交通信息中心、车队管理中心等。

（2）交通亭：坐落在公共场所的设备，向出行者提供便利。如：旅游信息等。

（3）路旁：探测交通状况、车辆、行人的地方，也是制定交通管理措施的地方及向驾驶员和行人提供信息的地方。

（4）车辆：在路网中移动并且可以运送一个或多个人或货物的设备。如：自行车、摩托车、小汽车、公共汽车及其他各种货运车辆。

3.3.4 中国智能运输系统体系结构

面对智能运输系统各子系统急需协调规划的问题，由国家智能交通系统工程技术研究中心（以下简称国家 ITS 中心）牵头，集合国内智能运输系统相关领域的专家，在"九五"期间推出了《中国智能运输系统体系框架》，为我国智能运输系统描绘了未来的发展蓝图，并为我国智能运输系统的规范建设提供了依据。科技部在"十五"期间设立"智能交通系统关键技术开发和示范工程"重大专项课题"智能交通系统体系框架及支持系统开发和技术跟踪"，对中国智能运输系统体系结构进行修订和深入研究。此外，广州、深圳、济南、青岛、北京、上海等也编制了地区智能运输系统体系结构和规划。

中国在开发国家智能运输系统体系结构时很大程度上借鉴了美国智能运输系统体系结构，然后针对中国交通系统特点进行了完善和更新。因此，中国国家智能运输系统体系结构的内容倾向于面面俱到，涉及智能运输系统的几乎所有方面；同时，其开发过程是自上而下的，以政府为主导，以科研院所为主要研究力量，但智能运输系统相关企业的参与则比较少。国内许多大学和科研机构也先后开展了相关研究，回顾中国智能运输系统体系结构的研究历程，可以看出研究人员在不断地深化自己的认识，对智能运输系统体系结构逐渐有了较深入的理解：国家 ITS 中心的王笑京从系统科学的发展过程和知识表示出发，根据智能运输系统的层结构，分析了如何建立智能运输系统体系结构及其作用。

智能运输系统体系结构决定了系统如何构成，确定了功能模块及模块之间的通信协议和接口，它的设计必须包含实现用户服务功能的全部子系统的设计，通过集成若干智能运输系统子系统的功能可以实现一个或多个用户服务功能。体系结构是一个贯穿于智能运输系统结构研究制定过程的指导性框架，它提供了一个检查标准遗漏、重叠和不一致的依据。

3.3.4.1 用户服务

用户服务包括用户服务领域、用户服务和用户子服务定义三个层次。2003 年出版的《中国智能运输系统体系框架》中提出，中国智能运输系统体系结构中的用户服务部分包括 8 个服务领域、34 项服务和 138 项子服务。北京交通大学贾利民教授提出了基于"高品质服务、高安全、高效率"目标的中国铁路智能系统需求框架，指导用户服务领域的构建及用户子服务领域的形成。

3.3.4.2 逻辑体系结构

包括以下 10 个功能域：交通管理与规划（traffic management and planning，TMP）、电子收费（electronic payment service，EPS）、出行者信息（traveler information system，TIS）、车辆安全与辅助驾驶（vehicle safety and driving assistance，VSDA）、紧急事件和安全（emergency and security，EM）、运营管理（transportation operation management，TOM）、综合运输（inter model transportation，IMT）、自动公路（automated highway system，AHS）、交通地理信息及定位技术平台（transportation geographic information and positioning system，TGIPS）、评价（evaluate，EVAL）。

中国智能运输系统逻辑体系结构如图 3 – 15 所示。

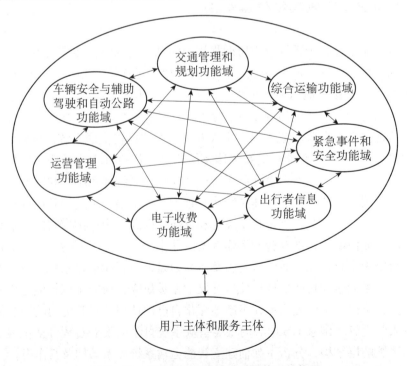

图 3 – 15　中国智能运输系统逻辑体系结构图

3.3.4.3 物理体系结构

按目前交通系统的现状和职能进行划分，同时考虑将来可能的发展，中国智能运输系统物理体系结构图如图 3-16 所示。

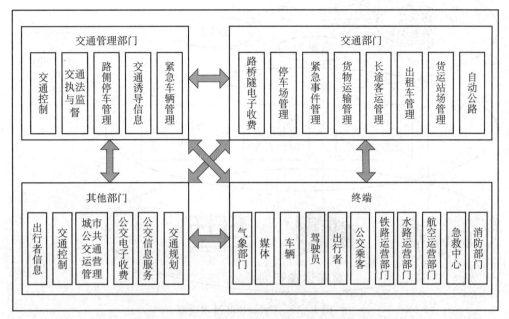

图 3-16 中国智能运输系统物理体系结构图

3.4 轨道交通智能运输系统体系结构

3.4.1 日本 CyberRail

3.4.1.1 CyberRail 概述

CyberRail 是一个通过铁路运输来增强智能运输系统结构的系统，它强调的是通过其强大的信息提供功能，实现铁路运输方式与其他运输方式的无接缝、无障碍的衔接和运输。CyberRail 致力于实现两个层次的目标：一是提供实时便捷乘客信息服务；二是提高铁路在列车计划和列车控制方面的灵活性及竞争力。CyberRail 的基本原理就是利用最新的信息和通信技术，在电脑中记录大量必要的乘客信息，为乘客采取不同方式的出行提供建议和向导。

在 CyberRail 基本模型（如图 3-17 所示）中，乘客、车辆、路线等被视为网络交通空间中的虚拟对象，具有状态、位置、需求及容量等多种属性。真实运输空间对象（乘客、车辆、路线等）与网络运输空间对象之间存在映射关系，这些关系链及附加到每个对象的所有属性可以根据乘客的出行进行适当调整，确保信息服务商及铁路运营商实现高精度的乘客出行跟踪和列车运行掌控，从而进行乘客导航信息和列车时刻表实时调整。除此之外，铁路运营商可以采取对乘客进行实时跟踪的方式来分析乘客对未来交通规划的需求，并为乘客提供个性化的出行信息服务。

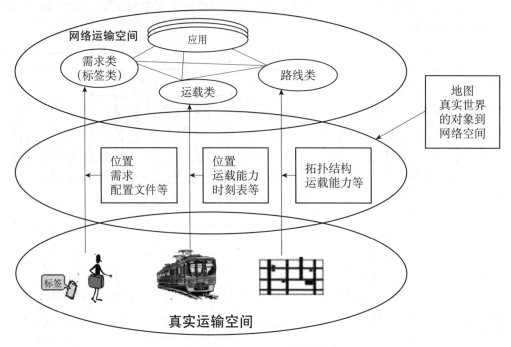

图 3–17　CyberRail 基本模型

3.4.1.2　CyberRail 系统架构

1. 智能运输系统和铁路

日本已经在 1999 年公开了第 1 版智能运输系统系统架构，但总体结构偏向道路运输。目前，专家们普遍认为，智能运输系统的范围不应局限于道路运输，而应包括水路运输、轨道交通运输、航空运输等所有运输方式。在日本，将铁路纳入智能运输系统尤其重要，因为使用铁路的旅客人数比世界上任何其他国家都要多。未来，智能运输系统将是日本的重要组成部分。

2. CyberRail 的互操作性问题

互操作能力是 CyberRail 体系结构的核心问题。CyberRail 的最终目标是为出行者提供"从门到门"的多种出行方式联合运输（多式联运）导航，所以为了保证多式联运出行的高效和舒适，面向多种出行方式的出行者信息系统（包括导航系统）必须具有互操作能力，这样出行者就不必担心其出行方式和所使用的出行者信息系统的差异。而为了使面向多种出行方式的出行者信息系统具有互操作能力，属于不同出行方式的子系统必须具有定义明确的接口、共享的数字字典、共享的信息集和标准化的协议。由于 CyberRail 需要协作的外部系统数量庞大，为了实现系统的互操作能力，在确定实施细节之前应该先构建 CyberRail 体系结构。

3. CyberRail 的用户服务

CyberRail 的用户服务分为 4 个方面：多式联运信息和个人导航、通用信息平台、面向需求的运输规划和调度及智能列车控制。CyberRail 的服务领域如图 3 – 18 所示。

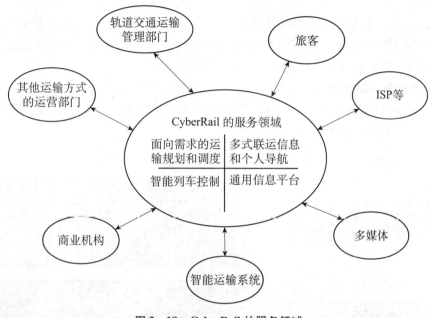

图 3 – 18　CyberRail 的服务领域

下面，简要介绍其中几个用户服务。

（1）多式联运信息和个人导航。

该项服务用于帮助旅客在出发前或出发中制定或修改多式联运旅行方案，以及根据旅客预定的路线导引旅客。当由于旅客的原因（迟到、越站等）或交通服务提供商的原因（列车晚点或因事故、阻塞等停发列车）导致旅客改变路线时，这时系统必须简单、顺利地帮助旅客修改旅行方案。目前日本正在试验新型铁路旅客导航系统，它通过使用蓝牙无线通信技术定位旅客并为旅客提供实时的旅行信息，在出现事故时自动修改旅客的路线并保证其在最新的列车运营条件最优。

（2）通用信息平台。

该通用信息平台主要用于铁路相关信息发布和交换。

（3）面向需求的运输规划和调度。

从旅客的角度来看，这类用户服务的主要目的是优化运输计划（包括在无序状态下调整列车时刻表）。用总的旅行时间和拥挤度标准偏差（如何将旅客合理分配到每一列火车上）等这样的评估参数来考虑多目标的优化问题。

为了从旅客的角度来评估运输计划，必须用很高的精确度来估计旅客的需求。这类工作将通过分析以往售票数据，以及通过调用安装在用户终端（PDAS、移动电话等）内个人导航系统中的数据，收集旅客需求来实现。

（4）智能列车控制。

目前基于通信的列车控制主要分为以下 3 类：

①列车预测控制：实现缩短列车间隔、及早发现异常，并可基于对交通状况的预报来控制列车，降低能耗；

②监控和故障检测：通过从列车或轨道旁的装置，监控列车运行轨迹以防止列车出轨和列车相撞；

③对在轨道上作业的维修人员及维修车辆的保护：站台和平交道口是这类服务的对象，通过维修人员的手持终端和维修车辆的位置信息，为他们提供列车驶近信息，从而提醒维修人员和控制维修车辆，以免他们被行驶的列车碰撞。

4. CyberRail 关键技术

实现 CyberRail 的关键技术有很多。针对用户服务包含的 4 个方面，简要介绍其所对应的关键技术，如图 3-19 所示。

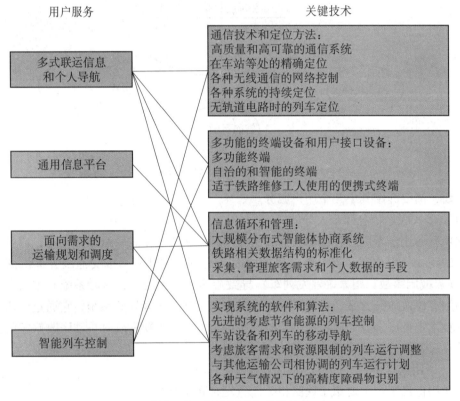

图 3-19　用户服务与关键技术

3.4.2　美国 Smarter Railroad

美国铁路行业要想实现预期的增长目标，需要解决大量的甚至涉及行业转型的业务问题和挑战。一项 IBM 委托进行的独立调查显示，2008 年全球铁路管理人员提到的前四大挑战分别是：铁路运力和拥挤状况、运营效率和可靠性、结构性和竞争性问题及安全问题。铁路系统管理层正面临改变全球经济的巨大机遇，试想：假如旅客能够通过移动设备对他们的整个旅程进行"门到门"的管理，根据自己的旅行经验和爱好不断收到有关更便捷的旅行路线的最新建议；假如铁路公司能更好地对客户服务的利润和费用及盈利能力进行更好的识别和优化，同时对资产利用和定价进行实时计划；假如铁路公司可减少资本开支并改善资本利用情况;假如利用智能化程度非常高的系统能够找出真正的机械问题和故障,从而减少不必要的干线停靠;假如能够对列车时间表和运能进行动态调整,以应对非正常运营,如节假日和异常天气情况下的运输;假如铁路公司能够在不增加机车的情况下,通过减少拥阻、提高铁路设备利用率来提高铁路网络的速度、运力和收入。

在 Smarter Railroad 中,所有这些设想的情景都可能成为现实。Smarter Railroad 利用其更透彻的感知、更全面的互联互通和更深入的智能化三大特点,实现智能信息的网络化,进而在整个铁路系统、企业内部及合作伙伴之间实现信息的互联和共享。铁路行业将会受益于:

(1) 通过降低资本支出来提高铁路客运和货运能力;
(2) 实现铁路客货无缝运输;
(3) 提高铁路服务速度和安全性;
(4) 提高铁路网络速度;
(5) 充分发挥铁路的环境和能源优势;
(6) 改善乘客服务,提高乘客忠诚度,能够更好地根据旅客的偏好为他们提供量身定制的服务;
(7) 提高铁路运作的灵活性,快速满足企业发展需求。

Smarter Railroad 主要包括以下 3 方面的内容。

1. 更透彻的感知

通过传感器、视频、无线接收、手机、智能卡和射频识别等技术和设备,帮助铁路公司收集信息,以实时监控业务和采取前瞻性行动。更透彻感知的系统和方案刚刚开始能够跨越供应链、流程和基础架构对运营健康状况进行衡量、感知或显示。目前数以万亿的传感器已经应用于人们的日常生活当中。在北美和欧洲的许多铁路上,正在通过轨道沿线设备来监测声音信号、温度和车轮摩擦。铁路沿线的固定基础设施通过射频识别技术,即电子标签,能够帮助人们识别轨道车辆,而无线网络和视频系统能够对铁路各场所的资产进行监控。这些精妙的解决方案正在以更高的效率帮助铁路公司收集信息,对资产位置进行跟踪,在给旅客提升安全的同时,也可以提高生产率。

铁路工作人员可以通过手持设备来实时获取工作流程数据,改善货运维护,从而使铁路能够更快地把车道空出来,提高铁路网的使用效率。工作人员还可以对资产库存和实时补货信息进行更新,始终维持最佳的库存水平,降低库存搬运成本,保持安全库存。

2. 更全面的互联互通

通过更全面的互联互通,铁路公司能够更广泛地进行信息交互,以做出更好更快的决策。通过提高更全面的互联互通的能力,使得业务模式的转变成为可能,而且这种转变已经通过多种方式发生。

(1) 通过缩短火车之间区段的距离,固定客运和货运铁路列车的时刻表,将能更好地使用资产并提高客货混运铁路的能力。在联运模式下,运营数据和系统的开放共享和互连,对提高列车速度和缩短等待时间来说至关重要。

(2) 不断开发高速客运铁路联运网络,这个网络是由高速铁路运营商们组成的联运网,实行统一调度、售票和服务,为客户提供更加广阔的网络服务。加强互联网络的推广,广泛应用在包括中国、俄罗斯、印度、南美等在内的发展中国家和地区。

(3) 将销售系统的业务逻辑与配送渠道完全分离,可以实现无缝客运,可以一站式预定乘客行程,包括从地区性铁路到航空公司再到预订酒店和公共汽车。

(4) 当货运运营商允许用户访问库存和时间表,过境运输者之间互相连接,可以实现无缝货运。

客户可从这种互联互通的业务模式转变中受益,通过分配、调度和定价管理系统在后台实现的无缝整合,他们的需求被很智能化地协调妥当,同时,铁路运营商亦可充分利用他们的网络和资产并从中受益。

3. 更深入的智能化

在一个全新的智能水平上,信息集成、综合分析和数据建模被用于战略和战术决策。当企业可以获取各种所需的信息并对信息进行感知、分析和应用时,业务的智能化程度将变得更高。再多独立而零散的信息也无助于企业提高洞察力,企业只有对这些信息进行转换,才能基于它们做出更好的规划、决策,提前报警并主动采取措施。通过提高铁路系统的智能化程度,提高洞察力,能够为内部和外部铁路网络同时创造新的价值。

随着铁路分配和运输管理系统变得越来越灵活、信息越来越畅通而且越来越易于接触,客户和企业将选择铁路,因为它更经济、更可靠、更及时而且更具有社会责任感。客户会选择铁路客运,因为可以很方便地与其他交通方式一起订票,而且可以通过多种自助渠道订票。

基于移动状态的监控系统通过不断地实时获取和分析关键数据,如火车车厢状态(气压和制动器监控、车轮轴承温度、发动机性能)的重要数据及操作数据(行踪证明、"黑车"身份证明、调配车辆的时间章、货物情况、入侵检测和危险物品),将为铁路提供更多的智能信息。安装在车厢上的微型传感器能够根据收集到的信息进行建模并开展分析,然后根据决策建模和分析结果发送消息。系统内置的独立例行程序能够发布信息,调度服务,订购配件,制定维修日程计划和执行远程诊断。这些新的智能技术能够在最大程度上减少铁路沿线的固定基础设施,提供一个更智能化、更灵活的移动基础设施。

Smarter Railroad 主要包括以下 7 个方面的解决方案。

1)可感应、可度量的智慧铁路解决方案

在智慧的铁路系统中,列车停运的概率由于自诊断子系统的存在而大大降低。智能的传感器在列车停运甚至出轨前,就能发现潜在的问题。

2)视频监控解决方案

通过先进的视像识别技术能够把从摄像头所收集到的影像数据进行智能分析和筛选,协助发现潜在危机,从而节省大量的人力资源成本。此外,智能视频监控还能应用于路轨、车站、隧道等铁路系统的敏感地带,有效防止任何可疑的人在不知情的情况下进入这些铁路重地,防止潜在危险的发生,保障铁路使用者的安全。

3)远程传感解决方案

植根于智慧铁路的无线传感器网络将支持未来的客货运系统间互联互通的通信和感应,并实现预测性维护及列车调度的优化。无线传感器网络作为智慧铁路的一项重大技术突破,同样可以运用到列车车轮异常情况的检测及对列车货物的实时监控等多个领域,而其最终要实现的不但是优化铁路资源的运用及改善火车的服务条件，更重要的是保障人们的生命安全和环境安全，让每位旅客都可以安心乘坐。

4）互联互通的智慧铁路解决方案

在智慧的铁路系统中，利用互联互通的数据，可以精确定位车厢的位置；同时，与声控系统的交互可提升铁路运行效率。例如，根据天气变化和储运消耗，可动态调整列车的调度。

5）资产管理解决方案

智慧的铁路将可以实时收集并分析来自铁路设备资产的信息及性能的趋势，并以此作为实行预测性维护的标准，在优化设备性能的同时最小化对于旅客的影响。

6）智能化的智慧铁路解决方案

可感知和互联互通的对象与流程和复杂的商务系统可以彼此对话，深度挖掘数据，分析相关性，连续而实时地进行决策。智能被注入每一个系统及流程，从而进行与产品和人有关的生产、销售、流通及服务。在智慧的铁路系统中，供应链及旅客出行的模式被透彻地加以分析，以使环境对这些模式的影响达到最小，运力和效率都大大提升。

7）商务智能解决方案

通过对供应链、旅客出行模式等方面进行智能分析，不但可以实现铁路运力的提升及铁路资源的利用率，更可以减少铁路的拥挤情况及最小化对环境的影响。

3.4.3　欧盟 InteGRail

3.4.3.1　InteGRail 概述

2005 年 1 月 1 日，由欧盟和铁路产业研究整合项目联合资助的 InteGRail（intelligent integration of railway system）项目正式启动，该项目旨在建立集成共享信息系统，以实现铁路主要业务流程的协同一致，以达到更高效、更高速、更准时、更安全、资源优化使用的目标。InteGRail 使信息能够在欧盟范围内的铁路系统中共享，同时使为管理者提供决策支持的效率得到优化提高。

为了实现上述目标，InteGRail 需要做到以下 6 点：识别共享信息；确保能够获取正确的信息；识别更加有效的信息使用方法以实现性能优化；识别合并和使用信息以实现有效的管理需求的方法；确保信息能够有效地传送到决策者；说明创建并共享正确的信息能够优化性能。InteGRail 是在这些假设的基础上开始的：铁路应该作为一个单一的、优化的系统运行；有提高铁路系统绩效的空间；可以通过更好的信息管理方式提高绩效。提高铁路系统绩效首先要确定关键绩效指标（KPI）及其衡量方法。为了衡量铁路系统的性能，InteGRail 定义了一套关键绩效指标考核方法，涉及铁路系统的 4 个主要领域（机车车辆、基础设施、运营和交通管理）。InteGRail 优化周期如图 3-20 所示。

各级决策者通过考虑不同方案对关键绩效指标的影响，实现决策优化，以此提高绩效。针对铁路这个复杂的系统，采取整体决策的方法对其进行评估，同时考虑到其对系统所有领域的影响，使得此类评估非常复杂。因此，InteGRail 开发了决策支持工具来帮助这一过程的实现。

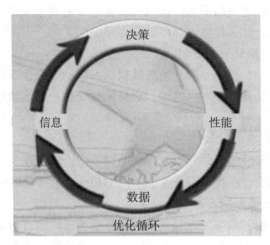

图 3-20　InteGRail 优化周期

3.4.3.2　InteGRail 技术平台

InteGRail 技术平台是 InteGRail 的核心解决方案，是所有 InteGRail 应用的基础，包含许多标准化建议，主要包括以下 6 方面的内容。

1）InteGRail 愿景——InteGRail 如何整合铁路运营状况以改善未来绩效

（1）所有线路运营商都可以清楚地了解线路的运营条件、通行能力、运力和可用性；

（2）所有线路运营商都可以进行基础设施的维修、更新及升级计划；

（3）运营者可以使用查询和评估工具从而优化他们对列车路线的投标计划；

（4）任何一个成员国的运营商地位平等；

（5）基础设施管理者可以看到一列列车给其他国家基础设施带来的影响，并依此决定该列车能否行驶在他们的线路上，列车运营商可以看到其他国家的基础设施对其列车的影响，因此一列列车首次通过新路线时，列车与基础设施之间的相互影响是可预测的；

（6）不管列车线路是否在本国运营，利用现代列车装备的诊断和监控系统对列车的健康状况进行实时监控；

（7）列车运行初期的故障可以被识别；

（8）列车的应急方案可由决策支持系统确定，运营商、基础设施管理者和交通管理者可根据需要进行引导，比如列车停止服务、在下一站进行维修和在终点站进行维修；

（9）一个成员国的列车运行线路可以不在本国。

2）关键绩效指标树——如何以标准方式定义和衡量铁路关键绩效指标

为了从铁路系统的列车、基础设施、运营组织和交通管理 4 个领域提升性能，InteGRail 明确地定义了铁路系统性能指标的定义方法——关键绩效指标。InteGRail 中的关键绩效指标将以树的形式展示这 4 个领域的所有指标，从而实现对铁路系统的性能评估，如图 3-21 所示。其中，不仅关键绩效指标树中的每一个关键绩效指标的定义与测量都将遵循统一的标准，InteGRail 还提供一套关键绩效指标评估工具，便于欧盟各成员国之间遵循共同的性能指标，相互协作。

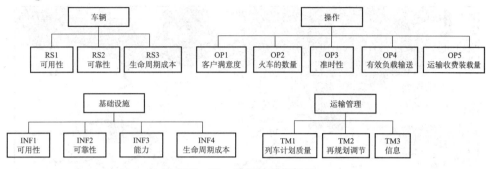

图 3-21　关键绩效指标树

3）铁路领域本体论——如何清晰定义和明确理解铁路信息

铁路领域本体论（RDO）旨在解决铁路运行环境中的集成挑战。RDO 为信息交换提供了一个通用的解决方案，适用于大量异构信息源的环境中。RDO 可以为铁路行业的众多参与者（生产者、消费者）提供标准的数据交换格式，应用此标准与其他信息系统进行数据交换，解决与信息交换和集成相关的技术挑战。RDO 提供了一个基于物理部件和物理数据概念的机器可解释概念模型，采用 Web 本体语言（OWL）创建该模型，同时 Web 语言采用 W3C 知识编码。该解决方案实现了一个受语义支持的推理结点网络，在网络中，使用 RDO 和面向服务的体系结构（SOA）分布式推理、集成和共享信息。

4）集成的系统架构——如何检索、集成和共享铁路信息

集成的系统架构定义了大规模集成系统的实现平台，其关键组成部分有：

（1）InteGRail 服务网格（SG）：一种基于 Web 服务的通信主干网，在分布式应用程序的构建块之间提供透明的信息传输；

（2）灵活的通信适配器（FCA）：一种三层体系结构模式，有助于在不同平台上运行并使用不同类型通信链路的遗留系统的互连。

这种体系架构可以解决系统级信息集成的需求，在系统级中，信息源是产生各种不兼容数据的遗留组件，这些数据在表示格式、访问方法和随时间的变化方面不兼容。

5）分布式推理技术——如何细化信息并从中提取新的隐藏信息

分布式推理技术（如图 3-22 所示）在支持那些需要处理综合铁路领域数据的应用程序方面起着核心作用，对于只能在地面上获取的机车车辆相关数据信息，这种复杂的技术在数据集成方面是一个积极的组成部分。

作为分布式智能系统的一部分，分布式推理技术提供：有效利用现有信息系统做出更好的决策；实现基于自动化和机器可解释的信息逻辑组合；具有极强的适应性和灵活性以解决其他欧洲国家面临的问题；具有极高的扩展性以解决新的数据池和分布式推理组件的大规模分布问题；进行自动一致性检查，对信息内容进行扩展；根据原则及相关人员的需求制定信息视图；通过利用不对称性、传递性、倒置、不连续性等逻辑关系获取更多的数据；采取逻辑一致的方式处理不完整的信息。

6）智能通信框架——如何将信息从源头传输到任何需要的地方，无论是在火车上、路边还是在其他地面系统中

为了在多国家铁路运营商、多领域（机车车辆、基础设施、运营和交通管理）搭建联

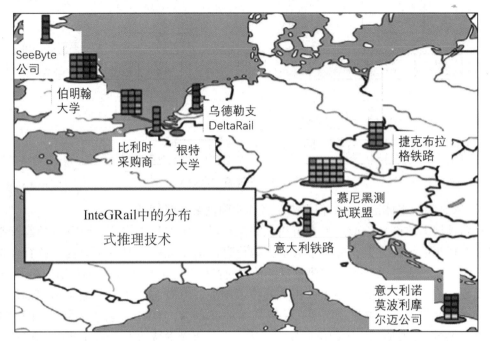

图 3-22　分布式推理技术

系的桥梁，子项目 ICOM 为 InteGRail 指定了智能通信系统，并开发了一个演示程序，可以集成当前和未来的通信技术。

（1）物理分解结构，实现铁路线路结点和网络分布建模；

（2）功能分解结构和 ICOM 功能接口定义；

（3）关键逻辑实体（FBS 功能的清晰分配）和标准模式（独立于所实现技术的服务和协议接口）的识别；

（4）实际组件的部署和接口指南。

该框架涵盖了大范围的欧洲铁路，同时采用多视图、功能抽象和非针对性选择法来利用复杂性，标志着从技术驱动到应用驱动方法的总体转变。

3.4.4　中国铁路智能运输系统体系结构

铁路是国家的重要基础设施。铁路运输是一个庞大的综合性企业，它不仅具有一般大工业企业的性质，并且有高度集中、大联动机、半军事性的特点，俗称"高、大、半"。

铁路运输是高度集中、统一指挥的大企业。几百万铁路职工是在点多、线长、流动分散的情况下，昼夜连续不断地进行生产，这就决定了铁路必须强调高度集中、统一指挥，才能保证大动脉畅通无阻。

铁路运输是一部大联动机。铁路运输生产是由车务、机务、工务、电务、车辆等很多部门共同完成的。各部门、各单位、各工种、各个工作环节必须密切配合，做到既精确又协调一致。如果某个地方或某个环节出现障碍，就会影响一个方向或一定地区范围内甚至整个铁路网上运输生产的顺利进行。

铁路是半军事性的大企业。为了及时准确地完成任务,铁路职工除了严格遵守劳动纪律,严格执行规章制度外,还必须绝对服从上级的调度与指挥。

铁路运输在中国国民经济中的重要地位和铁路"高、大、半"的特点,要求每个铁路职工都要保证铁路"畅通无阻,四通八达,安全正点,当好先行",要求每个铁路职工都要树立"严字当头,铁的纪律,团结协作,优质服务"的路风。

自 2001 年开始,以贾利民教授为领导的核心科研团队主持研究了"铁路智能运输系统体系框架""铁路智能运输系统标准体系""铁路智能运输系统发展战略""铁路智能运输系统模拟试验环境总体方案设计""数字铁路技术研究——铁路统一基础信息编码""数字铁路技术研究——铁路共享平台总体方案""数字铁路技术研究——铁路数据中心总体方案""数字铁路技术研究——铁路地理信息系统总体方案"等基础研究项目,首次提出了铁路智能运输系统(railway intelligent transportation system,RITS)的概念,给出了明确定义,介绍了 RITS 的关键技术体系,并分别对列车定位技术、通信技术、数据共享与综合技术和人工智能技术的应用现状进行了详细的描述,最终形成了由用户主体、服务主体、服务框架、逻辑体系结构、物理体系结构和经济技术评价等几个部分组成的中国 RITS 体系结构,如图 3-23 所示。

图 3-23 RITS 体系结构

用户主体是系统服务面对的主要用户,即在某个服务领域提出需求的主体;服务主体是服务的提供者,为用户主体提供服务。

服务主体与用户主体是服务与被服务的关系,两者代表了 RITS 服务领域的供需双方,是确定 RITS 服务框架的前提与基础。

服务框架的定义是进行 RITS 体系结构设计的起点,在进行 RITS 服务框架设计时,首先要明确铁路外部用户(旅客、货主、相关部门等)和铁路内部用户(运营管理部门、行车控制与调度部门、救援部门等)对 RITS 的需求,在对上述需求进行分析的基础上,提出 RITS 为满足用户需求所需提供的各类服务。服务框架的建立采用层次结构方式,由顶层到底层逐层细化,最终形成 RITS 服务框架的全部定义。

逻辑体系结构是对 RITS 内部结构的逻辑描述,即针对 RITS 服务框架确定的各类用户服务,定义出满足上述目标应具有的最合理的数据源、数据输出和处理过程,以及输入数据、中间数据和输出数据与处理过程的相互关系。

RITS 内部结构图、RITS 逻辑体系结构的顶层结构图分别如图 3-24、图 3-25 所示。

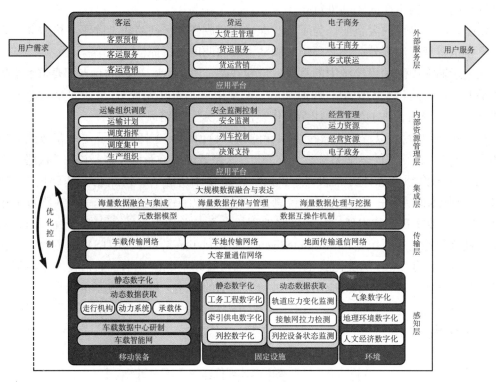

图 3-24 RITS 内部结构图

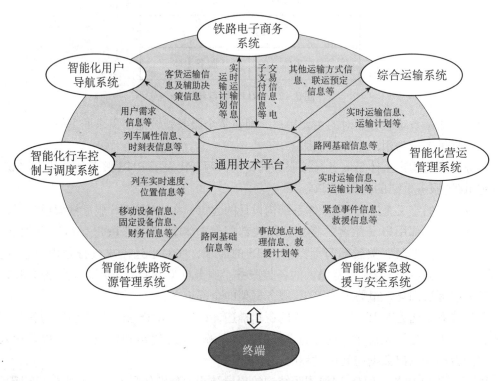

图 3-25 RITS 逻辑体系结构的顶层结构图

物理体系结构是对 RITS 的物理实现的描述，将逻辑体系结构中所定义的各类功能模块及数据流进行整合，定义出能实现 RITS 各类功能的物理子系统，以及这些子系统之间交互关系。RITS 物理体系结构的顶层结构图如图 3-26 所示。

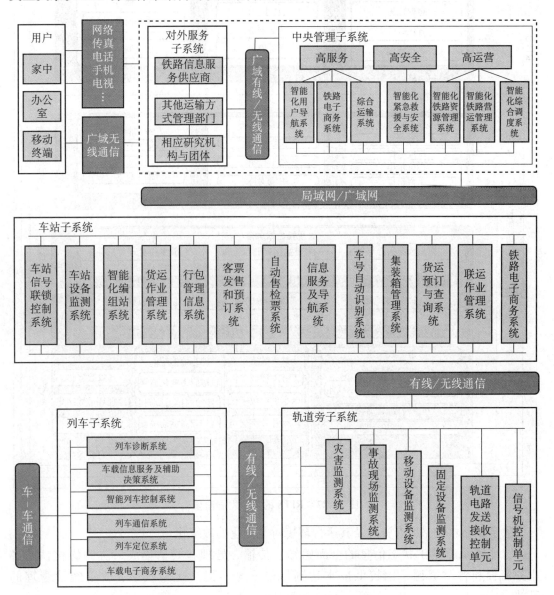

图 3-26　RITS 物理体系结构的顶层结构图

经济技术评价是对 RITS 项目的经济合理性、技术可行性、社会效益、环境影响和风险做出评价，为 RITS 提供一个综合的、全面的、直观的评价结果，为具体项目的可行性研究、实施效果及实施方案的比选、优化、决策提供科学依据。

从中国铁路的信息化发展进程看，RITS 的发展模式为渐进集成与阶段跨越并存。即 RITS 发展包括 3 个阶段（如图 3-27 所示）：初级阶段为数字铁路，即铁路全面信息化阶段，到 2012 年；中级阶段为智能铁路，即铁路协同集成化阶段，到 2020 年；高级阶段为

RITS，即铁路高度自主化阶段，到 2030 年。

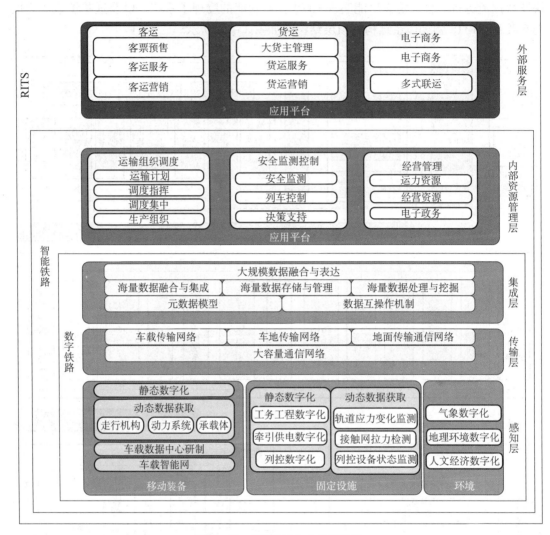

图 3-27 RITS 的 3 个发展阶段

数字铁路：铁路所有资源及其运行环境时空变化的数字化。

智能铁路：基于状态信息的全面感知、传输、处理和共享集成，协调优化铁路各业务流程和各类资源，以较低成本达到保障安全、提高运输效率、改善经营管理的目的。

RITS：集成了先进的信息处理技术、通信技术、控制与系统技术、计算智能与决策支持技术等，以实现信息采集、传输、处理和共享为基础，通过高效利用与铁路运输相关的所有移动、固定、空间、时间和人力资源，以较低的成本达到保障安全、提高运输效率、改善经营管理和提高服务质量目的的新一代铁路运输系统。RITS 的技术路线如图 3-28 所示。

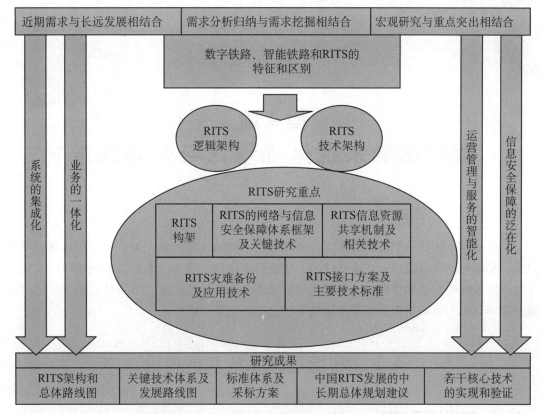

图 3-28 RITS 的技术路线

习题 3

1. 什么是智能运输系统体系结构？它的作用是什么？
2. 简述智能运输系统体系结构的构成？
3. 智能运输系统常见的用户主体及服务主体有哪些？
4. 简要概括美国、日本、欧盟与中国铁路智能运输系统体系结构的特点。
5. 简述中国铁路智能运输系统的发展阶段。
6. 中国铁路智能运输系统有哪些基本功能？其结构是如何分层的？

第4章
智能运输系统基础理论与关键技术

智能运输系统是一个复杂的系统，系统中有不同的运输设备、人员等，通过建设基础设施，采用科学合理的理论方法与技术，实现对运输设备信息、人员信息的传输，从而实现对运输系统的监控和管理，达到提高运输效率、降低社会成本、节约社会资源、减少环境污染等目标。本章主要介绍智能运输系统基础理论及关键技术。

4.1 智能运输系统基础理论

4.1.1 智能协同理论

协同是对立统一的和谐运动。达尔文认为人类社会的进化是一种协同运动。近代自然科学十分注重研究各个不同的物质结构、层次、运动和系统的内部各种元素的协同问题。爱因斯坦认为："世界如没有内在和谐性，就不会有任何科学。"其中的"和谐性"本质上指协同性。恩格斯认为："我们所面对着的整个自然界形成一个体系，即各种物体相互联系的总和……这些物体是相互联系的，它们是相互作用的，并且正是这种相互作用而构成了运动。"这里的"运动"指协同作用结果。

协同具有普遍性，是一种广义的方法论。协同论是研究在许多子系统构成的复杂系统中，这些子系统是如何通过协作和自组织而形成宏观尺度上的空间结构、时间结构或功能结构，其基本观点是众矢量在竞争中产生序参量，并引导和控制整个系统的发展方向。协同论的研究对象是非平衡开放系统中的自组织及形成的有序结构。

智能协同属于多智能体（也称为多自主体）系统的重要研究内容。Jennings 等对多智能体系统（multi-agent system，MAS）有一个权威的定义：MAS 是一个封装的计算机系统，它处于某个环境中，为了完成设计的目标，能灵活自动地与环境交互。智能协同的基本思想是通过系统中多个具有自主性和唯理性的个体合作来产生额外的能量、价值、效果等。智能协同理论应用在交通运输系统中的最终目的是有效实现交通中信息采集协同传输、信息协同处理和信息协同发布与更新，用于实现城市交通实时出行道路查询信息系统中。

智能协同的研究内容可以大致分为两个方向。一个方向是从现象出发，针对自然界中存在的生物群聚现象的研究；另一个方向是从需求出发，针对如何协调多智能体的行为使其以相似的模式来合作的研究。

前者对生物群聚现象的研究产生了多种算法，其中智能体的概念由 Minsky 在其 1986 年出版的《思维的社会》一书中提出。Minsky 认为社会中的某些个体经过协商之后可求得问题的解，这些个体就是智能体。元胞自动机（cellular automata，CA）是一种时间、空间、状态都离散，空间相互作用和时间因果关系为局部的网格动力学模型，具有模拟复杂系统时空演化过程的能力。粒子群算法，也称粒子群优化算法或鸟群觅食算法（particle swarm optimization，PSO），是近年来由 J. Kennedy 和 R. C. Eberhart 等开发的一种进化算法（evolutionary algorithm，EA）。蚁群算法是一种用来寻找优化路径的概率型算法，它由 Marco Dorigo 于 1992 年在他的博士论文中提出，其灵感来源于蚂蚁在寻找食物过程中发现路径的行为。这些算法的特征、优缺点及应用如表 4-1 所示。

表 4-1　典型的智能协同算法比较

类别	名称	特征	优缺点	应用
仿真算法	智能体	（1）自治性：智能体可以在没有人或者其他智能体干预的情况下运作，而且对自己的行为和内部状态有控制能力，可以自主调整状态或者做出行为； （2）社交能力：智能体和其他智能体通过某种语言（智能体语言）进行交互； （3）反应能力：智能体观察其生成环境，并在一定时间内做出反应，以改变环境； （4）预动能力：智能体不仅能够对简单的环境做出反应，而且能够通过间接的信息做出特殊的有目标性的行为	一方面，智能体技术为解决新的分布应用问题提供了有效途径；另一方面，智能体技术为全面准确地研究分布计算系统的特点提供了合理的概念模型	（1）利用智能体技术改善 Internet 应用； （2）利用智能体技术实现并行工程的思想； （3）利用智能体技术开发分布式交互仿真环境
	元胞自动机	（1）平稳型：自任何初始状态开始，经过一定时间运行后，元胞空间趋于一个空间平稳的构形，这里的"空间平稳"即指每一个元胞处于固定状态，不随时间变化而变化； （2）周期型：经过一定时间运行后，元胞空间趋于一系列简单的固定结构或周期结构，由于这些结构可看作是一种滤波器，故可应用到图像处理的研究中； （3）混沌型：自任何初始状态开始，经过一定时间运行后，元胞自动机表现出混沌的非周期行为，所生成的结构的统计特征不再变化，常表现为分形分维特征； （4）复杂型：出现复杂的局部结构，或者说是局部的混沌，其中有些会不断地传播	元胞自动机的构建没有固定的数学公式，构成方式繁杂，变种很多，行为复杂	元胞自动机可用来研究很多一般现象，其中包括通信、信息传递、计算、构造、材料学、复制、竞争与进化等，同时，它为动力学系统理论中有关秩序、紊动、混沌、非对称、分形等系统整体行为与复杂现象的研究提供了一个有效的模型工具

续表

类别	名称	特征	优缺点	应用
寻优算法	粒子群算法	粒子群算法是一种并行算法,从随机解出发,通过迭代寻找最优解,通过适应度来评价解的品质	具有个体数目少、计算简单、鲁棒性好等优点,在各类多维连续空间优化问题上均取得非常好的效果	粒子群算法在车辆路径问题中的应用;基于粒子群优化研究使干线交通总延误最小的协调控制方法;基于定量分析的公交线路网络优化等
	蚁群算法	这种算法具有分布计算、信息正反馈和启发式搜索的特征,本质上是进化算法中的一种启发式全局优化算法,采用正反馈机制,使得搜索过程不断收敛,最终逼近最优解	采用分布式计算方式,多个个体同时进行并行计算,大大提高了算法的计算能力和运行效率,启发式的概率搜索方式不容易陷入局部最优,易于寻找到全局最优解	该算法应用于其他组合优化问题,如旅行商问题、指派问题、车间作业调度问题、车辆路由问题、图着色问题和网络路由问题等

后者是研究分布在系统中具有自主性和唯理性的多个个体,通过合作确定如何控制自身行为达成某个目标任务,即如何设计控制策略来实现控制目标。例如,我们进行城市轨道交通某条线路的客流预测,为满足客流需求的变化,通过协同相关系统并设计对应控制策略,实现快速有效的响应,保证城市轨道交通的安全、高效、经济。

智能协同理论在智能运输系统中的应用如表 4-2 所示。大范围内交通智能协同如图 4-1 所示。

表 4-2 智能协同理论在智能运输系统中的应用

名称	特点	应用
轨道交通智能协同理论	(1) 轨道交通列车具有更大自主权; (2) 轨道交通列车调度和轨道交通信号系统之间的界限变得模糊; (3) 轨道交通控制算法具有实时性,为了实现对列车速度、位置与时刻的精确管理,列车协同控制必须满足实时性需求	列车协同控制将会提高列车运行控制精度,即精确控制列车以某个速度在某个时刻到达某个位置;协同控制给出的控制策略是包含了列车速度、位置和时刻三种信息的解决方案,强调列车速度、规定时刻对应的精度;瑞士联邦铁路公司开发了一套基于实时调度与列车控制集成结构的轨道交通管理系统,用来解决瓶颈区域的协同交通管理,该系统采用的方法就是向每列列车发送实时更新的包含时间、速度和进路信息的运行信息,实验表明通过一种智能人机界面提供相关信息,该系统可以将列车速度、位置与规定时刻对应的精度控制在 ±15 s

续表

名称	特点	应用
道路交通智能协同理论	道路交通智能协同理论是道路智能交通前沿技术，利用计算机、传感器及网络通信等方法，通过车 - 车、车 - 路信息交互，实现车辆和基础设施之间智能协同与配合，进而提高道路交通安全，缓解交通拥堵问题	目前我国大城市的市区不断地从中心区向郊区扩散，城市道路建设的增加主要分布在新开发的市区和郊区，整个城市路网交通控制系统需要覆盖的交叉口有成千上万，而道路上的交通状态又是时刻在改变，传统的交通信号控制系统已经不能解决越来越严重的城市交通拥挤问题，这就需要采用智能协同理论使整个路网始终保持高效运行，城市大范围的区域交通控制和交通诱导协同（如图4 - 1所示）应用了智能协同理论，实现了区域间交通信息数据的共享，从高层次对二者整体进行组织、协调和优化，达到提高整体交通控制性能和管理效果的目的
综合交通智能协同理论	可实现综合交通信息个性化服务，多种交通运输方式的动态组织和柔性调度	大型交通枢纽协同运行，在京津冀、长江经济带开展综合交通枢纽协同运行与服务示范，建设信息共享与服务平台、应急联动和协调指挥调度决策支持平台，实现城市公交与对外交通之间动态组织、灵活调度

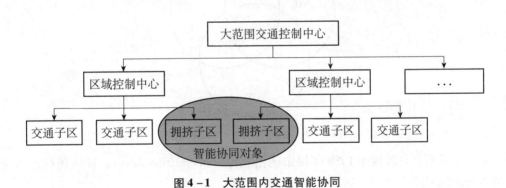

图4 - 1　大范围内交通智能协同

4.1.2　智能控制基础

智能控制（intelligent control，IC）是一门新兴的交叉学科，具有非常广泛的应用领域。智能控制是具有智能信息处理、智能信息反馈和智能控制决策特点的控制方式，是控制理论发展的高级阶段，主要用来解决那些用传统方法难以解决的复杂系统的控制问题。智能控制研究对象的主要特点是具有不确定性的数学模型、高度的非线性和复杂的任务要求。

智能控制概括为自动控制（automatic control，AC）和人工智能（artificial intelligence，AI）的交集，即

$$IC = AC \cap AI$$

这种交叉关系可用图形象地表示，如图 4-2 所示，它主要强调人工智能中"智能"的概念与自动控制的结合。

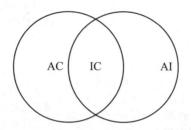

图 4-2　智能控制的二元交集结构

Saridis 等从机器智能的角度出发，对傅京孙的二元交集结构理论进行了扩展，引入了运筹学（operations research，OR）并提出了三元交集结构，即

$$IC = AC \cap AI \cap OR$$

三元交集除"智能"与控制之外，还强调了在更高层次控制中调度、规划、管理和优化的作用，如图 4-3 所示。

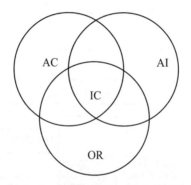

图 4-3　智能控制的三元交集结构

中国学者蔡自兴教授于 1989 年提出把信息论（information theory，IT）包括进智能控制结构理论的四元论结构（如图 4-4 所示），即

$$IC = AC \cap AI \cap OR \cap IT$$

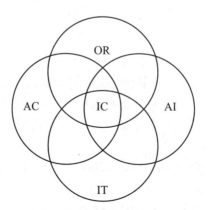

图 4-4　智能控制的四元结构

以上关于智能控制结构理论虽然存在不同见解，但在这些理论中也存在以下几点共识：

（1）智能控制是由多种学科相互交叉而形成的一门新兴学科；

（2）智能控制是自动控制发展到新阶段的产物，它以人工智能和自动控制的相互结合为主要标志；

（3）智能控制在发展过程中不断地吸收控制论、信息论、系统论、运筹学、计算机科学、模糊数学、心理学、生理学、仿生学等学科的思想、方法及新的研究成果，目前仍在发展和完善之中。

根据智能控制基本研究对象的开放性、复杂性、多层次和信息模式的多样性、模糊性、不确定性等特点，其研究内容主要包括以下几个方面。

（1）智能控制基本机理研究。智能控制基本机理主要对智能控制认识论和方法论进行研究，探索人类的感知、判断、推理和决策等活动的机理。

（2）智能控制基本理论和方法研究。模糊控制系统是智能控制的重要组成部分。模糊控制器是非线性控制器，许多传统的建模、分析和设计方法可以直接采用。任何的控制都有其数学理论和数学基础，模糊控制系统的数学基础是模糊集合、模糊规则和模糊推理。

（3）智能控制应用研究。智能控制应用研究主要是智能控制在工业过程控制、计算机集成制造系统、机器人、航天航空等领域的应用研究。下面介绍在轨道交通信号系统中智能控制的具体应用。

速度传感器（PG）作为测速及轨道交通信号系统车载里程计算的主要原件，其测速的准确性对定位停车控制及行车安全有直接重大影响。当受到运营环境中的某种瞬间干扰，导致由 PG 输入的脉冲波形发生异常（包括空转）时，信号系统检测到的速度瞬间急剧增大，很可能在设备没有故障时触碰紧急制动曲线而导致紧停。作为对策，信号系统考虑列车实际加减速度，包括考虑车轴的打滑或空转而发生检测到的速度急剧变化等情况。

首先对检测出的速度按照列车运行防护曲线以下一定值进行智能修正，得到一个修正速度，并将此修正速度作为系统认识速度，从而有效减少 PG 检测速度瞬间异常对列车自动控制系统控车平稳度的影响。当然这种处理上的智能化是考虑在一定的控制周期间隙并结合运营经验值，在安全容忍范围内实施的。

根据上述控制规则，可应用智能化模糊关系矩阵通过求小、求大运算，离线生成模糊关系矩阵，实现智能化模糊推理。其实现过程的实质是将模糊合成向量、模糊关系矩阵进行合成求小、求大运算生成一个模糊输出向量，最后主要利用加权对该模糊输出向量进行求解即可。

4.1.3 动态交通分配理论

动态交通分配理论是为了在交通供给状况及交通需求状况均为已知的情况下，将时变的交通出行合理分配到不同的路径上，以降低个人的出行费用或系统总费用。它是分析其最优的交通流分布模式，从而为交通流控制和管理、城市交通流诱导等提供依据。

动态交通分配主要包括动态用户最优、动态系统最优、路段流出函数模型、路段阻抗特性模型等。

（1）动态用户最优：指路网中任意时刻、任何 OD 对之间被使用的路径上的当前瞬时行驶费用相等，且等于最小费用的状态。从路网中每个用户的角度考虑，寻求整个系统总出行时间最少或费用最低。（规划者意愿，较为实际）

（2）动态系统最优：指在所研究的时段内，出行者各瞬时通过所选择的出行路径，相互配合，使得系统的总费用最小。从路网系统的角度考虑，寻求整个系统总出行时间最少或费用最低。

（3）路段流出函数模型：反映交通拥挤，抓住网络动态本质特性的关键。

（4）路段阻抗特性模型：通过交通量和走行时间或费用关系来反映，动态交通分配中采用的状态变量不是静态交通流分配中的交通量，而是某时刻路段上的交通负荷。

纵观国内外动态交通分配理论和方法的研究，从研究方法角度可以将其分为数学规划及建模方法、最优控制理论建模方法、变分不等式理论建模方法、计算机模拟等。

在采用动态系统最优和动态用户最优分配模型时，需要对前提进行假设，假设前提主要有路网拓扑空间结构已知；路网特性、路段行驶时间函数、路段流出率函数均已知；动态的时变交通需求已知；车辆的产生与吸引只发生在节点处，路段之中不吸引和产生车辆。

动态系统最优分配模型的目标是使系统总行程时间最小，使系统总费用最小，使系统总延误最小，使系统平均拥挤度最小。

在使用动态用户最优分配模型时，对动态用户最优定义不同，将会构造出不同的模型，如基于多路径的城市轨道交通网络客流分布模型及算法研究等。

4.1.4 实时动态交通信息预测理论

随着智能运输系统的发展，实时动态交通信息预测的需求越来越大，有了这些信息，人们可以更快速、更准确地进行分析、决策、判断，从而提高效率，保障交通安全。

实时动态交通信息预测是基于动态获取的若干时间序列道路交通流状态数据推测未来时段的交通流状态数据。通常以交通量、平均速度和车道占有率等作为反映交通流状态的参数，并将其定义为交通流基本参数。

交通流预测实质上就是对这些交通流基本参数的预测，分为长时预测和短时预测两种：前者指时间序列数据的间隔和预测期均较长的情况，如 30min、1h、1 天甚至更长；后者则指时间序列数据的间隔和预测期均较短的情况，如 5min。短时预测的结果可以直接应用到先进的交通信息系统（advanced traffic information system，ATIS）和先进的交通管理系统（advanced traffic management system，ATMS）中，给出行者提供实时有效的信息，帮助他们更好地进行路径选择，实现路径诱导，达到节约出行者旅行时间、缓解道路拥堵、减少污染、节省能源等目的。

道路交通流状态取决于交通参与者的交通行为，带有随机性和不确定性，基于实时数据的交通流预测考虑到交通流时间空间的随机性，根据过去若干个时段的交通流数据的时间、空间变化情况,结合其他影响因素,预测未来若干个时段内的交通流估计值。

由于交通流变化过程是一个实时、非线性、高维、非平稳随机过程,随着统计时段的缩短,交通流变化的随机性和不确定性越来越强。交通流短时变化不仅与本路段过去几个时段的交通流有关,还受上下游的交通流及天气变化、交通事故和交通环境等因素的影响。交通流基本参数数据,如交通量、平均速度、车道占有率等,可以通过各种交通流信息采集设备获得。这些数据中,反映交通流时间变化的数据主要有本数据采集点过去若干个时段的交通参数及历史平均值等;反映交通流空间变化的数据主要有本数据采集点上下游当前及过去各时段的交通参数等。短时预测要解决的问题就是如何从带有随机性和不确定性的交通流变化中,根据来自各种交通流信息采集设备的交通流参数数据,结合其他影响因素,进行数据的系统分析,找出其中的规律性,建立相应的预测模型和方法,以预测未来几个时段的交通流变化,其基本流程图如图4-5所示。

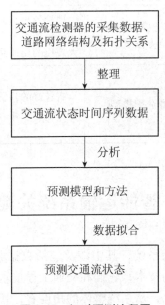

图4-5 短时预测流程图

对于基于实时数据分析的短时预测,其建立的模型、方法的特点主要有以下4点。

(1) 精确性。交通流的预测结果只有满足精度要求才能获得应用,不准确的交通流信息毫无意义。

(2) 实时性。计算复杂性要满足要求,只有在规定的时间内求出计算结果,才能及时地获得交通流信息,才有应用价值。

(3) 动态反馈性。交通流一旦发生异常情况,要能够根据实际情况将其动态反馈到计算模型中。

(4) 可移植性。建立的模型能够通过参数调整而具有时间和空间可移植性。

实时动态交通流预测是智能运输系统中提供交通信息、交通诱导与控制的重要基础,其中对道路交通流预测的研究最受关注。迄今为止,已经有许多理论和方法应用于道路交通流预测,如表4-3所示。

表 4-3 道路交通流预测方法的分类与对比

分类	研究对象	预测方法	优缺点
单一断面交通流预测	道路上某一个数据统计点的断面交通流数据	基于线性系统理论方法	计算复杂性相对低，操作相对简单，但是对于路况比较复杂的交通系统，满足不了预测结果的精确性和动态反馈性要求
		基于知识发现的智能模型方法	具有较强的数据拟合能力；若数据充分，在发生交通事件情况下，预测结果相对令人满意；计算复杂性相对较高，参数选择困难
		基于非线性系统理论方法	精确性相对较高，但计算复杂性高，理论基础尚不很成熟
		基于组合模型的预测方法	可以充分发挥各个模型的优点，相互弥补缺陷，但是模型之间的组合方法需要深入探讨
		基于交通模拟的预测方法	理论分析基础比较充分，能够考虑交通系统的一些复杂影响因素，但计算复杂性高，难以适应大规模的交通系统，实用性有待研究
多断面交通流预测	道路上多个数据统计点的断面交通流数据	动态交通分配模型	有较好的预测效果，并且能较好适应突发情况的发生，但相关研究较少

4.2 智能运输系统关键技术

智能运输系统作为一个复杂系统，其中涉及包括数据获取、存储、处理等多种技术，如集中体现的信息、通信和控制技术，它们和交通工程技术相结合，形成了智能运输系统中所特有的各项技术手段。因此，从系统整体的角度看，智能运输可以说是众多技术的体现。但智能运输系统涉及的这些技术并不只是简单的合成和堆砌，而是彼此间有着紧密的联系。从信息处理的角度看，智能运输系统涉及信息检测、数据传输、数据存储、数据分析处理及信息发布和信息利用，上述这些环节就构成了智能运输系统的信息链，如图 4-6 所示。

4.2.1 智能运输信息检测技术

交通信息是城市交通规划和交通管理的重要基础信息，通过全面、丰富、实时的交通信息不但可以把握城市道路交通的实时状态，而且可以对未来发展趋势进行预测，为城市交通规划和交通管理部门的正确决策提供科学依据。交通信息服务也是智能运输系统功能的一个重要方面，未来智能运输系统中先进的交通管理系统（ATMS）和先进的交通信息系统（ATIS）等都离不开交通信息，动态交通诱导功能是智能运输系统的核心之一，其实

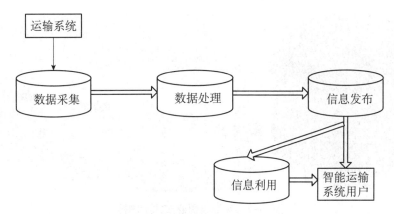

图 4-6　智能运输系统信息链

现也是以城市交通系统中实时的交通信息为基本前提的。因此，交通信息采集与处理技术无论对城市的交通规划、路网建设、交通管理，还是对未来智能运输系统功能的实现，都非常重要，是城市交通发展规划和道路交通科学管理的最重要的基础和前提。

交通信息分静态交通信息与动态交通信息两种。静态交通信息是指交通系统中一段时间内稳定不变的信息，主要包括道路网信息、交通管理设施信息等交通基础设施信息，也包括机动车保有量、道路交通量等统计信息及交通参与者出行规律在时间和空间上相对稳定的信息。动态交通信息是指实时道路交通流信息、交通控制状态信息及实时交通环境信息等在时间和空间上相对变化着的信息。这里主要探讨实时动态交通信息的采集与处理技术。

4.2.1.1　环形线圈感应式检测技术

车辆检测器设备的存在和发展，起源于交通控制系统对交通数据的检测需求。通常用于检测交通流、车道占有率等交通参数，为交通控制系统提供控制区域内的各种实时交通流信息，其可靠性、准确性和灵敏度直接影响着交通控制系统运行的有效性。

目前，环形线圈感应式检测器（如图 4-7 所示）主要应用于交通流数据信息采集系统、交通信号控制系统、交通诱导及停车管理系统。最初的检测需求大多是交通流、流向、车速、车道占有率及车长、排队长度等，这些都可以通过不同的感应线圈的设置方式来实现。由于城市智能化交通运输系统理论的建立，为交通流信息检测技术的应用和发展提供了良好契机。

环形线圈感应式检测器自应用于交通信号控制系统以来，在世界范围内的大多数城市交通信号控制或信息采集系统中都采用这种检测技术，目前美国洛杉矶的 90% 以上的交通流检测设备使用的都是环形线圈感应式检测器。英国伦敦的交通信号控制系统也完全采用的是环形线圈感应式检测器。在我国，由于引进及发展渠道的差异，目前也以环形线圈感应式检测器为主要检测手段。由于模糊数学技术对模拟信号处理的智能化应用，环形线圈感应式检测器可以在建立车辆分类信息数据库的基础上，在隧道自动控制、自动识别收费系统上有更广泛的应用前景。

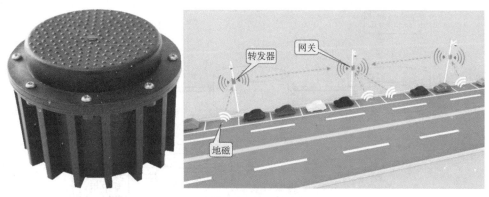

图 4-7　环形线圈感应式检测器

4.2.1.2　远程交通微波检测器技术

远程交通微波检测器（如图 4-8 所示）是一种工作在微波频段的雷达探测器，它向行驶的车辆发射调频微波，波束被行驶的车辆阻挡而发生反射，反射波通过多普勒效应使频率发生偏移，根据这种频率的偏移可检测出有车辆通过，经过接收、处理、鉴频放大后输出一个检测信号，从而达到检测道路交通信息的目的。远程交通微波检测器可进行单车道检测或多车道检测。安装在路侧灯杆上方或车道正上方的远程交通微波检测器呈 45°角朝下发射狭窄的微波，从微波反射回来的时间差来判断是否有车辆通过，并收集各车道的交通流、车道占有率和平均速度等数据。

图 4-8　远程交通微波检测器

目前，远程交通微波检测器广泛应用于高速公路和城市道路管理监测系统，是一种生产成本低、探测效率高、使用寿命长的高科技产品，可安装在路旁的电线杆上，安装、维护方便，且不影响交通。它具有如下的功能和作用：

（1）可精确检测各车道（单车道或多车道同时检测）的交通流、车道占用率、平均速度及排队状况等信息；

（2）检测器的输出信号与一般常见的检测器兼容，可通过数据接口与控制系统相连或直接替代传统的多个感应线圈检测器，它具有存储能力，可将检测到的数据进行存储，也可通过串行总线接入其他系统，或通过拨号 modem 或无线 modem 传输到交通信息中心；

(3) 检测器工作在微波波段，可在不中断交通或关闭车道的情况下，方便、安全地安装在现有路侧电线杆上，易维护，操作简便，并且由于它的波长比较长，不受气候环境的影响，因此能够全天候工作。

远程交通微波检测器的应用领域如下。

(1) 高速公路路段多车道监测与管理。采用远程交通微波检测器构成的高速公路交通管理系统，可实现高速公路的自动事故检测。远程交通微波检测器通过接触器回路提供每车道车辆出行情况，每 30s 通过串行接口提供实时检测的各车道交通流、车道占用情况、车道（来向和去向）平均速度等。远程交通微波检测器安装简便，支持无线连接，比有线系统更经济。

(2) 高速公路匝道或 T 型路口信号管理。正向位置安装可以监控多车道岔口的车队情况。此时，远程交通微波检测器能向信号控制器提供实时的车队长度信息，并根据实际需要优化路口信号配时。T 型路口远程交通微波检测器设置示意图如图 4-9 所示。

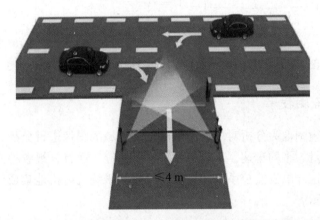

图 4-9　T 型路口远程交通微波检测器设置示意图

(3) 远程交通量管理。这是一种能自动控制的机动车计数系统。它由远程交通微波检测器提供存储能力，可将测得的数据进行存储或通过拨号 modem 或无线 modem 传输到交通信息中心。远程交通微波检测器自带分析和报告软件，它还可用电池和太阳能供电。与该系统配套的设备还有 RTCP（远程交通计数配件），该计数器作为交通信息的存储部件，可存储长达 7 天的交通信息。

(4) 侧向安装应用于多车道十字路口。侧向安装可以应用于城市交通控制系统的多车道十字路口。在拐角立柱上侧向安装远程交通微波检测器（如图 4-10 所示），它通过接触器信号回路直接与控制器连接，提供每车道或每时段的再现信息。控制器根据远程交通微波检测器检测到的车流量、车道占用率、平均车速等实时交通信息，自动编程修改信号灯的配时，智能化地指挥交通。

(5) 违章自动监测系统。这是自动抓拍违章车辆车型、号牌的监测系统。设置远程交通微波检测器的检测域后，监控摄像机或数码相机可抓拍到闯单行线、禁行线及走紧急停车带、公交车道、导流带等违章车辆的照片，抓拍到的照片既可以本地存储，也可通过通信网络上传到信息中心。

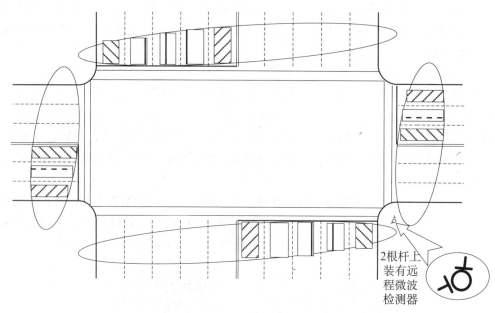

图 4-10　侧向十字路口控制远程交通微波检测器设置示意图

4.2.1.3　视频检测技术

视频检测以视频图像为分析对象,通过对设定区域的图像进行分析,可以得到交通信息,主要包括车流量、平均车速、车道占有率、车型等。而且,视频检测的数据可输入交通信号控制系统,这样电视监控系统和交通信号控制系统就有机地集成到一起。视频检测技术如图 4-11 所示。

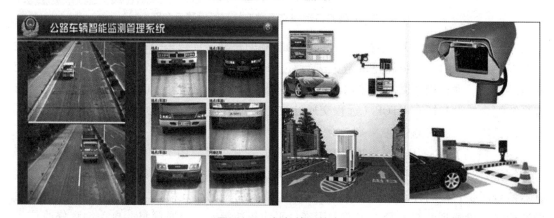

图 4-11　视频检测技术

利用视频检测,除可提供一般的交通统计数据外,还可进行事件检测,如交通阻塞、超速行驶、非法停车、不按道行驶、逆行等。视频检测由于具备灵活性和多种附加功能,因此受到了人们的青睐。视频检测存在巨大的市场,目前国际上有不少公司推出了自己的视频检测产品,如美国的 Autoscope、VTDS、Video Track - 900、西门子公司的 ARTEMIS、比利时的 Traficon 等。

视频检测技术的功能和作用如下所述。

1. 用于统计交通数据

（1）车流量，为在设定时间间隔内检测到的车辆数量；

（2）车道占有率，为按时间百分率测量的车道占有率；

（3）车辆分类，即按长度定义的小汽车、货车或拖车数量；

（4）车流率，即每车道单位时间车辆数；

（5）车头时距，即车辆间的平均时间间隔；

（6）车速，即车辆的平均速度；

（7）服务水平，由用户定义的平均速度和车流率阈值所确定；

（8）空间占有率，等于按百分率计量的车辆长度总和除以时间间隔内车辆平均行驶距离；

（9）车辆密度。

2. 用于统计与事件有关的交通数据

（1）高速、高密度或高车道占有率；

（2）排队；

（3）逆向行驶；

（4）停车或非常慢的运动车辆。

根据检测到的事件数据，可以产生不同的报警。当检测到某一事件发生时，系统自动产生报警以提示操作员。操作员可从图像上了解事件发生的地点、该地点的交通状况，并采取相应的交通管理措施。

与传统方式相比，视频检测技术具有如下优点。

（1）利用已建的交通电视监控系统摄像机，起到图像监视和交通数据采集双重功能；

（2）安装简单，无须破路；

（3）具有高检测率、低误报率、低故障率；

（4）寿命长；

（5）维护费用低；

（6）交通数据和图像集成。

4.2.2 智能运输信息传输技术

智能运输信息传输技术主要包括通信技术和计算机网络技术两大块。

4.2.2.1 通信技术

1. 光纤通信技术

光纤通信是以光波为载频、以光纤为传输媒质的新型通信方式，其应用规模之大，范围之广，涉及学科之多，是以往任何一种通信方式所未有的。光通信采用的载波位于电磁波谱的近红外区，频率非常高（$10^{14} \sim 10^{15}$ Hz），因而通信容量极大。现在，光纤通信的新技术仍在不断涌现，诸如频分复用系统、光放大器、相干光通信、光孤子通信的发展，预示着光纤通信技术的强大生命力和广阔的应用前景。它将对未来的信息社会发挥巨大的作用，产生深远的影响。

光纤通信系统主要由光发射机、光纤和光接收机三个部分组成。电端机是对电信号进行处理的电子设备。在发送端，电端机将欲传送的电信号处理后，送给光发射机，光发射机将电信号转变成光信号，并将光信号耦合进入光纤中，光信号经光纤传输到接收端，由光接收机将接收到的光信号恢复成原来的电信号，再经电端机的处理，将消息送给用户。光纤通信的主要优点有：

（1）通信容量大；
（2）传输损耗低，传输通信距离长；
（3）不受电磁干扰，通信质量高，适合于有强电干扰和电磁辐射的环境中；
（4）光纤尺寸小，重量轻，便于敷设施工和运输；
（5）制造光纤的主要原料是 SiO_2，它是地球上蕴藏最丰富的物质。

2. 卫星通信技术

卫星通信是指利用人造地球卫星作为中继站来转发或反射无线电波，在两个或多个地球站之间进行的通信。这里地球站是指设在地球表面（包括地面、海洋和低层大气中）上的无线电通信站。而用于实现通信目的的这种人造地球卫星称为通信卫星。卫星通信是宇宙通信形式之一。

卫星通信系统由空间分系统、通信地球站、遥测跟踪及指令分系统和监控管理分系统四大部分组成。空间分系统主要指通信卫星，普通的通信业务是在通信卫星和通信地球站之间完成的，由发端地球站、上行传输路径、通信卫星转发器、下行传输路径和收端地球站组成。遥测跟踪及指令分系统对卫星进行跟踪测量，在卫星发射时，控制其准确进入静止轨道上的指定位置，并定期对卫星进行轨道位置的修正和卫星姿态的调整。监控管理分系统的任务是对在轨卫星业务开通前后进行通信功能的检测和控制，如对卫星转发器功率、卫星天线增益及各地球站发射的功率、射频频率和带宽等基本参数进行控制，以保证正常通信。

与其他通信方式相比，卫星通信具有以下特点：

（1）通信距离远，且费用与通信距离无关；
（2）覆盖面积大，且便于实现多址联接；
（3）通信频带宽，传输容量大，能传输的业务类型多；
（4）机动灵活；
（5）通信线路稳定可靠，传输质量高。

卫星通信由于具有上述这些突出的优点，近年来得到了迅速的发展，应用范围极其广泛，不仅用于传输电话、电报、传真等，而且特别适用于民用广播电视节目的传送。

3. 移动通信技术

移动通信一般是指移动体与固定地点，或者移动体相互间通过有线和无线信道进行的通信。移动通信受空间限制少，实时性好，在当今信息时代，在高效率的生产和活动中，移动通信为人们更有效地利用时间提供了条件。

移动通信系统由移动通信交换局、基地站、移动台及局间和局站间的中继线组成，它是有线、无线相结合的综合通信系统。移动台与基地站、移动台与移动台之间采用无线传输方式，基地站与移动通信交换局、移动通信交换局与地面网之间则一般以有线方式进行信息传输。移动通信交换局与基地站担负信息的交换和接续及对无线频道的控制等。基地站与移动台都设有收发信机、收发信共用装置（双工器或多工器）、天线、馈线等。每一个基地站都有一个由发信功率与天线高度所确定的地理覆盖范围，称为（基台）覆盖区，由多个覆盖区组成全系统的服务区，利用这样的通信系统，在装有移动台的载体上，人们就可在行动中与其通信对象进行通信。

4. 专用短程通信技术

专用短程通信系统是采用无线通信技术，由车载单元、路旁单元、专用短程通信协议及后台计算机网络组成，在智能运输系统中实现路、车之间信息传输、交互的通信系统。

车载单元主要由车载机和电子标签组成，电子标签中存储了该车的有关信息，如车号、车型、所有者等。路旁单元又称为车道单元、车道设备，主要是车通信设备——读写器，包括车道天线和天线控制器。专用短程通信系统主要利用专用短程通信技术，通过路旁单元的信号发射和接收装置识别通过车辆的相关信息，自动对车辆进行身份鉴别、实时监控、动态引导等智能化管理，完成车辆相关信息的动态采集工作。

专用短程通信协议是专用短程通信的基础，目前欧洲各国、日本和美国都建立起了自己的专用短程通信标准。相对于开放系统互联（OSI）体系七层协议模型而言，专用短程通信规范一般按物理层、数据链路层和应用层三个层次制定。

物理层：规定了无线通信标准，包括载波频率、上下行数字编码方式、信号调制方式等。其中载波频率是一个关键参数，它体现了目前世界上微波专用短程通信协议及专用短程通信系统的主要差别。就目前发展趋势而言，基于 5.8 GHz 的微波通信将成为未来专用短程通信的唯一标准。

数据链路层：定义数据链路通信协议，制定了介质访问和逻辑链路控制方法，同时也定义了进入共享物理介质、寻址和出错控制的操作。

应用层：提供了一些专用短程通信应用的基础性工具。应用层中的过程可以直接使用这些工具，如通信初始化过程数据传送和擦去操作等。另外，应用层还提供了支持同时多请求的功能。

4.2.2.2　通信技术在智能运输系统中的应用

智能运输系统的出现主要是为缓和道路拥挤和堵塞，减少交通事故，运用当代电子技术、计算机技术、信息与通信技术，提高交通参与者（交通出行者、交通管理者）在交通系统中的主观能动性；在交通管理中运用高新技术和装置，延伸人的智慧和能力。智能运输系统采用先进的通信技术，信息传输在信息采集、处理、提供及应用中具有重要作用，没有先进的通信技术，就没有先进的智能运输系统。下面将列举一些典型的通信技术在智能运输系统各个子系统和领域内的应用情况。

1. 调频广播通信在智能运输系统中的运用

随着社会经济的发展，调频广播在交通领域逐渐获得了广泛的应用，目前许多国家的城市都在自己的市区范围内建立起了以交通行业为主要服务目标的交通广播台，并获得了一定的发展。向出行者和驾驶员提供实时的交通信息是智能运输系统的主要服务功能之一。

另外，数字音频广播、数字调频技术、数字卫星广播技术近年来也获得了一定的发展。在未来的智能运输系统中，它们将会成为有效、经济的信息服务手段。

2. 无线寻呼在智能运输系统中的应用

无线寻呼是通过公用电话网和无线寻呼系统来实现的。无线寻呼系统通常是由一个控制中心（寻呼台）、一个或数个无线电发射基站及持有无线电寻呼接收机的用户组成。

传统的无线寻呼通常是局部范围内的单向寻呼，服务功能和范围比较狭窄，因此在智能运输系统领域中并没有获得很大的应用。然而，随着通信技术的发展，无线寻呼也出现了多种新技术，如高速寻呼技术、双向寻呼技术、广域联网寻呼技术等，无线寻呼正逐步成为向用户提供多种功能的信息载体，向多方面的信息领域延伸，从而也拓展了无线寻呼在智能运输系统领域中的应用范围。

无线寻呼作为一种信息发布手段，主要可以用于智能运输系统中的如下领域。

（1）个性化交通信息的提供。用户可以通过多种途径（电话或网络）向寻呼中心提交自己的请求，预订自己所需的信息，寻呼中心通过交通信息网站获得信息，在特定的时刻向用户提供他们所需要的交通信息。

（2）货物运输信息管理。公司总部可以通过广域寻呼网向位于全国各地的公司所辖运输车辆提供货物信息，合理组织公司货运资源。与移动通信相比，这是一种比较经济的信息提供手段。

（3）增值服务。通过软件的设计，寻呼系统还可能用于实现加油付费、自动售货支付等业务和功能。

3. 移动通信在智能运输系统中的应用

1）公众移动通信网的应用

CDPD、GPRS、CDMA 是近年来逐步发展成熟的数据通信技术，其中 CDPD 只能用于数据通信，由于其本身的一些限制，很难在全球范围内获得广泛的应用。下面主要介绍 GPRS 在智能运输系统中的应用。

（1）用作信息查询及发布的工具。GPRS 可覆盖目前 GSM 的短消息服务，并且可以提供比 GSM 速度更快、内容更多的短消息服务功能，可以方便地实现与 Web 网络的互联，因此可以向使用者提供丰富的交通信息查询、发布服务。

用户利用 GPRS 终端（主要是手持电话）可以方便地接入 Web 网络，提交自己的交通信息需求或者进行交通信息的查询，包括文字信息的查询及视频查看等。

（2）用作数据传输的途径。由于 GPRS 的高速数据传输能力及较快的网络接入速度，GPRS 不仅支持频繁的、数据量小的突发型数据业务，而且支持数据量大的业务，因此可以用作道路数据采集后向交通中心传输的途径，甚至可以用作各个管理中心之间实时数据的传输途径。

（3）用作调度指挥的手段。GPRS 既可以作为语音传输的通道，也可以作为数据传输的通道，因此，它可以方便地实现移动体（车辆驾驶员）与控制中心的话务、数据连接。此外，GPRS 根据流量计费并且实时在线，对用户的使用非常有利，因此可以完成调度控制中心对自己所辖车辆的调度指挥功能，兼以实现车辆导航功能。例如，集成 GPRS 和 GPS 的公共交通调度指挥系统可以方便地实现公交车辆的定位和及时准确的调度管理，从而有效提高公共交通系统的运行效率。

除以上所提到的应用领域外，由于 GPRS 系统的性能特点及广阔的覆盖范围，它将会越来越多地应用到智能运输系统中的多个领域。

2）集群通信系统的应用

集群通信系统就是一个无线调度系统，可以在交通管理、指挥调度和监督等领域发挥重要作用。

4. 专用短程通信系统在智能运输系统中的应用

这里重点介绍它在智能运输系统的一些子系统中的重要应用。

（1）电子收费系统。电子收费系统是指将先进的电子技术、通信技术、计算机网络技术等应用到传统的路桥停车场等的收费过程中，自动地接收发送有关支付通行费用的信息，从而实现高效、安全、准确的收费目的的系统。电子收费系统中利用的局部路车间通信技术主要就是专用短程通信技术。

目前，电子收费系统是专用短程通信的一个最主要的应用领域，也是一个最早开始大规模使用专用短程通信系统的智能运输系统领域。时至今日，在世界各地已经存在许多个比较成功的电子收费系统。

（2）车辆定位与导航系统。专用短程通信技术与有/无线通信技术相结合，可实现车辆定位和实时、准确的信息传输功能。出行者在出行前通过各种个人终端（如个人计算机、手机等）向控制中心提交自己出行的出发地和目的地，控制中心可根据实时道路交通信息规划出行者出行时的最佳行驶路径，并且通过有线通信网络（或无线通信网络）将导航信息传给路旁单元。当装有车载单元的车辆通过路口或关键路段中的路旁信标装置时，路旁单元读取车辆的信息，并且向车辆提供路径导航信息，从而获得车辆的位置信息。路旁单元将获得的信息（如车辆 ID、车辆通过该点时刻、该点 ID 等）通过通信系统传给控制中心，控制中心根据车辆运行状况计算路段交通特征并实时更新数据库。

（3）其他应用领域，包括：停车场收费管理系统、匝道控制系统、交叉口公交优先信号控制系统、高速公路监控及紧急事件处理系统、特殊车辆的管理。

除上述提到的一些领域以外，专用短程通信系统还可被应用到道路交通信息提供、车辆监管及防盗、安全行驶辅助、商用车辆运营等领域。随着专用短程通信技术的不断完善，越来越多的国家开始把专用短程通信运用到更多的交通系统中去。

4.2.2.3 计算机网络技术

1. 计算机网络的分类

1）局域网和广域网

按大小区域划分，网络分为局域网与广域网。计算机网络是将分布在不同地理位置的计算机设备连成一个网，进行高速数据通信，实现资源共享和分布处理。计算机网络是计算机技术与通信技术相结合的产物，它包括计算机硬软件、网络系统结构及通信技术等内容。

网络中计算机设备之间的距离可近可远,即网络覆盖地域面积可大可小。计算机网络按照联网的计算机之间的距离和网络覆盖面的不同,分为局域计算机网络和广域计算机网络。

(1) 局域计算机网。

局域计算机网(local area network,LAN)通常简称为局域网,它是在有限的地域范围内构成的计算机网络,是把分散在一定范围内的计算机、终端、带大容量存储器的外围设备、控制器、显示器及用于连接其他网而使用的网间连接器等相互连接起来,进行高速数据通信的手段。

局域网在企业办公自动化、企业管理、工业自动化、计算机辅助教学等方面得到广泛的使用,为了在计算机之间进行信息交流、共享数据资源和某些昂贵的硬件(如高速打印机等)资源,将多台计算机连成一个网络系统,实现分布处理又能互相通信。局域网由于所覆盖的地域范围小,一般不需租用通信线路,因此其数据传输速率高于广域网。

典型的局域网由一台或多台服务器和若干个工作站组成。早期的计算机网络服务器是一台大型计算机,现在将计算机局域网机作为服务器,工作站可以使用各档次的计算机。一方面可以进行单机使用;另一方面可以向工作站传送资源,实现资源共享。

(2) 广域计算机网。

广域计算机网(wide area network,WAN)简称广域网。广域网在地理上可以跨越很大的距离,联网的计算机之间的距离一般在几万米以上,跨省、跨国甚至跨洲,网络之间也可通过特定方式进行互联,实现了局域资源共享与广域资源共享相结合,形成了地域广大的远程处理和局域处理相结合的网际网系统。世界上第一个广域网是 ARPANET,它的建成和运行成功,为接下来许多国家和地区的远程大型网络提供了经验,也使计算机网络的优越性得到证实,最终产生了 Internet。Internet 是现今世界上最大的广域网。

局域网要接入广域网需要路由器提供转接服务,由于当前可供选用的广域网有 PAC、DDN 及帧中继网、ISDN 网等,用户可通过公用网组网,也可以通过路由器与 DDN 专线等组网,所以支持多种协议及多端口的路由器在网络设备中发展较快。

2) 专用网和公用网

按网络的数据传输和系统的拥有者分类,可将计算机网络分为专用网和公用网。专用网一般由某个单位或部门组建,使用权限属于单位或部门内部所有,不允许外单位或部门使用。而公用网由电信部门组建,网络内的传输和交换设备可提供给任何部门和单位使用。另外,计算机网络还可以按信息交换方式分为电路交换网、报文交换网、分组交换网,按照网络的拓扑结构分为总线形网络、星形网络、树形网络、环形网络及不规则形网络等,按网络控制规程可分为集中式计算机网络和分布式计算机网络等。此外,计算机网络还可以按传输的信道类型进行分类。

2. 计算机网络的特点

计算机网络技术使计算机的作用范围和其自身的功能有了突破性的发展。计算机网络虽各种各样,但都应具有如下 5 个特点与功能。

(1) 数据通信。数据通信是计算机网络最基本的功能之一，利用这一功能，分散在不同地理位置的计算机就可以相互传送信息。该功能是计算机网络实现其他功能的基础。

(2) 资源共享。资源共享指的是网上的用户可以非常方便地共同享用网络提供的各种软件、硬件及资料资源，这也是现代计算机网络的重要标志之一。

(3) 均衡负载。这是指网络中的工作负荷被均匀地分配给网络中的各计算机系统，当某系统的负荷过重时，网络能自动将系统中的一部分负荷转移至负荷较轻的系统中去处理。

(4) 分布处理。在计算机网络中，各用户可根据问题的实际情况合理选择网内资源来处理。对于较大型综合性问题，可以通过合适的算法将任务分配到不同的计算机，达到均衡使用网络资源，实现分布式处理的目的。利用计算机网络技术，还可以将许多小型或微型机连成具有高性能的分布式计算机系统，用以解决大型复杂问题，从而使小型或微型机用户可享受到大、中型机的好处。

(5) 提高计算机的可靠性。将多台计算机连成网络，网络中的计算机就可以互为后备机，当某台机器发生故障时，该机器的工作可由网络中的其他机器来完成，从而避免了因单机故障而导致系统瘫痪，提高了系统的可靠性。

3. 计算机网络的组成

根据计算机网络的定义，可以从逻辑上将计算机网络分成两大部分：通信子网和资源子网，每一个子网又由若干个网络单元组成。

1) 通信子网

通信子网是由结点计算机、通信设备和通信线路组成的独立的数据通信系统。

结点计算机也称通信处理机（communication control processor，CCP）或称前端处理机（front end processor，FEP），是设置在主机与通信线路间的计算机，负责通信控制和通信处理工作。它可以连接多个主机，也可将多个终端接入网内。结点计算机是为减轻主机负担，提高主机效率而设置的。

通信设备是数据传输设备，包括集中器、调制解调器和多任务器等。

通信线路用来连接上述组成部分。按数据信号的传输速率不同，通信线路分高速、中速和低速三种。一般终端与主机、通信处理机及集中器之间采用低速通信线路；各通信处理机之间采用高速通信线路。通信线路可采用有线通信线路和无线通信线路。

通信子网承担全网的数据传输、交换、加工和转换等通信处理工作，即将一个主机的输出信息传送给另一个主机。

2) 资源子网

资源子网包括主计算机、终端、通信子网接口设备及软件等。

主计算机（HOST）是计算机网络中承担数据处理的计算机系统，主计算机应该包含具有完成批处理（实时或交互分时）能力的软件和操作系统，并具有相应的网络接口。

终端是网络中用量最大、分布最广的设备，直接面对用户，实现人机对话，用户通过它与网络进行联系。终端种类很多，如键盘＋显示器（哑终端）、智能终端、复合终端等。

通信子网负责全网的数据处理和向网络用户提供网络资源及网络服务。

4. 计算机网络拓扑结构

如果去掉网络单元的物理意义而把网络单元看作是结点，把连接各结点的通信线路看作是连线，这样采用拓扑学的观点看计算机网络，可以说它是由一组结点和连线组成的几何图形，拓扑图形中的结点和连线的几何位置就是计算机网络的拓扑结构。计算机网络拓扑结构的类型较多，常见的主要有总线形、星形、环形、树形、全互联形和不规则互联形等，如图 4-12 所示。

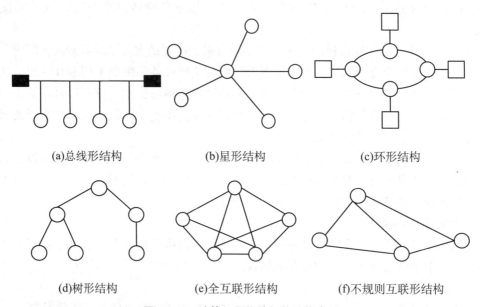

(a)总线形结构　　(b)星形结构　　(c)环形结构

(d)树形结构　　(e)全互联形结构　　(f)不规则互联形结构

图 4-12　计算机网络的拓扑结构类型

5. 计算机网络通信协议

基本的通信硬件包括了点到点的位串传送机制。通信涉及的所有部分都必须认同一套用于信息交换的规则（如使用的语言和信息发送规则等），即协议。

网络协议是计算机网络的核心问题，是计算机网络不可缺少的组成部分。由于计算机网络是相当复杂的，为了设计这样复杂的计算机网络，人们提出了将"网络"分层的方法。分层可将庞大而复杂的问题转化为若干较小的局部问题，而这些较小的局部问题就比较容易研究和处理。随着网络的分层，将通信协议也分为层间协议，计算机网络的各层和层间协议的集合被称为网络体系结构。

6. 网络互联

网络互联的目的是使一个网络上的用户能访问其他网络上的资源，并能使不同网络上的用户互相通信和交换信息。它是计算机网络和通信技术迅速发展的结果，也是计算机网络应用范围不断扩大的自然要求。

网络互联主要是指 LAN-LAN、LAN-WAN、WAN-WAN、LAN-WAN-LAN 之间的连接性和互操作能力。连接性一般指对应于 OSI 模型的下三层协议，即将通信的"信息高速公路"连接起来。互操作能力是指互联网上的一个网络用户与另一网络用户相互透明交换信息的能力，而不管网络间的硬件和软件有什么不同。同构网间互联比较容易，异构网间互联则复杂得多，故讨论网络互联技术，实质上是讨论异构网间互联技术。

1) 网络互联的要求

网络互联的要求有：

(1) 在网络之间提供一条连接的链路，至少需要一条物理和链路控制的链路；
(2) 在不同的网络进程之间提供路径选择和传送数据；
(3) 对各用户使用互联网络提供记账和统计服务；
(4) 在提供上述服务时，不需修改原有网络体系结构。

2) 网络互联结构方案

在网络互联时，一般都不能简单地直接相连，而是通过一个中间设备，称之为中继系统（或网间连接器）。在两个系统的连接路径中可以有多个这样的中继系统。如果某个中继系统在进行信息的转发时与其他系统共享第 n 层协议，但不共享第 $n+1$ 层协议，那么这个中继系统就称为第 n 层中继系统。通常中继系统又可细分为以下 4 种：

(1) 物理层中继系统，即转发器或中继器；
(2) 数据链路层中继系统，即网桥；
(3) 网络层中继系统，即路由器；
(4) 高层中继系统，即协议转换器或网关。

网络互联还可按另一种分类方法，即按网络接口特性划分为结点级（或 DCE）互联和主机级（或 DTE）互联。这种分类方法与前面提到的按网络协议层次互联有简单的对应关系。结点级互联相当于在网络层（路由器）或数据链路层（网桥）进行互联，而主机级互联相当于在网络层以上的层次进行互联。

4.2.3 数据库与数据存储技术

4.2.3.1 概述

数据的结构越来越复杂，如何管理这些数据就成为一个极其重要的问题。数据管理是指对数据进行组织、存储、检索、更新和维护等工作，它是数据处理的核心。高效的组织方式、存储结构、检索手段和安全措施是数据管理研究的主要内容。

由于数据库中存储的数据量大，又为多个用户共享使用，因此必须有一套专门的软件来管理数据库，同时负责数据库的建立、数据结构的定义、数据库中数据的更新和查询、多个用户并发访问数据库时的事务调度，并进行安全性和完整性检查，以及系统性能的监测、数据库的转储和故障后的恢复等。完成这些任务的软件就被称为数据库管理系统（data base management system，DBMS）。简言之，数据库管理系统就是一套用于建立、管理和维护数据库的软件。

数据库系统就是指引入了数据库管理系统，具有管理数据库能力的计算机系统。因此数据库系统实际上包括了计算机硬件、操作系统、数据库管理系统、数据库和在数据库管理系统基础上开发的各种应用软件。

4.2.3.2 数据库系统的体系结构

20 世纪 70 年代初，由美国国家标准局（ANSI）组建了数据库管理系统研究小组，开展了数据库系统的标准化工作，并于 1975 年提出了将数据库划分为三级（外部级、概念级和内部级）的标准化建议。数据库系统结构如图 4 – 13 所示。

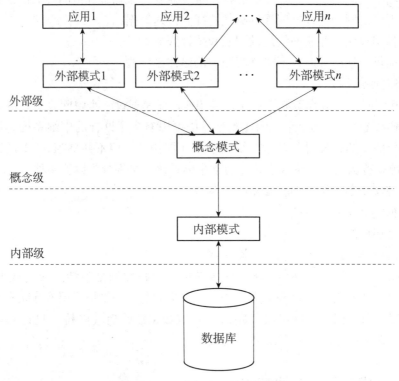

图 4 – 13　数据库系统结构图

外部级是数据库系统的用户级。一般来说，大多数用户只对数据库的某部分感兴趣。外部级就是用于定义与用户有关的数据库中部分数据的局部逻辑结构。这个局部的逻辑结构被称为数据库的外部视图。一个数据库可以对应于多个外部视图，各个外部视图互不相同，但允许相互交叉重叠，以起到共享数据的目的。

概念级用于描述数据库的全局逻辑结构，这种结构被称为概念视图。它包括所有数据及相互联系的描述，仅仅从数据结构上看，概念视图是所有外部视图的并集。

内部级是为了提高数据库的物理独立性而设立的。在概念级中，不涉及数据的任何存储特征。有关存储结构的定义，仅在内部级中予以描述，并称之为内部视图。内部视图包括存储字段的说明，存储记录的顺序、索引、散列编址、指针等其他有关存储的细节。

4.2.3.3　常见的数据库管理系统

目前，商品化的数据库管理系统以关系型数据库为主导产品，技术比较成熟。面向对象的数据库管理系统虽然技术先进，数据库易于开发、维护，但尚未有成熟的产品。国际国内的主流关系型数据库管理系统有 SQL Server、Oracle、SYBASE、DB2、INFORMIX，它们的特点如表 4 – 4 所示。

表 4-4　主流关系型数据库管理系统对比

	SQL Server	Oracle	SYBASE	DB2	INFORMIX
性能	保持了多项 TPC-C 纪录	性能最高，保持 Windows NT 下的 TPC-D 和 TPC-C 的世界纪录	性能较高，支持 Sun、IBM、HP、Compaq 和 Veritas 的集群设备的特性，实现高可用性；性能接近于 SQL Server，但在 UNIX 平台下的并发性要优于 SQL Server，适应于安全性要求极高的系统	适用于数据仓库和在线事物处理，性能较高，客户端支持、可应用	性能较高，支持集群，实现高可用性，适应于安全性要求极高的系统，尤其是银行、证券系统
可伸缩性及并行性	在 Microsoft Advanced Servers 上有突出的表现，超过了它的主要竞争对手	并行服务器通过使一组结点共享同一簇中的工作来扩展 Window NT 的能力，提供高可用性和高伸缩性的簇的解决方案；如果 Windows NT 不能满足需要，用户可以把数据库移到 UNIX 中，具有很好的伸缩性；Oracle 的并行服务器对各种 UNIX 平台的集群机制都有着相当高的集成度	具有较好的并行性，速度快，对巨量数据无明显影响，但是技术实现复杂，需要程序支持，伸缩性有限	具有很好的并行性，伸缩性有限	采用单进程多线程的技术，具有较好的并行性，但是仅运行于 UNIX 平台，伸缩性有限
安全性	安全性有了极大的提高	获得最高认证级别的 ISO 标准认证	通过 Sun 公司 J2EE 认证测试，获得最高认证级别的 ISO 标准认证	获得最高认证级别的 ISO 标准认证	获得最高认证级别的 ISO 标准认证
操作	操作简单，采用图形界面；管理也很方便，而且编程接口特别友好（它的 SQL-DMO 让编程变得非常方便）；从易维护性和价格上来看，SQL Server 明显占有优势	较复杂，同时提供 GUI 和命令行，在 Windows NT、UNIX、LINUX 下操作相同，对数据库管理人员要求较高	复杂，使用命令行操作，对数据库管理人员要求较高，同时提供 GUI 和命令行，但 GUI 较差，常常无法及时更新状态，建议使用命令行	操作简单，同时提供 GUI 和命令行，在 Windows NT 和 UNIX 下操作相同	使用和管理复杂，命令行操作，对数据库管理人员要求较高

续表

	SQL Server	Oracle	SYBASE	DB2	INFORMIX
使用风险	安全稳定性有了明显的提高	得到了广泛的应用，风险极小，可以安全地进行数据库的升级，在企业、政府中得到广泛的应用	开发时间较长，升级较复杂，稳定性较好，数据安全有保障，风险小；在安全要求极高的银行、证券行业中得到了广泛的应用	在巨型企业得到广泛的应用，向下兼容性好，风险小	稳定性较好，数据安全有保障，风险小，在安全要求极高的银行、证券行业中得到了广泛的应用
开放性	只能在Windows上运行，C/S结构，没有丝毫的开放性	能在所有主流平台上运行（包括Windows），完全支持所有的工业标准，采用完全开放策略	能在所有主流平台上运行，C/S结构	能在所有主流平台上运行（包括Windows），有较好的开放性，最适于海量数据	仅运行在UNIX平台
易维护性和价格	易维护性高，价格低	易维护性高，价格高，管理复杂，性价比高	价格低，管理费用高	价格高，管理费用高	价格适中，管理费用高
数据库二次开发应用	数据库的二次开发工具很多，包括Visual C++、Visual Basic等，可以实现很好的Windows应用，开发容易	数据库的二次开发工具很多，涵盖了数据库开发的各个阶段，开发容易	开发工具较少，经验丰富的人员很少	在国外巨型企业得到广泛的应用，在中国经验丰富的人员很少	在银行业中得到广泛的应用，但是在中国经验丰富的人员很少

4.2.3.4 数据库系统的特点

数据库技术是由文件系统发展起来的一种新型的数据管理技术，它为用户提供了更广泛的数据共享，为应用程序提供了更高的数据独立性，进一步减少了数据的冗余，提供了方便的用户接口，因而获得了广泛的应用。下面从数据库与文件系统的区别角度，讨论一下数据库系统的主要特点，以便理解数据库在数据管理技术中所起的重要作用。

1. 复杂的数据结构

在文件系统中，文件通常看成是相同格式的等长记录的集合，且记录与记录之间无任何联系。这样的数据结构形式在实际应用中会浪费大量的存储空间，同时也存在其他的问题。在数据库系统中，由于其可以存储复杂的数据结构和不同格式、不同长度的记录，且记录之间可以有联系，会节省很大的空间，同时增加了人们组织数据的灵活性，提高了描述现实世界的能力，这是数据库与文件系统之间的最根本的区别之一。

2. 面向数据组织数据

数据库系统具有表达复杂数据结构的能力，使得人们不再面向单个应用组织数据，而是从整体角度出发来组织数据。

3. 数据共享

数据库系统采用面向数据组织数据的方法，例如，在处理一个企业的信息时，各部门可以仅仅使用数据库中与它相关的那部分数据，而数据库中存储的是这个企业的全部信息，这样就可达到数据共享的目的。

同时，数据库技术还具有以下优点。

（1）统一的数据控制。

由于数据库强调共享，即多个用户可以同时访问数据库中的数据，因而数据库管理系统要提供一种统一的数据控制手段，以保证数据的安全性、完整性和并发一致性。

（2）减少了数据的冗余度。

在文件系统中，每个应用对应有自己的文件，造成了存储数据上的大量重复，这不但造成存储空间的浪费，也给数据更新带来许多困难。在数据库中由于能够共享使用数据，每个数据只需存储一次，避免了大量的数据冗余存储。

（3）避免了某种程度的数据不一致性。

避免数据的不一致性，是减少数据冗余的必然结果。在文件系统中，相同数据存储于多处，若其中一处被修改，很难将其他几处的数据进行同时修改，就可能给用户提供错误甚至是相互矛盾的信息，这就是数据的不一致性。如果消除了所有的冗余，那么数据的不一致性就不会存在。不过，数据库虽然可以减少冗余，但并不能完全消除，因此这就要求数据库管理系统能够在修改数据时，自动修改另外几处的数据。

（4）数据独立性。

数据独立性有两层含义：物理独立性和逻辑独立性。当存储结构改变时，应用程序可以不加修改照样运行，这就是数据的物理独立性。同样，当数据库的概念视图发生修改，可以通过修改外部/概念层映射的方法，保证外部视图的不变，应用程序同样可以不用修改，这就是数据的逻辑独立性。数据库技术为数据处理提供了较高的数据独立性，提高了应用程序的生命力，节省了当数据库的存储结构甚至逻辑结构改变了的情况下，维护应用程序所需的大量开销。

4.2.3.5 数据库系统的分类

数据库系统并不是只以一种形式出现。目前已经开发出多种类型的数据库系统，主要有分布式数据库系统、实时数据库系统、容错数据库系统、安全数据库系统等。

1. 分布式数据库系统

分布式数据库系统并非单纯意味着数据是分布的，分布式数据库系统的定义也意味着它结合了知识、动作，以及对组成分布式计算机系统的分布式部件的控制。大多数分布式数据库系统被用来减轻和分配企业的工作负担，或者使数据处理功能更靠近完成该功能的物理网点。这样做的目的不是为了单纯转移数据实际功能或分布其计算，而是为了让用户看不到"分布"。

2. 实时数据库系统

实时数据库系统不单是一个速度快的系统。实时是指操作系统和与其交互的现实世界之间的时态交互。实时数据库系统可能是集中式、分布式或混合式的。实时数据库系统的显著特征是它在操作的各方面都用到时间。

3. 容错数据库系统

容错数据库系统是指一个系统遇到硬件和软件部件故障时，还能够保持某种设计好的服务等级。容错数据库系统与实时数据库系统有一些相似的特征。容错数据库系统必须预先进行分析，描绘出系统中所有可能的出错点，并设计出系统检测、修正和从错误中恢复的方法。所有这些功能应尽量减少对运行中的应用的影响。

4. 安全数据库系统

安全数据库系统是指在一个系统中，用户和应用何时及在多大范围内能完成何种操作都是可控制的。为了提供这种服务，数据库系统必须定义访问权限，并检查试图访问数据的用户是否具有这些权限。安全不限于这种简单的访问授权，它还包括更详细的安全检查。人们可能希望限制用户只经过查找一些无关联的数据就能进一步推断出其他信息的能力。或者，人们可能需要提供对数据各个部分和数据间联系的详细控制。

5. 异构数据库系统

异构数据库系统是指由多个各不相同的子系统组成的系统。比如每个公司的各个部门都有自己的数据处理需求，每个部门的计算机系统的硬件和软件可能也不同，如果要求这些不同的系统进行交互，就必须用一些通信媒质将它们连接起来，这样的系统就是一个异构数据库系统。异构数据库系统的基本问题涉及最底层的硬件数据表示。

6. 多媒体数据库系统

高性能计算、大容量数据存储能力的发展，以及国家信息基础设施（信息高速公路）的规划，将促进多媒体数据库系统的使用和发展。多媒体数据库系统使用各种数据源，如图像、视频、语音、声音和文本等，并将其结合到应用和产品中。这些复杂的数据源应便于被计算系统访问，并且数据表示应便于被交叉使用。为了支持交互的用户应用，多媒体数据库系统要求信息存取和表示是同步进行和实时存取的。多媒体数据库系统将实时数据库的需求和交互式图形系统的需求结合起来。

4.2.3.6 数据库技术在智能运输系统中的应用

在智能运输系统研究领域，以实现道路的"信息化""智能化"为目标的城市交通信息服务系统的开发与应用正以欧洲、美国、日本为中心迅速展开，与此同时，众多其他国家和地区也纷纷投入力量开展研究活动。其中，城市交通信息服务系统已成为世界规模的热点研究课题。

4.2.4 智能运输信息处理技术

智能交通信息的巨量性、多源异构性、层次性及交通状态的复杂性，使得经验式的传统统计处理方法难以应对，因此需要智能化的方法进行自动处理和辅助决策。智能运输信息处理技术是通过借助近年来迅速发展的信息融合与数据挖掘技术等，采用新的思路和方法对智能运输信息进行处理的技术，其结果能够便于相关部门及时做出交通决策从而使智能运输系统更加准确高效地运行。

智能运输信息处理流程大致如图4-14所示。

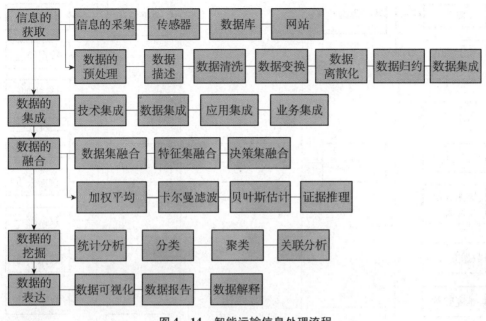

图4-14 智能运输信息处理流程

4.2.4.1 数据预处理

数据预处理是指在主要的处理以前对所收集的数据进行审核、筛选、排序等必要的处理。现实世界的数据一般都是不完备的，无法直接用于数据的挖掘，一般包含以下几个问题：

（1）不完整，缺少属性值或某些感兴趣的属性，或仅包含聚集数据；

（2）含噪声，数据中存在错误或异常（偏离期望值）的数据，数据采集设备有问题；

（3）不一致，数据内涵出现不一致情况，或由于命名规则或数据代码不同而引起的不一致；

（4）冗余，重复数据，或属性之间可以互相导出；

（5）数据维度过高。

高质量的决策必须依赖于高质量的数据，数据仓库需要对高质量的数据进行一致的集成。因此，没有高质量的数据就没有高质量的挖掘结果。而通过数据预处理，可以改进数据的质量，有助于提高其后决策的精度和性能，检测异常数据，尽早地调整数据并归约待分析的数据，从而在决策过程中得到高回报。统计发现：在整个数据挖掘过程中，数据预处理要花费60%左右的时间，而后的挖掘工作仅占总工作量的10%左右。对数据进行预处理，不但可以节约大量的空间和时间，而且得到的挖掘结果能更好地起到决策和预测作用。如图4-15所示，数据预处理主要包括数据描述、数据清洗、数据变换、数据离散化、数据集成、数据归约等内容。

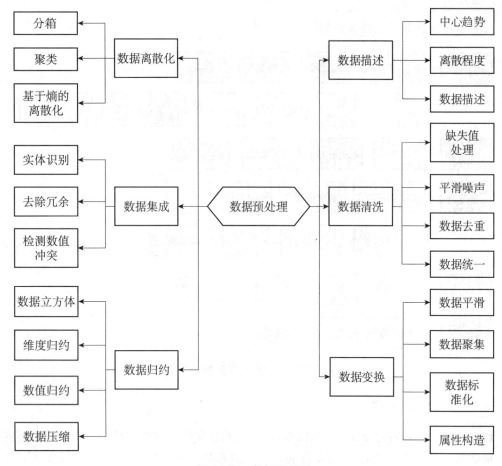

图 4-15 数据预处理

4.2.4.2 信息集成

集成即集合、组合、一体化,以有机组合、协调工作、提高效率和创造效益为目标将各个部分组合成为具有全新功能的、高效的、统一的有机整体。信息集成是指系统中各子系统和用户的信息采用统一的标准、规范和编码,实现全系统信息共享,进而实现相关用户软件间的交互和有序工作。

根据集成对象不同,可将信息集成分为技术集成、数据集成、应用集成和业务集成。

1. 技术集成

技术集成是利用虚拟化技术,对信息系统的底层基础设施进行集成,包括机房基础设施、服务器、网络、系统软件等内容。技术集成的目的是通过有效地组织和调度现有技术设施资源,提高资源共享利用效率,降低成本,提高平台支撑和服务能力。技术集成为类似云计算的 PaaS 和 LasS 应用。

2. 数据集成

数据集成的目的是解决分散数据综合利用问题,包括对数据进行标识、注册、管理,确定元数据模型,对源数据进行抽取、转换、装载及清理后,按照数据利用要求加载到数据仓库，实现各子系统之间共享数据资源。数据集成方法包括数据总线、数据接口适配器、数据仓库等数据封装和聚合技术。

3. 应用集成

应用集成也称企业应用集成（EAI），通过用户界面集成或应用软件集成方法，采用消息代理和事件驱动方式，实现多个系统对数据资源的共享要求。

4. 业务集成

业务集成是根据企业发展目标要求，建立基于信息系统支撑的新企业体系架构，通过对企业制度、组织、人员、过程进行调整，优化业务流程，促进信息共享，提高业务效率和质量。

4.2.4.3 数据挖掘

数据挖掘是为了从大量的、不完全的、有噪声的、模糊的、随机的数据中，提取隐含在其中的、人们事先不知道的而又潜在有用的信息和知识的过程和方法。原始数据只是未被开采的矿山，需要挖掘和提取才能获得有用的规律性知识，这正是数据挖掘这个名字的由来。

数据挖掘的主要目的是发掘数据中的隐含规律，通过分析、预测发现事物未来的发展趋势，对问题的决策提供参考。所以数据挖掘发现的知识都是相对的，并且对特定的行为才有指导意义，所以数据挖掘应该结合应用背景，对结果进行合理的解释。数据挖掘结果具有非平凡性、隐含性、新奇性和价值性，蕴含丰富的内涵。数据挖掘结果的非平凡性，是指所挖掘出来的知识是不简单、非常识的知识。数据挖掘结果的隐含性是指，数据挖掘旨在发现深藏在数据内部的知识，而不是那些直接浮现在数据表面的信息。数据挖掘结果的新奇性是指，挖掘出来的知识是以前未知的，不是验证经验，而是新生具有创造性的发现。数据挖掘结果的价值性，是指挖掘的结果能够指导实际，具有实际用途，带来直接的或间接的效益。

数据挖掘的应用领域广泛，其本质是一种新的商业信息处理技术，把人们对数据的应用，从底层次的联机查询操作，提高到决策支持、分析预测等更高级的应用上。它通过对这些数据进行微观、中观及宏观的统计、分析、综合和推理，发现数据间的关联性、未来趋势及一般性的概括知识等，这些知识性的信息可以用来指导高级商务活动。

数据挖掘主要有两大类主要任务：分类预测型任务和描述型任务。

分类预测型任务从已知的已分类的数据中学习模型，并对新的未知分类的数据使用该模型进行解释，得到这些数据的分类。根据类标签的不同，分类预测型任务分为分类任务和预测任务。如果类标签是离散的类别，称为分类任务；如果类标签是连续的数值，称为预测任务。

典型的分类预测型任务如下：

（1）给出一个司机的驾驶行为特征，判断是否会违章；
（2）给出地铁进站人数的时空规律，判断车站是否需要限流；
（3）给出一辆车的故障表现，判断其可能发生故障的零件；
（4）给出地磁传感器的车辆信号，判断其车型。

描述型任务根据给定数据集中数据内部的固有联系，生成对数据集中数据关系或整个数据集的概要描述，主要包括聚类、摘要、依赖分析等几种子任务。聚类任务把没有预定义类别的数据划分成几个合理的类别，摘要任务针对数据集高度浓缩的子集进行描述，依赖分析任务发现数据项之间的关系。

典型的描述型任务如下：

（1）给出一组车辆事故数据，将事故分为几个相似致因的类别；

（2）给出一组车辆事故与天气数据，分析这些事故的发生与天气状况之间是否存在某些联系。

数据挖掘效果的好坏，主要依赖于其评分函数。人们在经典的启发式搜索算法中引入了评分函数的概念，但它的构造都是和所要解决的问题本身密切相关。建立或构建评分函数是数据挖掘方法应用的关键之一。

例如 $Y = aX + b$ 就是一种模型结构，其中 a 和 b 是参数。如果确定了模型或者模式结构，就必须根据数据评价不同的参数设定，以便能够选择出一个好的参数集，采用最小平方原理从不同的参数值中选取最优的参数，包括寻找参数 a 和 b 的值使得函数 Y 的预测值与实际观察值之间的差异平方和最小化。在这个例子中，评分函数就是模型的预测值与实际观察值之间的差异平方和。对于预测型问题，重复交叉验证在实践中或许是适合大部分有限数据情形的评估方法。

下面介绍 5 种数据挖掘常用算法。

1. 决策树算法

决策树也被称作判定树。决策树分类器是一种常用于分类和预测的树结构分类器，它具有可解释性良好、分类速度快、分类性能优越等优点。决策树学习是以实例为基础的归纳学习算法，着眼于从一组无次序、无规则的实例中推理出决策树表示形式的分类规则。它采用自顶向下的递归方式，在决策树的内部结点进行属性值的比较并根据不同属性判断从该结点向下的分支，从而在决策树的叶结点得到结论。

一棵决策树的基本组成部分一般包含一个根结点、若干个内部结点和若干个叶结点。其中每个内部结点对应着对某一属性进行的一次测试，每条边对应着一个测试结果，叶结点对应着某个类或类的分布。每个叶结点包含的样本集合根据属性测试的结果被划分到子结点中，而根结点包含样本全集。从根结点到每个叶结点的路径对应了一个测试判定序列，整棵树就对应着一组析取表达式规则。决策学习的目的是力图产生一棵泛化能力强，即处理未见示例能力强的决策树，基本流程遵循简单直观的"分而治之"策略。图 4 – 16 所示为一个识别交通状况时对交通数据进行分类的决策树，使用它可以对当前交通状况（阻塞/均衡）进行分类和预测。

2. K-means 算法

K-means 是一种无监督的聚类算法，也是最经典的聚类算法之一。该算法由于效率高，所以在对大规模数据进行聚类时被广泛应用。目前，许多算法均围绕着该算法进行扩展和改进。K-means 算法的目标是，以 K 为参数，把 n 个对象分成 K 个簇，使簇内具有较高的相似度，而簇间的相似度较低。K-means 算法有诸多优点：简单直接（体现在逻辑思路及实现难度上），易于理解，在低维数据集上有不错的效果（简单的算法不见得就不能

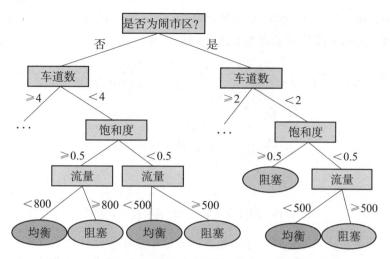

图 4-16 识别交通状况时对交通数据进行分类的决策树

得到优秀的效果)。但该算法也存在缺点,即对于高维数据(如上千维),其计算速度十分慢,主要是慢在计算距离上(参考欧几里得距离)。它的另外一个缺点就是,它需要设定希望得到的聚类数 K。若对数据没有很好的理解,那么设置 K 值就成了一种估计性的工作。

3. SVM 算法

支持向量机,一般简称 SVM,通俗来讲它是一种二类分类模型,其基本模型定义为特征空间上的间隔最大的线性分类器,其学习策略便是间隔最大化,最终可转化为一个凸二次规划问题的求解。SVM 通过寻求结构化风险最小来提高学习机泛化能力,实现经验风险和置信范围的最小化,从而达到在统计样本量较少的情况下,亦能获得良好统计规律的目的。

以二维平面为例,如图 4-17 所示,平面上有两种不同的数据。由于这些数据是线性可分的,所以可以用一条直线将这两类数据分开,这条直线就相当于一个超平面,超平面一边的数据点所对应的 y 全是 -1,另一边所对应的 y 全是 1。

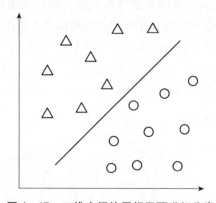

图 4-17 二维空间使用超平面进行分类

这个超平面可以用分类函数 $f(x) = w^T x + b$ 表示,w 为法向量,b 为直线方程的截距。当 $f(x) = 0$ 时,x 是位于超平面上的数据点,而满足 $f(x) > 0$ 的点对应 $y = 1$ 的数据点,满足 $f(x) < 0$ 的点对应 $y = -1$ 的数据点。即在进行分类的时候,遇到一个新的数据点 x,将

x 代入 $f(x)$ 中，若 $f(x)<0$，则将 x 的类别赋为 -1；若 $f(x)>0$，则将 x 的类别赋为 1。用分类函数表示的超平面分类示意图如图 4-18 所示。

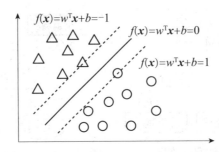

图 4-18 用分类函数表示的超平面分类示意图

从直观上而言，在二维空间中这个超平面应该是最适合分开两类数据的直线，而判定"最适合"的标准就是，这条直线离直线两边的样本的间隔最大，所以应当寻找有最大间隔的超平面。

4. 人工神经网络

人工神经网络（或称"神经网络"）分类器是非常典型的非线性分类器，它的结构和原理基本是模仿人脑神经元网络的组织结构和工作机理的，它模仿了人脑的某些基本特征，但并不是对人脑神经网络的真实再现，因此这种抽象、简化的网络结构被称为人工神经网络。目前，人工神经网络已经是一个相当大的、多学科交叉的学科领域。各相关学科对人工神经网络的定义多种多样，这里采用目前使用最为广泛的一种，即 1988 年由 Kohonen 提出的"神经网络是由具有适应性的简单单元组成的广泛并行互连的网络，它的组织能够模拟生物神经系统对真实世界物体所做出的交互反应"。尽管蓬勃发展的人工神经网络已经有很多类型，但其基本单元——神经元的结构是基本相同的。神经元即上述定义中的"简单单元"。

在生物神经网络中，每个神经元与其他神经元相连。当它"兴奋"时，就会向与之相连的神经元发送一定化学物质，从而改变这些神经元的内在电位。当某神经元电位超过一个阈值时，它就会被激活并继续向与其相连的其他神经元发送化学物质来传递这种"兴奋"。人工神经元模型是对生物神经元从数学角度进行抽象和模拟的产物，图 4-19 所示是一种典型的人工神经元模型，它由模拟生物神经元的细胞体、树突、轴突、突触等主要部分构成。其中，$x_1 \sim x_n$ 为从其他神经元传入的输入信号，$w_1 \sim w_n$ 分别为传入信号的权重。

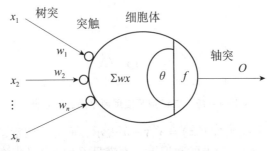

图 4-19 人工神经元模型图

5. Apriori 算法

Apriori 算法是一种挖掘关联规则的频繁项集算法,其核心思想是通过候选集生成和情节的向下封闭检测两个阶段来挖掘频繁项集。Apriori 算法也属于无监督学习,它强调的是"从数据 X 中能够发现什么"。Apriori 算法使用频繁项集的先验知识,是一种逐层搜索迭代算法。频繁 k 项集用来探索和寻找频繁 $(k+1)$ 项集,通过多次扫描数据库,生成所有的频繁项集。在生成频繁项集时,为提高效率,Apriori 算法利用 Apriori 性质缩小频繁项集的搜索空间。它主要包括发现频繁项集和挖掘关联规则这两步。

Apriori 性质:如果项集 X 是频繁项集,那么它的所有非空子集都是频繁项集。

推论:如果项集 X 是非频繁项集,那么它的超集都是非频繁项集。

通过 Apriori 性质及其推论可知,在确定了一个项集是非频繁项集之后,它所对应的超集的支持度就可以不用去计算了,这在很大程度上避免了项集数目的指数增长,可以更加合理地计算频繁项集。比如 {1,2} 出现的次数已经小于最小支持度了(非频繁的),那么超集 {0,1,2} 的组合肯定也是非频繁的了。目前 Apriori 算法的缺点有:①由频繁 $k-1$ 项集进行自连接生成的候选频繁 k 项集数量巨大;②在验证候选频繁 k 项集的时候,需要对整个数据库进行扫描,非常耗时。

4.2.5 地理信息系统应用技术

4.2.5.1 地理信息系统的定义

地理信息系统(GIS)是以地理空间数据库为基础,采用地理模型分析方法,适时提供多种空间的和动态的地理信息,为地理研究和地理决策服务的计算机技术系统。它具有以下 3 个方面的特征。

(1) 具有采集、管理、分析和输出多种地理空间信息的能力,具有空间性和动态性。

(2) 以地理研究和地理决策为目的,以地理模型方法为手段,具有区域空间分析、多要素综合分析和动态预测能力,产生高层次的地理信息。

(3) 由计算机系统支持进行空间地理数据管理,并由计算机程序模拟常规的或专门的地理分析方法,作用于空间数据,产生有用的信息,完成人类难以完成的任务。计算机系统的支持是 GIS 的重要特征,使 GIS 得以快速、精确、综合地对复杂的地理系统进行空间定位和过程动态分析。

GIS 的外观表现为计算机软硬件系统,其内涵却是由计算机程序和地理数据组织而成的地理空间信息模型。一个缩小的、高度信息化的 GIS,从视觉、计量和逻辑上能对地理信息进行模拟,信息的流动及信息流动的结果,完全由计算机程序运行和数据的变换来仿真,地理学家可以在 GIS 支持下提取 GIS 各不同侧面、不同层次的空间和时间特征,也可以快速地模拟自然过程的演变或思维过程的结果,取得地理预测或"实验"的结果,选择优化方案,这种信息模拟几乎是没有什么代价的,可以避免错误决策带来的损失。

当具有一定地理学知识的用户使用 GIS 时,其面对的就不再是毫无意义的数据,而是由空间数据组成的现实世界的一个抽象模型,它比地图所表达的自然世界模型更为丰富和灵活，用户可以按应用的目的观察这个现实世界模型的各方面内容，也可以提取这个模型所表达现象的各种空间尺度指标。更为重要的是，它可以将自然发生或思维规划的过程加在这个数据模型之上，取得对自然过程的分析和预测的信息，用于管理和决策，这就是 GIS 的深刻内涵。

4.2.5.2 地理信息系统的构成

完整的 GIS 由 4 个部分构成：计算机硬件系统、计算机软件系统、地理空间数据和系统管理操作人员。其核心部分是计算机系统，空间数据库反映了 GIS 的地理内容，而管理人员和用户则决定系统的工作方式和信息表示方式。

1. 计算机硬件系统

计算机硬件系统是计算机系统中的实际物理装置的总称，可以是电子的、电的、磁的、机械的、光的原件或装置，是 GIS 的物理外壳，系统的规模、精度、速度、功能、形式、使用方法甚至软件都与硬件有极大关系，受硬件指标的支持或制约。GIS 由于其任务的复杂性和特殊性，必须由计算机设备支持。

2. 计算机软件系统

计算机软件系统指 GIS 运行所必需的各种程序，通常包括以下内容。

（1）计算机系统软件。它是由计算机厂家提供的为用户开发和使用计算机提供方便的程序系统，通常包括操作系统、汇编程序、编译程序、诊断程序、库程序及各种维护使用手册、程序说明等，是 GIS 日常工作所必需的。

（2）GIS 软件和其他支撑软件。可以是通常的 GIS 工具系统或专门开发的 GIS 软件包，也可是数据库管理系统、计算机图形软件包、CAD、图像处理系统等，用于支持空间数据输入、存储、转换、输出和与用户接口。

（3）应用程序。它是系统开发人员或用户根据地理专题或区域分析模型编制的用于某种特定应用任务的程序，是系统功能的扩充与延伸。在优秀的 GIS 工具支持下，应用程序的开发应是透明的和动态的，与系统的物理存储结构无关，而随着系统应用水平的提高不断优化和扩充。应用程序作用于地理专题数据，构成 GIS 的具体内容，这是用户最为关心的真正用于地理分析的部分，也是从空间数据中提取地理信息的关键。用户进行系统开发的大部分工作是开发应用程序，而应用程序的水平在很大程度上决定系统实用性的优劣和成败。

3. 地理空间数据

地理空间数据是指以地球表面空间位置为参照的自然、社会和人文经济景观数据，由系统的建立者通过数字化仪、扫描仪、键盘、磁带机或其他系统通信输入 GIS，是系统程序作用的对象，是 GIS 所表达的现实世界经过模型抽象的实质性内容。

GIS 特殊的空间数据模型决定了其特殊的空间数据结构和数据编码，也决定了 GIS 具有特色的空间数据管理方法和系统空间数据分析功能，成为地理学研究和资源与环境管理的重要工具。

4. 系统管理操作人员

人是 GIS 中的重要构成因素，GIS 不同于一幅地图，它是一个动态的地理模型，仅有系统软硬件和数据还构不成完整的 GIS，需要人进行系统组织、管理、维护，数据更新，系统扩充完善，应用程序开发，并灵活采用地理分析模型，提取多种信息，为研究和决策服务。

交通地理信息平台如图 4-20 所示。

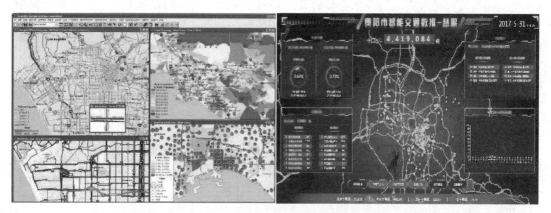

图 4-20 交通地理信息平台

4.2.5.3 主流的地理信息系统平台

国内外主流的 GIS 平台主要有 ArcGIS、MapInfo、Skyline、MapGIS 和 SuperMap 等，它们的主要特点对比如表 4-5 所示。

表 4-5 主流的 GIS 平台对比

	ArcGIS	MapInfo	Skyline	MapGIS	SuperMap
空间数据库引擎支持技术	ArcSDE/Geodatabase	SpatialWare	TerraGate	MapGISSDE	SuperMapSDX
支持的数据库系统	Oracle/DB2/Informix/SQL Server	SQL Server/Oracle/Sybase/DB2/Informix	SQL Server/Oracle	SQL Server/Oracle	Oracle/DB2/SQL Server/Sybase/Kingbase/DM3
是否支持拓扑关系	ArcSDE 不支持；Geodatabase 支持	不支持	支持	支持	支持
是否支持数据压缩	不支持	不支持	支持	支持	支持
跨平台	Windows/UNIX/LINUX	Windows	Windows/LINUX	Windows	Windows

续表

	ArcGIS	MapInfo	Skyline	MapGIS	SuperMap
性能	快速的数据访问存储能力，动态高效的空间索引，稳健高效的空间运算能力	较快的数据访问存储能力，较好的空间索引，一般的空间运算能力	较快的数据访问存储能力，较好的空间索引，较好的空间运算能力	较快的数据访问存储能力，较好的空间索引，一般的空间运算能力	较快的数据访问存储能力，较好的空间索引，不支持影像动态空间索引，较差的空间运算能力
二维、三维数据及影像数据的导入建模	一般	不支持	方便灵活	较好	较好
与其他多种数据格式转换	好	好	好	较好	较好
交互式空间图形（点、线、面、多边形及曲面）编辑	好	差	好	好	一般
空间图形属性管理	好	好	好	较好	较好
主要数据存储文件格式	Coverage/Shapefile/Geodatabase 等	TAB/MIF 等	X/XPC/FLT/FPC/DAE 等	SDB/UDB 等	WT/WL/WP/WN/WB 等

4.2.5.4 地理信息系统在智能运输系统中的应用

GIS 是在计算机硬件、软件支持下，对有关业务数据按地理位置进行预处理、输入、存储、显示、查询、索引、分析处理并提出应用的技术系统。在这里，"地理"指的是"空间"，用以表述信息的空间位置和关系。智能交通管理所涉及的各类信息，大部分都与地理位置及分布密切相关，如道路网分布信息、交通设施分布信息、交通流分布信息、交通事故分布信息、交通民警警力分布信息等，无一不与地理位置有关。在交通管理和交通信息服务中使用 GIS 具有实际意义，它是 GIS 技术应用的一个重要领域。先进的交通管理/控制中心、车载导航系统和地图信息显示装置都广泛应用基于 GIS 开发的数字地图数据库，使 GIS 成为智能运输系统的主要支撑技术之一。

习题 4

1. 比较几种典型的智能协同算法的优缺点,简述其在智能运输系统中的应用。
2. 简述智能控制的主要研究内容。
3. 动态交通分配主要包含几种类型?
4. 请对比目前在道路交通流预测中使用的几种方法。
5. 智能运输信息检测技术有哪些?
6. 试论述智能运输信息处理的意义和方法。
7. 常用的数据库有哪些?其特点是什么?
8. GIS 的优势是什么?

第 5 章
道路智能运输系统

5.1 道路智能运输系统概述

5.1.1 道路智能运输系统的概念

所谓道路智能运输系统,就是在现有的交通状况下,通过卫星导航系统、汽车自动引路系统、交通信息通信系统、视频监控和计算机管理等多种技术手段,充分利用现代高新技术进行合理的交通需求分配和管理,将整个路网的通行能力迅速提高,实现安全、快速、便捷运输的一种交通综合治理方案。智能运输系统能将采集到的各种道路交通及服务信息经交通管理中心处理后,传输到道路运输系统的各个用户、驾驶员、居民、警察局、停车场、运输公司、医院、救护排障等部门,出行者可实时选择交通方式和交通路线;管理部门可随时掌握车辆的运行情况,进行合理调度,从而使路网上的交通流运行处于最佳状态,减少交通拥挤和阻塞,最大限度地提高路网的通行能力,提高整个道路运输系统的机动性、安全性和生产效率。

道路智能运输系统实质上就是利用高新技术对传统的运输系统进行改造而形成的一种信息化、智能化、社会化的新型运输系统。它使交通基础设施能发挥最大的效能,从而获得巨大的社会经济效益,主要表现在:提高交通的安全水平,提高道路网的通行能力,提高汽车运输生产率和经济效益。

5.1.2 道路智能运输系统的构成

我国道路智能运输系统主要包括:车辆定位系统、先进的交通信息服务系统、先进的交通管理系统、先进的公共交通系统、先进的车辆控制系统、电子收费系统及高速公路交通事故管理系统,如图 5-1 所示。

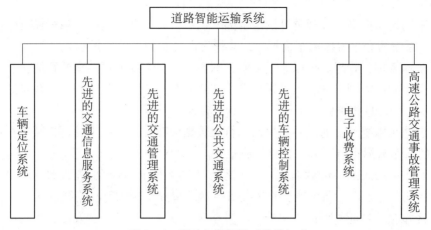

图 5-1 道路智能运输系统的组成

5.2 道路智能运输系统相关子系统

5.2.1 车辆定位系统

全球定位系统在车辆管理上的应用，被称作车辆定位系统。该系统为车辆驾驶员和交通管理部门等用户主体提供车辆位置信息服务，该服务由美国 GPS 系统、俄罗斯 GLO-NASS 系统、中国北斗卫星导航系统、欧洲伽利略系统四个全球定位系统作为服务主体提供。

在企业车辆管理方面，随着企业规模及业绩的不断扩大，配送及运营所需的车辆逐渐增多，外出车辆的风险管控、超速控制、区域报警等相关功能越来越受到企业管理者的关注，定位服务商能够很好地帮助企业管理者对运营车辆进行远程监控，杜绝跑私、干私事等额外增加企业运营成本的不良行为。因此车辆定位系统在企业车辆管理上的应用越来越为广泛。

在交通管理方面，车辆定位系统可以将道路网上的车辆的实时位置、运行轨迹准确地反映在控制中心的电子地图上，犹如给道路交通管理者增添了一双"千里眼"，实时监视路网上的车辆流向、流量、流速、密度、路网负荷程度等各种交通信息。

车辆定位系统与城市交通信号控制系统、交通地理信息系统、交通情报信息系统相连接，可以进行实时的交通信号控制、交通诱导和交通流组织优化，从而达到充分利用路网、缩短车辆旅行时间、降低行车延误、减少车辆空驶、保障行车安全、提高道路通行能力的目的。车辆定位系统还可以用于执行紧急任务的车辆的定位、指挥、调度、救援和管理。

车辆定位系统的功能描述如下。

（1）实时监控：系统应用移动 GPRS 为监控数据的载体，可以对车辆全天候进行实时监控（速度、方向等）。

（2）行驶信息管理：系统可以对车辆一定时期内的历史行驶数据信息进行下载、回放、保存等。

（3）车辆超速报警：管理员可设定全部车辆的行驶上下限速度，当车辆行驶速度超过该限制时，系统即会报警提示车辆超速，并伴有声音和弹出窗口提示。

（4）车辆管理：管理员可以通过文字、图像和声音实现公司车辆的智能化管理。

（5）文字调度管理：管理员可通过文字方式向某一辆车或是某一群车辆发送文字调度信息，且发送的信息将被保存下来，以供日后查证。

（6）超速报警统计：通过系统提供的行驶数据保存功能，在事后可将某车在某天某一段时间内的行车数据进行回放，并可生成报表。

（7）行驶路线跟踪：可对单独一辆或是全部车辆进行实时行驶路线跟踪，当车辆驶过后，就会在地图上划出一条黑线，管理员可直观地看到车辆的行驶路线情况。

（8）区域报警功能：可以设定禁区，当车进入禁区，监控处会发出警报提醒。也可以定制行驶路线，当驾驶员驶离预定的驾驶路线，会发出报警。

（9）完善的管理员管理功能：对车辆信息进行查询、统计、增添、删除、修改等维护工作；对管理员进行权限分配，实现分级、多级管理；进行日志管理，如对登录日志、报警设定、消息发送等进行统计、打印和删除。

（10）里程油耗统计：通过系统提供的行驶数据保存功能，可统计某车在某天某一段时间内的行车里程及耗油量，并可生成报表。

车辆定位装置及 GPS 设备分别如图 5-2、图 5-3 所示。图 5-4 为车辆定位示意图。

图 5-2　车辆定位装置

 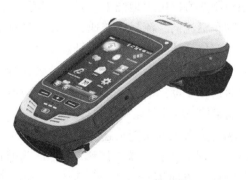

图 5-3　GPS 设备

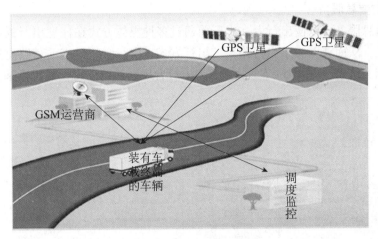

图 5-4 车辆定位示意图

5.2.2 先进的交通信息服务系统

先进的交通信息服务系统是建立在完善的信息网络基础上的,交通参与者可以通过装备在道路上、车上、换乘站上、停车场上及气象中心的传感器和传输设备,向交通信息中心提供各种交通信息。该系统得到这些信息并经过处理后,适时向交通参与者提供道路交通信息、公共交通信息、换乘信息、交通气象信息、停车场信息及与出行相关的其他信息。出行者根据这些信息确定自己的出行方式和选择路径。由于出行者合理地选择了出行方式和路径,路网上的交通流可获得平衡分配。如果车上装备了自动定位和导航系统,该系统还可以帮助驾驶员自动选择行驶路径。

5.2.2.1 交通信息服务系统

先进的交通信息服务系统是智能运输系统的重要组成部分之一,它能够通过有线通信、无线通信等手段以语音、图形、文字等形式实时向出行者提供出行相关信息,使出行者(包括司机和乘客)在出发前、出行过程中直至到达目的地的整个过程中,能够随时获得有关道路交通状况、所需时间、最佳换乘方式、所需费用及目的地的各种相关信息等,从而指导出行者选择合适的交通方式和路径,以最高的效率和最佳方式完成出行过程。这些信息可以从路侧的信息显示装置(如可变情报板等装置)中获得,也可以从各类车载装置中获得,旅行前做旅行计划所需要的一些信息还可以从家中、办公室及公共场所的信息亭等地获得,甚至可以随时随地地通过便携式计算机、手持机等设备接入网络中查询得到。交通信息服务系统使人类的交通行为更具有科学性、计划性和合理性,是实现智能交通的重要标志。

交通信息服务系统的服务内容多种多样,服务方式也各有不同,按照不同的分类标准,它可以分为不同的类型并各具特点。

按照所提供的信息服务的不同进行分类,交通信息服务系统的服务内容可以分为以下几类。

1. 出行前信息服务

出行前信息服务可以使出行者在出行前通过多种媒体方式在任意出行的起点访问出行信息服务系统，从而获取关于出行路径、出行方式、出行时间、当前道路交通系统及公共交通系统等相关信息（如图5-5所示），为出行者规划最佳出行模式提供辅助决策服务。

图5-5　出行前线路查询

2. 在途驾驶员信息服务

通过视频或音频手段向驾驶员提供关于出行选择及车辆运行状态的精确信息及道路状况信息和警告信息，向不熟悉地形的驾驶员或有需要的驾驶员提供路径诱导服务（如图5-6所示），从而保证驾驶的安全性及出行的舒适性，减少交通事故的发生及交通拥堵的产生。

图5-6　行驶路径导航

3. 在途出行者信息服务

在交通工具上或机场、火车站、汽车站及公交换乘枢纽等地点通过广播、信息显示屏或公共的信息亭等为出行者提供换乘信息服务（如图5-7所示），包括各类交通工具始发时间、目的地、出行费用、出行时间等信息，从而优化出行者的出行路径，提高运输系统效率。

按照系统所提供信息内容的不同进行分类，交通信息服务系统的服务内容可以分为以下几类。

图 5-7　在途出行者信息服务

1. 路径诱导

路径诱导是指利用先进的信息、通信等技术，为驾驶员提供丰富的行驶信息，引导其行驶在经系统优化的最佳路径上，以此减少车辆在路网中的滞留时间，从而缓解交通压力，减少交通阻塞和延误。这种服务主要针对城市路网车辆，如图 5-8 所示。

图 5-8　路径诱导

2. 交通流诱导

交通流诱导是指通过实时的信息采集和发送，适时地引导交通流合理分布，从而达到高效率利用道路网络的一种主动交通控制方式。交通流诱导系统的正常工作依赖于其交通信息的准确性和及时性，其诱导的信息包括道路状况信息、气象信息、交通状况信息等。交通状况信息包括交通流、车道占有率、车速、行程时间等交通特性，交通事件和拥挤程度信息。图 5-9 为可变限速标志。

图 5-9　可变限速标志

3. 停车场信息诱导

停车场信息诱导通过实时掌握一定区域内所有停车场的利用信息，给停车者提供城市内停车场位置与可利用车位情况（如图 5-10 所示），从而有利于驾驶员做出停车选择，减少迂回驾驶和由此产生的无谓交通流和环境污染。

图 5-10 停车场信息诱导

4. 个性化信息服务

通过访问个性化信息服务系统，可以获取与出行有关的社会综合服务及设施的信息，俗称"黄页信息"。此类信息包括餐饮服务信息及停车场、汽车修理厂、医院、警察局等的地址、营业或办公时间，出行者在获知这些信息后，能够制定合适的出行计划，选择合适的路径，从而减少多余的迂回出行和因此造成的延误。个性化信息服务如图 5-11 所示。

图 5-11 个性化信息服务

5.2.2.2 交通信息服务系统的构成

交通信息服务系统主要由交通信息中心、通信网络和用户信息终端三大功能单元组成，系统的构成如图 5-12 所示。

交通信息中心是指为整个系统控制的实现提供数据处理、显示和接口功能，包括对道路交通运输数据和社会公众信息的采集、分类、加工和提供，以及当中涉及的最优路径搜索等。

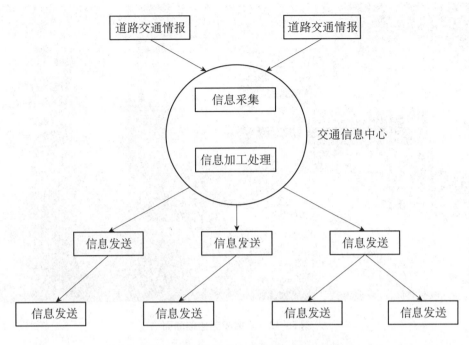

图 5-12 交通信息服务系统的构成

通信网络是指在用户信息终端和交通信息中心之间提供的无线和有线双向数据传输及在信息流与信息中心之间的光纤数据传输。

用户信息终端主要指的是车载信息和导航终端、各种道路交通信息的公众显示终端，包括个人电脑和手持机等在内的个人信息终端及公用信息亭等。

以下将按各种用户信息终端来分别介绍各类交通信息服务系统，这些系统的构成跟图 5-12 所示结构类似，交通信息也都来源于交通信息中心，只是提供信息的终端和方式不同而已。

5.2.3 先进的交通管理系统

先进的交通管理系统中有一部分与先进的交通信息服务系统共用了信息采集、处理和传输系统，为交通管理部门和政府交通执法部门等用户主体提供交通管理服务，该服务依托先进的交通信息服务系统的信息网络、气象局和政府交通执法部门等服务主体。交通管理部门对道路系统中的交通状况、交通事故、气象状况和交通环境进行实时的监控，通过收集到的信息对交通车辆进行有效的实时疏导、控制与处理等。先进的交通管理系统包括的子系统有：交通监视子系统、交通控制子系统、电子警务与办公自动化子系统、公共交通管理子系统、紧急事件管理子系统和交通组织优化方案生成子系统等。

1. 交通监视子系统

交通监视子系统的主体是实时交通视频监视系统，能够为交通管理人员提供实时的道路交通状况信息、交通事故信息及施工信息等。图 5-13 为实时视频监控画面。

图 5-13　实时视频监控画面

2. 交通控制子系统

交通控制子系统可对交通系统中交通流的变化做出及时、准确的反应，从而有效地疏导、控制交通流，减少交通阻塞和延误，最大限度地发挥路网的通行能力，减轻环境污染，节约旅行时间和交通运输费用，提高交通系统的效率和效益。图 5-14 为两种道路交通控制标志。

图 5-14　道路交通控制标志

3. 电子警务与办公自动化子系统

电子警务与办公自动化子系统用来提高警务信息管理效率，改善相关信息管理质量，减轻交通信息管理人员的劳动强度，可实现车辆信息管理、事故信息管理、违章信息管理、驾驶员信息管理等功能。

4. 公共交通管理子系统

公共交通管理子系统的功能是提高公共交通的可靠性、安全性，使公共交通对潜在的用户更具有吸引力，将公共交通管理部门同驾驶员直接连接起来，进行实时调度和行驶路线的调整，帮助交通运输部门增加客运量，降低运营成本，提高运输效益。该系统可实现公共交通优先管理、公交车辆定位和跟踪、语音和数据传输、公交换乘信息服务、电子售票等功能。现有的高德地图、百度地图能够实现手机客户端的公共交通换乘设计方案服务，极大地方便了旅客的出行，如图5-15所示。

图5-15　公交换乘信息服务实例

5. 紧急事件管理子系统

紧急事件管理子系统用以提高对突发交通事件的报告和反应能力，改善紧急情况下警力资源的配置。如图5-16所示，当发生交通事故时，该系统可有利于交通管理部门高效率地处理紧急事件，减少交通拥堵。

图5-16　紧急事件处理

6. 交通组织优化方案生成子系统

交通组织优化方案生成子系统在有限的道路空间上，科学合理地分时、分路、分车种、分流向使用道路，使道路交通始终处于有序、高效运行状态，实现对路口、路段及路网的交通组织优化，进一步增强了城市交通智能控制管理系统的实用性。

综上所述，先进的交通管理系统是由许多子系统构成的一个复杂系统，这些子系统相互配合共同实现先进的交通管理系统的各项功能。图 5-17 为先进的交通管理系统功能体系结构图。

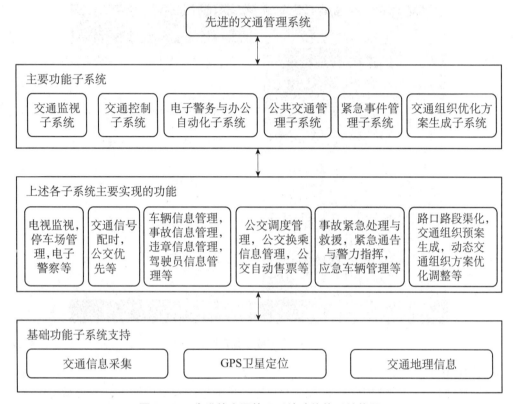

图 5-17　先进的交通管理系统功能体系结构图

5.2.4　先进的公共交通系统

通过应用智能交通技术提高公共交通服务水平主要有两个途径，其一是通过道路交通信息引导公交车辆使其运行速度更快；其二是提高公交车辆的满载率。

由于公共交通在运输效率、环境保护和节约能源等方面有显著特点，优先发展公共交通已经成为世界各国的共识，而建立先进的公共交通系统则是优先发展公共交通的重要举措之一。

先进的公共交通系统为公共交通系统的调度人员和驾驶员以及以公共交通为主要出行方式的出行者提供公共交通信息服务，该服务在先进的交通管理系统和先进的交通信息服务系统的信息服务的基础上依托于城市轨道交通运营企业、公共汽车运营企业、出租车公司及一些提供城市公共交通信息的数字地图企业等服务主体的信息支撑，可改善公共交通（包括公共汽车、地铁等）的效率，提高公共交通的可靠性和安全性。

先进的公共交通系统最终将支持形成以公共交通为主体，以地铁、轻轨为骨干，以自行车、出租汽车等其他形式为辅助的智能化的综合城市客运系统。先进的公共交通系统的研究集中于使公共交通和合乘车辆更有效和可靠，它包括向出行者提供可靠和准确的信息，有了这些信息，更多的人可以使用这些替代的出行方式，因此先进的公共交通系统是以市场为导向的。必须使用户充分地了解公共交通和合乘车辆的优点，以便影响和引导他们选择出行方式。

先进的公共交通系统使用一些与先进的交通管理系统和先进的交通信息服务系统相联系的技术。先进的公共交通系统和商用车辆的运营很相似，但是在先进的公共交通系统中，ITS 技术是在整体上组织和实施以满足不同环境下的不同需求，它的目标是推进公共运输的使用持续增长，并将公交的吸引力定义为价格、正点、速度、频率、舒适及信息这几个方面。公共交通运营及其管理人员的受益之处为：高效地使用车辆、对不可预测情况快速反应、避免无效的空驶、避免技术缺陷、增加服务性收费及增加竞争力。

先进的公共交通系统包括以下三个子系统。

1. 公共运输辅助管理子系统

公共运输辅助管理子系统利用计算机技术对公交车辆及公共设施的技术状况和服务水平进行实时分析，实现公交系统规划、运营及管理功能的自动化。通过实时分析可发现实际运行情况与行车计划的偏差及原因，并为调度人员和驾驶员提供各种可能的解决方案，从而有助于车辆的准点运行、协调交通服务的提供、突发事件的加强管理等。与先进的交通管理系统相结合，采取公交优先等策略，可以推动公交利用率增长，确保多式联运中出行者中转换乘的便利。此外，客运量、客运周转量、车辆运行时间和累计里程等信息有助于提高服务质量，而运行信息的自动记录功能及任务完成情况检查功能可以强化公交系统的行政管理力度。

2. 公共运输信息子系统

公共运输信息子系统可为采用公共交通的出行者提供实时准确的车载中转换乘服务信息，帮助出行者在途中根据需要做出合适的换乘决定并调整行程计划。它使用各种媒体包括电话监控器、有线电视、可变信息交通标志（VMS）、公共电话、个人电脑及个人智能手机，可提供各种交通方式的信息，使决策的做出更加便捷。尤其是随着智能手机的普及和通信技术的快速发展，利用手机地图客户端已成为人们获得实时出行信息的主要手段，它们为交通出行和公共服务提供了有利条件。

1）大数据决策分析服务

公共运输信息子系统通过系统平台、可视化界面和分析报告等，为交通管理部门提供大数据决策分析服务。该服务依托海量定位、POI、路况、用户画像、检索等大数据，结合交通管理部门客货车 GPS、出租车 GPS 等数据，在路况拥堵、出行通勤、区域热力、车辆轨迹等方面提供精准的实时监测和深入的分析预测服务。图 5-18 为中国城市拥堵大数据决策分析。

2）交通信息联合发布服务

在获取到交通管理部门的拥堵、事故、管制等交通事件信息后，可以快速将事件显示在实时地图中，向公众进行发布。在事件发生和结束时，地图将通过定位轨迹、用户上报

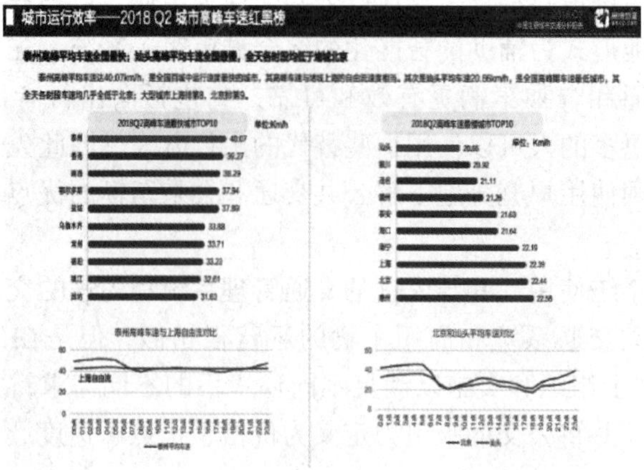

图 5-18 中国城市拥堵大数据决策分析

等方式对交通事件进行确认和比对,保障事件准确上图。发布的形式包括地图展示、导航语音播报、路线规划自动绕行、消息推动、交通直播间等。

3) 公众出行服务

(1) 实时公交。

实时公交功能可显示查询的在途公交线路车辆实时信息,方便公众提前规划出行时间,增加公交出行的便捷和舒适感,如图 5-19 (a) 所示。

(2) 实景路况。

运用摄像头拍到的图片和视频,可在地图中共建实景路况功能,使公众可以查看到道路实际的车流量情况,直观了解路况,如图 5-19 (b)、图 5-19 (c) 所示。同时,基于运用先进的人工智能图像识别技术,可为公众提供智能路况服务。

(a) 实时公交　　　　　(b) 实时路况　　　　　(c) 实景路况

图 5-19 公众出行服务

3. 公共运输安全子系统

公共运输安全子系统可以为公共汽车站、停车场、客运站及行驶途中的公共汽车或合乘车辆提供行驶或工作环境安全监测及检测，进行及时预警并在必要时进行自动控制直到危险解除，从而提高公交司乘人员的安全系数。图5-20为公共运输安全检测。

图 5-20　公共运输安全检测

5.2.5　先进的车辆控制系统

先进的车辆控制系统（advanced vehicle control system，AVCS）主要依托于智能汽车制造商等服务主体，采用主动措施，通过电子装备实现汽车以其自身智能来获取行驶环境信息，并加以判断，必要时系统可以自动控制车辆行驶，排除由于驾驶员主观分析和判断产生的失误，提高行驶安全性，减少交通事故，提高交通通过能力，为驾驶员提供先进的智能化车辆控制服务。这是智能交通系统的重要组成部分。

智能化的车辆控制系统，由于延伸了广大驾驶员的控制、视觉和感官功能，将极大地提高道路交通的安全性。因此，车辆的智能化发展与交通安全息息相关。为了改善交通安全状况，保障道路交通的安全、畅通、高效、持续发展，研究与开发智能车辆控制技术将是未来车辆技术的核心问题。先进的车辆控制系统的主要研究方向包括危险预警、碰撞前驾乘人员的安全保护、防止纵向碰撞和侧向擦撞、交叉路口避碰等，它共有以下7个子系统。

1. 纵向碰撞预防子系统

利用车辆前、后方的传感器分别探测前、后方潜在碰撞隐患或即发碰撞事故，为驾驶员提供及时的回避操作指令并自动控制车辆的加减速控制系统以保持适当安全车距，防止车辆与车辆、车辆与其他物体或车辆与行人之间的正面或尾追碰撞。例如，雷达能判断和测试驾驶者的车辆与前方车辆的距离与相对速度，如果车辆之间达不到安全距离，可以用亮灯或声音警告，也可以用自动制动以保持车辆之间的安全距离和车速。这种功能是避免车辆相撞的一种方式，是先进的车辆控制系统研究的一个方向。纵向碰撞预防子系统如图5-21所示。

图 5-21 纵向碰撞预防子系统

2. 横向碰撞预防子系统

利用车辆左、右两侧的传感器分别探测车辆两侧的路况，为改变车道或驶离道路的车辆提供碰撞警告，或使车辆自动控制转向盘与加减速控制系统以保持适当的侧向安全间距，防止两辆或多辆汽车发生碰撞，或驶离道路的车辆与路侧障碍物发生侧撞。横向碰撞预防子系统如图 5-22 所示。

图 5-22 横向碰撞预防子系统

3. 交叉路口碰撞预防子系统

在车辆驶近或通过有信号控制的交叉路口时，通过传感器及通信系统所获得的数据经处理后可得知是否有碰撞的危险，以根据需要对车辆进行控制，保证行车安全。交叉路口碰撞预防子系统如图 5-23 所示。

图 5-23 交叉路口碰撞预防子系统

4. 改善视野防撞子系统

改善视野有助于增加行驶环境的可视性，提高汽车驾驶员对路况的观察能力及判断能力，使驾驶员更好地遵守交通标志与信号。该子系统要求车辆具备车载式感测通信设备如摄像机等，能对监测信息进行处理并以适当的、有助于驾驶员理解的方式显示信息。带自动刹车的防撞系统如图 5-24 所示。

图 5-24 带自动刹车的防撞系统

5. 安全预警子系统

该子系统利用车载设备对驾驶员、车辆关键部位及路况进行监测，在驾驶员出现困乏或其他身体不适、车辆关键部件出现功能故障或路面湿滑、急转弯等情况时，向驾驶员发出危险警告。如当监测到驾驶员体温下降时，这通常表明驾驶员困乏并开始打瞌睡，预警设备就会发出警报，提醒驾驶员注意，并主动采取措施保证车辆安全行驶。它还可对汽车主轴转速、轮胎气压、轴温、燃油状况、尾气排放等汽车性能参数进行监测、分析并调整，必要时向驾驶员发出报警信号，以预防事故的发生等。这样，就使很多原来需要由驾驶员人工关注的信息改由传感器、计算机完成，从而大大提高了汽车运行安全度。图 5-25 所示为安全预警仪。

图 5-25 安全预警仪

6. 碰撞前驾乘人员的安全保护子系统

该子系统确定即将发生的碰撞所涉及的车辆或物体的质量、方向、速度、位置、数量及其他一些重要的物理参数。在发生碰撞的瞬间，该系统依据所确定的参数，迅速启动相应的应急安全措施，包括启动安全气囊（如图 5 – 26 所示）并使其压力处于最佳值及展开横摇稳定杆等。

 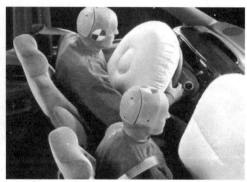

图 5 – 26　安全气囊

7. 自动化公路子系统

该子系统是先进的车辆控制系统的最终目标，车辆具有速度和转向盘的自动控制并自动导航，可减轻驾驶人员的负担，提供安全、舒适的乘车品质，如图 5 – 27 所示。

图 5 – 27　自动驾驶系统

5.2.6　电子收费系统

电子收费系统（electronic toll collection，ETC）是以采用现代通信、计算机、自动控制等高新技术为主要特点，以电子支付和数字支付为载体，依托交通管理部门等服务主体为车辆驾驶员提供实现高速公路和城市停车场不停车收费的新型服务。目前，电子收费系统的分类方法主要有以下两种。

1. 按收费制式分类

电子收费系统可以按照收费制式进行分类，各收费制式优缺点比较见表 5 – 1。

表 5-1　各收费制式优缺点比较

收费方式	优点	缺点	一般使用情况
均一式	不会出现漏收情况；只需一次停车交费；收费手续简便，效率高；收费广场的规模较小；所需配备的收费设施比较简单，数量少	不同的行驶里程交纳的通行费却同样多，显得不够公平合理	比较适合于里程较短、立交出入口多且密集、行驶里程差距不大的收费道路，也适合交通量很大、收费广场和互通立交规模又受到严格限制的地方
开放式	收费手续简便，效率高；收费系统的规模较小；收费站不建在互通立交处，互通立交的形式不受限制	当两个收费站间设有两个以上的互通立交时，会出现漏收情况；不能严格按行驶里程收费，因而收费标准不尽公平合理	一般适用于中短距离、互通立交比较稀少的道路，或者独立收费的桥梁、隧道等
封闭式	严格按车型和行驶里程收费，公平合理；不会出现漏收问题；全程两次停车一次交费	交费效率低，对交通流可能产生影响；所需收费车道、收费员较多；收费因素增多和依据通行券收费增加了运营管理的难度	一般适用于道路距离长、互通立交间距较大从而造成车辆行驶差距较大的场合，目前我国高速公路采用最多的就是此收费制式

除上述收费方式外，还有混合式收费方式。它的基本出发点是将均一式和开放式两者的优点结合起来，形成一种新型的、简单有效的收费制式，用于中长距离的收费公路。它回避了三种经典收费制式的缺陷，以达到最佳收费效果。我国首都机场高速公路、北京八达岭高速公路和新疆乌奎高速公路都采用了这一新型收费制式。

2. 按收费方式分类

电子收费系统按收费方式和自动化程度大致可以分为三类：人工收费系统、半自动收费系统及全自动收费系统。

1）人工收费系统

人工收费系统采用人工收费方式，在每个收费车道的收费亭内设置收费员（如图 5-28 所示），对通过收费站的车辆进行车型识别，收取通行费，发放收据后给予车辆放行。收费操作全部由收费员手工完成，基本不使用计算机，收费采用现金交易、微信或支付宝方式，收据一般预先印刷好，对每一收费员收费的结算最后也参考所发出的收据量进行。

人工收费系统的特点是节省投资、操作简单，但是容易出现漏收、逃费和收费员的贪污违纪现象，并且收费处理的效率也比较低。

2）半自动收费系统

半自动收费系统是由人工和计算机来共同完成收费工作的收费系统。它一般由人工（或仪器）识别车型，人工收费，但由计算机进行计费、数据打印和汇总结算等，收费站可以通过计算机网络对所有收费车道进行统一管理，同时在一定区域内还可以实行联网收费和管理，如图 5-29 所示。

图5-28 人工收费

图5-29 半自动收费

半自动收费方式可以称之为"人工收费、计算机管理",它兼顾人工和计算机所长,又避二者之短,为世界各国广泛采用。目前我国的很多收费系统在此基础上还增加了闭路电视监控系统,形成独具特色的"人工收费、计算机管理、电视监控"的收费模式,使这一收费方式更趋严密和成熟,它能避免漏收和逃费现象的发生,对逃费现象也可进行有效的事后处理。另外,计算机的统计和管理功能对收费操作员能进行很好的稽查和监督作用。半自动收费系统由于采用人工收费交易(一般还要加上车型判断),因而其处理效率仍然较低。

3) 全自动收费系统

全自动收费系统,也称电子收费系统,它在传统收费的基础上广泛采用现代高新技术,尤其是电子和通信方面的技术,在车辆运动的情况下,通过无线通信技术使安装于车辆上的某种专用设备(又称车载单元)和设置在收费车道或路侧的装置(又称路侧单元)之间进行通信和信息交换,并在此过程中自动完成收费操作,如图5-30所示。它在收费过程中流通的是电子货币,而不再是传统的纸币现金。一般情况下,实现道路的不停车收费,车辆只需要按照一定速度要求直接驶过系统的收费道口,收费过程就可以通过无线通信和机器设备的操作自动完成,从而大大提高了收费的效率。

图5-30 全自动收费

4) 移动支付系统

近年来,一种新的非现金支付方式在国内的应用呈快速增长趋势,它就是移动支付,如图5-31所示。移动支付也称为手机支付,就是允许用户使用其移动终端(通常是智能手机）对所消费的商品或服务进行财务支付的一种服务方式。单位或个人通过移动设备、互联网或者近距离传感直接、间接向银行金融机构发送支付指令，产生货币支付与资金转移行为，从而实现移动支付功能。移动支付将终端设备、互联网、应用提供商及金融机构相融合，为用户提供货币支付、缴费等金融服务。

图 5-31 移动支付

5.2.7 交通事故管理系统

交通事故管理系统依托于高速公路交通执法部门、医疗部门、消防部门和道路救援部门等服务主体，为高速公路出行者提供高速公路顺畅通行保障的服务，是道路交通安全、快速、高效、舒适、方便的重要手段。在我国，许多道路上已经开始安装现代化交通流检测、监视设备，这将为交通事故管理系统的建立打下良好的基础。

5.2.7.1 交通事故

交通事故是指导致道路通行能力下降或交通需求不正常升高的非周期性发生的情况，事故主要分为以下两种：

（1）可预测的交通事故，如道路养护、道路修筑、举办大型活动；

（2）不可预测的交通事故，如交通事故、车辆抛锚、恶劣天气、桥梁或道路坍塌、货物散落等。

由此可见，交通事故的本质特征表现为以下两点：一是事故发生的随机性，无论是交通管理人员还是驾驶员，对事故发生的地点、时间、影响都无法准确预测；二是事故对正常交通运行的破坏性，事故会引起道路通行能力的下降或交通需求的临时增加，会导致交通拥挤、阻塞、事故，对交通流和环境都会带来很大的破坏。

突发事故发生的时间和地点是随机的，具有不可预测性，一旦发生将严重干扰交通流的正常运行，降低道路的通行能力，引发交通事故或者是二次事故，而且往往导致高速公路长时间的拥堵。因此，对于突发事故的管理就显得尤为重要，这就需要建立一个完善的事故管理系统，尽早地发现事故、确认事故的性质并及时采取救援措施和为其他驾驶员提供相关信息，从而对事故进行快速、高效和恰当的处理。1996 年美国 FHWA 的《交通控制系统手册》中给出了事故对道路通行能力影响的研究结果，见表 5 – 2。

表 5 – 2　事故条件下可获得的道路通行能力

高速公路单方向的车道数	路肩上车辆抛锚	路肩上事故	阻塞车道数		
			1	2	3
2	0.95%	0.81%	0.35%	0.00%	N/A%
3	0.99%	0.83%	0.49%	0.17%	0.00%
4	0.99%	0.85%	0.58%	0.25%	0.13%
5	0.99%	0.87%	0.65%	0.40%	0.20%
6	0.99%	0.89%	0.71%	0.50%	0.25%
7	0.99%	0.91%	0.75%	0.57%	0.36%
8	0.99%	0.93%	0.78%	0.63%	0.41%

由于交通事故在很多情况下是不可预见的，驾驶员无法事先避免，因此事故对人员和货物运输方面的影响要比常发性拥挤大得多。随着交通量的持续增长，事故发生的频率越来越高，造成的影响越来越大。事故造成的后果不仅仅是交通拥挤和阻塞，还极易引发二次事故，而且，二次事故通常都比原来的事故严重。清除事故的时间越长，引发二次事故的危险性就越大，事故处理工作人员的危险性也越大。可见，对事故的管理不仅关系到每一个出行者，而且是高速公路系统提高服务水平的关键。

事故造成的影响的大小是和其持续时间联系在一起的，因而必须对发生的事故进行立即响应，并及时清除，只有这样才能充分发挥公路高效、迅捷等特点。

由于不能准确预测事故发生的地点或时间，因而用于减少常发性拥挤的那些策略，诸如常规的控制交通需求或提高通行能力的办法就不适用了，只能采取一些补救措施。有效的事故管理是指有关的各种机构之间（公安部门、公路部门、消防部门、医院等机构）进行协调、合作及系统的处理，以减少事故的影响时间。影响时间包括对已发生事故进行检测与鉴别所需的时间，确定适当的响应计划所需的时间，清理事故现场及对事故现场进行管理，直到最后恢复正常交通流所需的时间。事故管理系统的作用是提高系统响应的有效性以减少事故的持续时间，这样做的同时也就减少了每次事故的影响。

5.2.7.2　交通事故管理的目的和目标

交通事故管理的根本目的是使受到事故干扰的交通流恢复正常。其目标是在最短的时间内完成事故管理的各项活动，减小事故的影响。在交通事故管理实践中，对于不同类型的高速公路、不同的管理要求，可以制订相应的事故管理目的和目标。比如在市区高速公路上，特别是交通高峰期，事故管理的主要目标是尽快恢复正常的交通流，而城市间高速公路上则更偏重于驾驶员的救援需要。表 5 – 3 是交通事故管理通常的目的和目标。

表 5-3　交通事故管理通常的目的和目标

目的	目标
减少二次事故； 提高事故处理人员的安全； 积极提供并鼓励使用代替路线； 减少事故影响部门的负担	减少事故检测时间； 减少事故响应时间； 提供更多的驾驶员信息； 加快事故清除过程； 减少车道关闭数量； 减少道路或车道的关闭时间

5.2.7.3　交通事故管理系统的组成与功能

交通事故管理系统是高速公路监控系统的一个重要子系统，主要是用来减少事故所造成的影响。它早在 20 世纪 60 年代就在美国芝加哥实施，目前世界各地许多的城市高速公路的交通事故管理系统已运行多年，尽管不同系统的规模与完善性各有千秋，但都包括一些通用的要素或步骤：事故检测、鉴别、反应、清除、现场交通管理及向驾驶员提供信息。这样，交通事故管理系统就需要实现监视、紧急服务等功能。

（1）高速公路系统的监视：采用以下检测和鉴定事故的方法来确定适当的行动，包括车辆检测系统、闭路电视、空中监视、紧急电话系统、民用无线电、警察巡逻和服务巡逻等。

（2）偶发事故紧急服务：建立管理计划，针对具体情况提供适当和及时的响应，包括将车辆从高速公路系统转移。

系统提供的服务，可分为以下四种基本类型。

①警察服务：给予较少的救援，调查事故或驾驶员的犯罪行为，清理车行道，并保证交通流的畅通。

②救护车服务：给伤病员提供急救，并把他们安全地送到有医疗护理设施的单位。

③消防服务：救火或防止可能的火灾，并在需要时提供救助服务。

④车辆修理服务：实施小修，供应燃料或其他普通更换的零配件；当汽车完全不能行驶及需要费时的大修时，提供拖拽服务。

（3）驾驶员信息系统：向驾驶员通报道路情况，使其可能采取适当的行动。标志和无线电通信就是通常的信息来源。

图 5-32 为典型的交通事故管理系统。

图 5-32　交通事故管理系统

习题 5

1. 道路智能运输系统的组成是什么？
2. 车辆定位子系统定位的原理是什么？
3. 先进的交通管理系统包括的子系统有哪些？简述其如何对交通进行管理控制。
4. 先进的车辆控制系统共有几个子系统？分别是什么？
5. 简述目前常见的交通收费方式，评价其优缺点。

第6章 轨道交通智能运输系统

6.1 轨道交通智能运输系统概述

6.1.1 轨道交通智能运输系统的概念

与其他运输系统一样，轨道交通运输系统生存和发展的根本使命就是充分利用相关资源，实现安全、高效、便捷的物流和人流，从而在高效满足社会需求的前提下实现自身的效益。现代运输业规模庞大，在相关技术连接紧密、业务复杂、地域广阔和社会需求复杂的条件下，要实现资源的优化使用，运输过程的安全、高效和便捷，就越来越取决于信息流的畅通和共享程度，因而现代运输系统在本质上应当是建立在信息流基础上的物流和人流的输送系统。信息的获取、信息流的畅通和信息的共享则是运输业信息化的主要目标。建立在畅通和可共享信息基础上的资源优化和高效利用则是运输业保障实现其目的的基本前提。信息技术、智能技术等高新技术正在成为构造现代轨道交通运输系统的最重要技术基础。

基于这种认识，轨道交通智能运输系统就是集成了电子技术、计算机技术、现代通信技术、现代信息处理技术、控制与系统技术、管理与决策支持技术和智能自动化技术等技术的，以实现信息采集、传输、处理和共享为基础的，通过高效利用与铁路运输相关的所有移动、固定、空间、时间和人力资源的，以较低的成本达到保障安全，提高运输效率，改善经营管理和提高服务质量目的的新一代轨道交通运输系统。简言之，轨道交通智能运输系统就是通过实现和配套技术的智能化来达到整个轨道交通运输系统的智能化，其根本目的在于增强运输安全，提高运输效率，改善服务品质。轨道交通智能运输系统是包含铁路智能运输系统及城市轨道交通智能运输系统的综合运输系统。

轨道交通智能运输系统作为一个集成化的复杂大系统，具有如下的本质特征。

1. 系统目标的集成

轨道交通智能运输系统的总体目标是围绕实现提升运输效率和改进服务质量的系统目的，通过对运输及其保障设施的监督、控制和管理，将轨道交通运输系统经济的、技术的、社会的及效能的等诸多目标集成，最终实现以"更高效率、更高安全、更高服务品质"为特色的新一代轨道交通智能运输系统。

2. 系统功能的集成

轨道交通智能运输系统必须将确认、定位、检测、控制、监视、通信、信息处理、宏观与微观决策支持等诸多功能集成于一体，实现轨道交通运输社会、经济、技术指标的优化。

3. 开放的系统结构

轨道交通智能运输系统必须将面向经济和组织管理部门的铁路营运管理信息系统、面向运营的指挥系统及面向现场部门运作的基础作业系统进行有机的互联，使固定设施、移动设施和维修设施有效地协调成一个整体。同时，系统应具备充分的灵活性和可扩展性，能够及时适应内外环境的变化，特别是能够与其他运输方式进行信息的共享和交换，具备系统结构的开放性。

4. 智能技术的广泛应用

轨道交通智能运输系统的建设要充分利用现代高新技术发展的已有成果，同时必须要密切追踪国内外智能技术的最新进展，不断吸纳采用更新的技术，丰富和充实轨道交通智能运输系统的技术支撑体系，实现整体功能的提高和完善。为使新一代轨道交通运输系统具备以上特点，轨道交通智能运输系统就其构成而言，必须包含以模糊控制、专家系统、进化算法等智能控制技术为主要技术支撑的业务系统，包括智能化行车控制与调度系统、智能化运营管理系统、智能化运输资源管理系统、智能化用户导航系统、轨道交通电子商务系统、综合运输系统、智能化经济救援与安全系统。这些系统区别于传统铁路运输系统的特征在于：信息采集的智能化、信息传输的智能化、信息处理的智能化、运输管理决策的智能化、运输服务的智能化，各子系统有机互联，信息在整个运输系统内高度共享，行车控制、综合调度、资源管理、营运管理等在智能化技术平台上组合成为一个有机整体，形成一个智能化的轨道交通运输生产经营体系。

城市轨道交通系统作为城市交通的子系统，是集多种设施、多专业、多工种于一体的复杂系统。随着交通技术的发展，城市轨道交通系统从单一的线路布置、单方式运行发展到采用先进技术建成的复杂而通畅的地下和高架网络，与城市地面交通和对外交通形成一体，为城市建设引入了立体化布局的概念。

一般而言，广义上的城市轨道交通是指以轨道承载列车运行和导向，以信号系统为控制手段，集中、快速输送旅客的轮轨交通系统（有别于道路交通），主要为城市内（有别于城际铁路，但可涵盖郊区及大都市圈范围内）公共客运服务，是一种在城市公共客运交通中起骨干作用，具有中等以上运量的现代化立体交通系统。

6.1.2 铁路智能运输系统的构成

早在20世纪80年代初期，中国铁路就已经开始了各业务系统的信息化建设。历经近20年的发展，中国铁路与运输安全和效率直接相关的业务及其基础设施已基本实现信息化，完成了数字铁路阶段的基础发展任务。下一阶段要完善中国铁路智能运输系统的系统功能，向智能铁路的方向发展，也就是说，不仅仅是将铁路所有资源及其运行环境时空变化数字化，而是要基于状态信息的全面感知、传输、处理和共享集成，协调优化铁路各业务流程和各类资源，以较低成本达到保障安全、提高运输效率、改善经营管理的目的。图6-1是中国铁路智能运输系统（RITS）的构成。

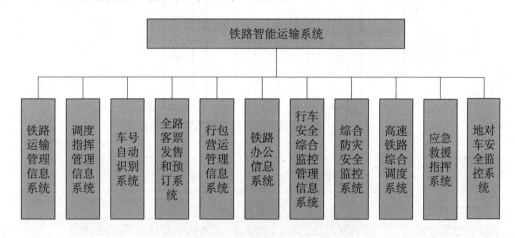

图6-1 中国铁路智能运输系统的构成

在目前铁路智能运输系统的建设中，需求实现支持层中的大部分数据平台、通信网络、信息采集手段建设已经趋于成熟，一系列面向客运效率与运输安全的子系统也已经投入使用。在总体发展框架的指导下，中国铁路先后研制成了许多先进的业务系统，其中较为经典的系统有：铁路运输管理信息系统、调度指挥管理信息系统、车号自动识别系统、全路客票发售和预订系统、行包营运管理信息系统、铁路办公信息系统、行车安全综合监控管理信息系统等，与高速铁路相关的系统主要有综合防灾安全监控系统、高速铁路综合调度系统等。

目前，国内铁路运输系统的发展是较为全面展开的，但是各子系统的功能还存在一定的优化改进空间，此外在货运方面的系统功能还有很大的发展空间。

6.1.3 城市轨道交通智能运输系统的构成

城市轨道交通智能运输系统采用了以电子计算机处理技术为核心的各种自动化设备，从而代替人工的、机械的、电气的行车组织、设备运行和安全保证系统，主要有自动售检票系统、综合监控系统、电力监控系统、环境与设备监控系统、火灾报警系统、列车自动控制系统、通信系统、乘客信息系统、城市轨道交通控制中心。城市轨道交通智能运输系统的构成如图6-2所示。

各系统之间有着明确的分工，系统各司其职，共同保障城市轨道交通智能运输系统安全有序运营。城市轨道交通智能运输系统大致可分为四个层次，分别是控制层、外部服务层、内部管理层和通信层，各层之间的关系如图6-3所示。

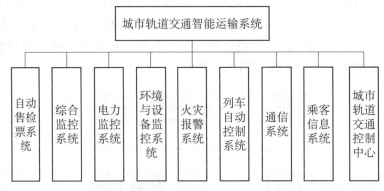

图 6-2　城市轨道交通智能运输系统的构成

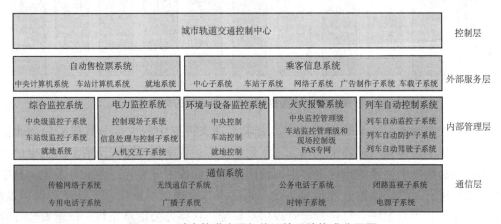

图 6-3　城市轨道交通智能运输系统构成分层图

6.2　铁路智能运输系统相关子系统

6.2.1　铁路运输管理信息系统

铁路运输管理信息系统（TMIS）堪称中国铁路运输中最复杂、最庞大的管理信息系统工程，自 1995 年开始实施以来，目前已取得突破性的进展。TMIS 以提高运输生产，特别是货运管理水平为目标，为铁路运输调度部门实时提供全路货车、机车、列车、集装箱及所运货物的位置、状态变化的信息，为领导、计划、统计、财务等部门进行宏观决策和科学管理提供可靠依据。TMIS 可以将货物运输的动态信息提供给货主，可作为企业组织生产和适应市场变化的重要依据。综上，TMIS 依托于铁路运输组织所必需的信息，为各铁路局货运站、客运站、车务段、集装箱办理站等提供列车编组调度、货运组织、货车追踪及集装箱定位等服务。图 6-4 为 TMIS 界面。

TMIS 是一个规模庞大、结构复杂、功能众多、实时性强的网络化计算机应用系统。系统采集的主要信息包括 4 大类：货物运输市场信息；铁路运力资源信息；主要运输生产

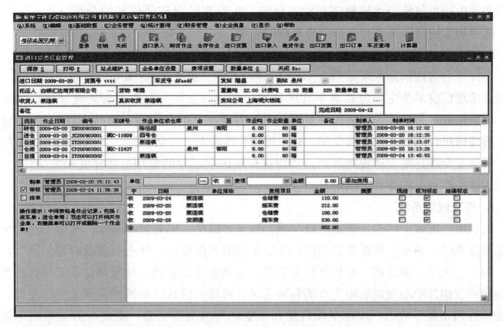

图 6-4 TMIS 界面

作业过程信息；承运货物、机车、货车、集装箱、列车、篷车等动态分布信息。TMIS 的主要功能包括：货运营销与生产管理系统、货运制票系统、确报信息系统、车站综合管理信息系统、运输调度信息系统、货车追踪系统、车号识别系统、集装箱追踪管理信息系统等。

1. 货运营销与生产管理系统

该系统包括货运计划和技术计划两大部分。货运计划部分主要是在联网货运站和车务段受理货主提报的货运计划，通过计算机网络将受理的货运计划实时上报公司。公司分别按照各级规定权限对提报的货运计划进行审批并将审批信息自动下达。技术计划部分利用货运计划确定的货源信息，编制车辆运用计划，通过合理安排各区段车辆的运用，提高车辆运用效率和铁路运输能力，压缩铁路运输成本。

2. 货运制票系统

在货运站办理货物运输时，利用计算机输入货物运输基本信息，自动计算计费径路，按照不同货物和经过的区段所对应的费率计算货物及其他各项杂费并打印货票，完成相关统计报告。

3. 确报信息系统

该系统以"列车编组顺序表"为基础信息，以主要生产列车信息的车站和确报站及中国铁路各局集团有限公司、中国国家铁路集团有限公司为节点，利用计算机网络实时发送、接收、转发列车确报。

4. 集装箱追踪管理信息系统

该系统主要是通过铁路通信网络，从集装箱办理站实时收集集装箱装车清单、卸车清单、空箱回送清单和集装箱运输日况表等信息。在中国国家铁路集团有限公司建立集装箱动态库，并通过与先进的交通信息服务系统信息相结合掌握集装箱运行位置，为运输指挥人员和货主提供集装箱运输轨迹和动态信息，实现集装箱按号码制的全程节点式追踪管理，满足集装箱运输管理和客户信息查询的需要。

5. 车站综合管理信息系统

车站综合管理信息系统是整个 TIMS 的建设基础，也是 TIMS 重要的原始信息来源。车站综合管理信息系统主要包括现车管理和货运管理两大部分。现车管理通过列车到发作业、解编作业、装卸作业、运用变更等，对站内现在车的分布和运用状态进行动态追踪。货运管理通过计划管理、货物受理、仓库管理、装卸车、中转配装、到达交付、进出门管理、货运安全等，对发送货物和到达货物进行站内全过程的管理，并完成相关统计分析，生成运输生产情况的各种上报信息。

6. 货车追踪系统

按照统一的数据结构，建立三级车辆、列车、机车、集装箱动态库，利用先进的交通信息服务系统、确报、货票信息的结合确定车辆的当前位置、状态和装载内容。通过对车辆、列车、机车、集装箱、货物进行大节点式的动态追踪管理，并与调度系统结合，为各级运输调度指挥中心提供运输生产的各种实时、可靠的信息。系统使调度员能够及时、准确地掌握列车运行状态、现在车保有量和车辆使用情况等信息，更加有效地组织运输生产、进行车辆的调度和管理、充分发挥调度指挥在铁路运输组织中的作用。同时，可以面向社会为货主提供及时的信息服务，提高铁路行业在运输市场中的竞争力。

6.2.2 调度指挥管理信息系统

调度指挥管理信息系统（DMIS）是综合通信、信号、计算机网络、多媒体等多门学科系统的系统工程，已成为中国铁路运输调度指挥系统现代化建设的标志。DMIS 的功能是把传统的以车站为单位的分散信号系统逐步改造成为一个全国统一的网络信号系统，构成一个覆盖全国铁路的大型计算机网络，实现全国铁路系统内有关列车运行、数据统计、运行调整及数据资料的数据共享、自动处理与查询。DMIS 的目标是提高运输效率、保证行车安全、挖潜提效、减轻调度人员的劳动强度、提高行车指挥的技术水平和实现铁路运输调度指挥现代化。图 6-5 为中国国家铁路集团有限公司调度指挥中心。

图 6-5　中国国家铁路集团有限公司调度指挥中心

DMIS 按照现行铁路运输调度管理体制，设计为三层体系结构：中国国家铁路集团有限公司调度指挥中心、中国铁路各局集团有限公司调度指挥中心、基层信息采集系统。

1. 中国国家铁路集团有限公司调度指挥中心

作为 DMIS 的核心与中国铁路各局集团有限公司调度中心远程连接，接收全国铁路系统的各种实时信息与运输数据和资料，监视全路主要干线、分界口、重要枢纽等的运输状况、信号设备显示状态、列车早晚点、计划运行图、实迹运行图、施工、气象、事故及灾害等信息，为中国国家铁路集团有限公司各专业调度提供实时监视和统计查询功能，为各级领导的决策提供真实可靠的信息。

2. 中国铁路各局集团有限公司调度指挥中心

设在中国铁路各局集团有限公司所在地，建有路局调度指挥中心局域网，通过专线与中国国家铁路集团有限公司调度指挥中心远程连接，进行信息交换。中国铁路各局集团有限公司调度中心具有中国国家铁路集团有限公司调度中心的所有功能。

3. 基层信息采集系统

该系统安装在各车站，主要包括车站联锁系统、区间闭塞系统、调度监督系统、调度集中系统、无线车次号校核系统、无线调度命令传送系统和车站值班员终端等，用来从信号设备及其他设备上采集有关列车运行位置、列车车次、信号设备状态等相关数据，并将上述数据通过专用通信线路传送到中国铁路各局集团有限公司。

6.2.3　车号自动识别系统

车号自动识别系统是铁路运输信息系统中数据自动采集的基础，该系统依托于全路车辆上的电子标签，为中国铁路各局集团有限公司提供车号自动识别服务。该系统在全路的部属货车、企业自备车和机车的底部安装记载有车辆、机车基本信息的电子标签。在全路多个主要车站（包括路局分界站、编组站、大型区段站、大型货运站等）的进/出站信号机附近，安装自动的机车、车辆标签信息接收设备（AEI）。当列车通过车站信号机附近时，AEI 自动采集车辆、机车的电子标签信息，并将信息传到与之相连接的控制处理计算机中，形成列车报文，并与其他相关系统的信息结合进行车站级的应用，同时将报文信息逐级上传至中国铁路各局集团有限公司和中国国家铁路集团有限公司，在各级进行车号自动识别信息的应用。

目前，全部货车车辆和机车已安装电子标签，全路所有分界站和大型车站已安装地面识别设备。车号自动识别信息逐级上传至中国国家铁路集团有限公司，在中国国家铁路集团有限公司信息技术中心建立了全路车辆动态库，可计算各路局的现在车保有量，并通过与确报匹配，确定车辆的空/重状态，重车的装载内容和去向，提供对车辆位置、机车位置和列车位置的查询，利用路局分界口车号自动识别信息进行路局货车使用费的清算。

6.2.4　全路客票发售和预订系统

中国全路客票发售和预订系统从 1996 年开始建设。该系统是一个充分利用现代信息技术的分布式实时交易系统（票务管理系统），它依托于数据库技术、数据复制技术、中间件技术、数据仓库技术和系统集成技术，其用户主体是以铁路为出行方式的乘客，其功能是为旅客提供现代化的客票管理服务和为车站票务管理销售人员提供信息化的发售工作服务。系统目标是建立一个覆盖全国铁路的计算机售票网络，实现客票管理和发售工作的现代化，提高铁路客运经营水平和服务质量。

全路客票发售和预订系统采用集中与分布相结合的三级系统结构，由中国国家铁路集团有限公司客票中心系统、地区客票中心系统、车站售票系统三级联网构成，构成了一个覆盖全国铁路的大型广域网实时交易系统。中国国家铁路集团有限公司客票中心系统主要是面向全路的宏观指挥管理和保障全路的联网售票；地区客票中心系统主要是面向以席位为核心的调度控制和地区客运业务的指挥；车站售票系统主要是面向售票的实时交易商务服务。系统全面实现了售票、退票、订票、计划、调度、计费、结账、统计、查询等售票及相关业务的计算机管理，其功能覆盖了铁路客票发售组织与管理的主要环节。

目前广受信任和欢迎的中国铁路客户服务中心（12306 网）是铁路服务客户的重要窗口，将集成全路客货运输信息，为社会和铁路客户提供客货运输业务和公共信息查询服务。客户通过登录网站，可以查询旅客列车时刻表、票价、列车正晚点、车票余票、售票代售点、货物运价、车辆技术参数及有关客货运规章。铁路货运客户可以通过 12306 网办理业务。自从 12306 网于 2010 年 1 月 30 日（2010 年春运首日）开通并进行了试运行以来，系统功能不断完善，服务水平不断提高。

2011 年 6 月 12 日，京津城际铁路率先试用网络售票。2011 年 9 月 30 日，所有动车组线路实施网上订票。2011 年 11 月 20 日，Z 字头全部直达特快列车车票实施网上订票。2011 年 12 月 23 日，中国国家铁路集团有限公司最终兑现在年底前网络售票覆盖所有车次的承诺。2013 年 11 月 20 日，12306 网新增支付宝支付通道。2013 年 12 月 6 日，改版后的 12306 网上线，新版网站增加了自动查询、自动提交订单、有票提醒等功能。2013 年 12 月 8 日，铁路 12306App 正式开放下载。2014 年 7 月 10 日，中国铁路昆明局集团有限公司试行网购车票快递服务。2014 年 12 月 1 日起，铁路互联网售票、电话订票的预售期由 20 天延长至 60 天。2015 年 3 月 16 日，12306 网在登录界面推出了全新的验证方式，即按要求选取正确的图片。2016 年 8 月 10 日起，12306 网和铁路 12306App 每天开始售票的时间由原来的 7：00 提前到 6：00。2017 年 4 月 6 日起，12306 网新增中国邮政储蓄银行直接支付服务功能。2017 年 7 月 17 日起，乘坐 G、D 字头列车的旅客可以通过 12306 网或铁路 12306App 提前预订动车上的饭菜及站外的食物。2017 年 10 月 11 日，12306 网支持 C、D、G 字头的动车组列车选座。2017 年 10 月 12 日起，铁路部门推出"接续换乘"方案推荐，当遇到出发地和目的地之间的列车无票或没有直接到达的列车时，旅客可选择"接续换乘"功能，售票系统将向旅客展示途中换乘一次的部分列车余票情况，如果旅客选择购买，可以一次完成两段行程车票的支付。2017 年 11 月 23 日起，12306 网微信支付服务功能上线运行。

12306 网与铁路 12306App（如图 6 - 6 所示）的开发与不断完善是我国铁路智能运输系统发展成熟的一大里程碑式成果，从开通以来，12306 网与铁路 12306App 为方便旅客出行，缓解春运及节假日购票压力，提高铁路客货运服务水平做出了不可磨灭的贡献，也是中国铁路智能运输系统的一次成功尝试。

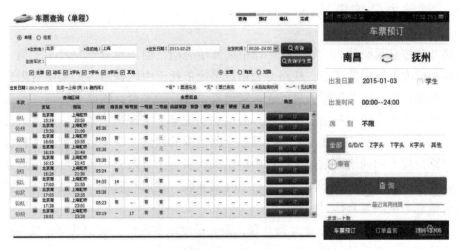

图 6-6 12306 网和铁路 12306App 订票

6.2.5 行包营运管理信息系统

行包营运管理信息系统于 20 世纪 90 年代末开始立项，系统的总体目标是建设一个覆盖全路所有行包受理站的计算机网络，实现铁路客运行包运输过程的全程追踪，为铁路行包运输管理提供决策支持，向社会提供信息服务，全面提高行包运输的服务质量。行包营运管理信息系统依托于全路所有行包受理站，为携带大件行李包裹的旅客提供行李托运定位服务。

系统建设分近期和远期两个阶段。近期目标是建成覆盖全路 78 个行包办理站信息系统、9 个行包追踪中心的计算机网络，实现这些车站间的承运行包的全程追踪。系统覆盖的行包运量占全路行包总运量的 70%~80%，占直通总运量的 85% 左右。建立行包管理体系，达到"一站制票、各站审核、信息追踪、密码认证"的目标。远期目标是实现日均办理件数在 100 件以上的 348 个行包办理站的行包计算机系统联网，使联网行包办理站数达到 426 个，完成全部 14 个行包追踪中心的建设，使系统覆盖的行包运量达到全路行包总运量的 95% 左右，实现全路直通旅客列车承运行包的全程追踪。

行包营运管理信息系统包括行包办理站计算机管理系统、按中国铁路各局集团有限公司划分的行包追踪中心系统、中国国家铁路集团有限公司行包管理系统三层结构。行包办理站计算机管理系统办理行包的始发、中转、终到业务，向所属行包追踪中心报告行包作业的实绩。中国铁路各局集团有限公司行包追踪中心系统负责存储及管理终到站在本局管内的行包数据，根据车站作业实绩完成追踪数据的更新。与此同时，该系统还要接收本局管内行包办理站上传的行包作业实绩信息，并负责与管内车站和其他中心的通信。此外，该系统还负责完成数据的汇总统计及上报。中国国家铁路集团有限公司行包管理系统主要负责对影响全路生产的基础数据进行管理及维护，完成全路行包运输生产数据的汇总处理、统计分析等。

6.2.6 铁路办公信息系统

铁路办公信息系统从 20 世纪 80 年代中期开始启动，但一直处于发展不平衡、分散开发、规划和标准不统一的状态。铁路办公信息系统依托于中国铁路各局集团有限公司机关办公信息系统，为各机关工作人员的业务管理提供统一的平台。铁路办公信息系统的建设重点是要将铁路相关的业务信息汇集到办公信息系统上，实现运输生产、经营管理、办公管理系统的互通互联和信息共享，建设覆盖全路范围的铁路共享平台。其总体目标是利用先进的计算机技术和网络通信技术，以中国国家铁路集团有限公司机关办公信息系统为核心，将各业务信息系统集成在同一个平台上互通互联，建成高质量、高效率的全路统一的综合办公信息系统。其具体目标是：

（1）使铁路各业务信息系统互通互联，最大限度地实现信息资源共享，成为各级机关上下左右传递电子信息的重要渠道；

（2）实现机关办公业务的电子化、自动化和网络化，提高政府机关行政管理、应急指挥和快速反应的能力；

（3）实现对各种业务信息的综合分析，为各级领导指挥运输生产提供参考依据和辅助决策支持，为各级机关办公提供组织管理和科学决策的重要手段，为铁路企业生产经营提供信息支持，更好地组织运输生产和经营。

目前，铁路办公信息系统已在中国国家铁路集团有限公司机关和中国铁路各局集团有限公司及部分站段使用，实现了全路办公信息系统联网运行。中国国家铁路集团有限公司机关已经开始启动网上办公，通过铁路办公信息系统传递和查询政务信息、管理信息、运输生产信息。铁路办公信息系统为铁路发展电子政务提供了良好的基础和条件。

6.2.7 行车安全综合监控管理信息系统

行车安全综合监控管理信息系统采用先进的计算机网络技术，建设行车安全信息网络，搭建安全监测数据传输平台；坚持技术创新和体制创新相结合，建立安全监控管理中心和适应新形势的行车安全管理体制；统一信息渠道，实现各种安全监测信息的自动采集、传输与集成及监测数据的集中管理和资源共享；开发完整的电子化安全监控管理信息服务应用；建成集监测、控制和管理决策为一体的行车安全监控管理信息系统。该系统依托于安全监测数据传输平台、安全监控管理中心及电子化安全监控管理信息服务应用，为各线路上行驶的列车提供监测、控制和管理决策服务。

行车安全综合监控管理信息系统包括以下 4 个系统：①行车安全监测系统：该系统主要是对固定设施、移动设备进行监测，采集设备安全信息；②安全数据库及专家系统：通过网络将安全信息传输到管理中心，实现资源共享；③行车安全管理系统：管理体制在不断创新，适应改革发展；④救援维修支持系统：实行"综合维修天窗"，利用监测信息为维修、救援提供服务。行车安全综合监控管理信息系统框架如图 6-7 所示。

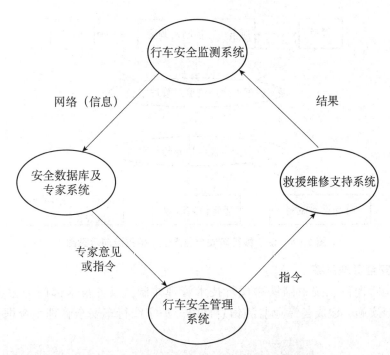

图6-7 行车安全综合监控管理信息系统框架

1. 行车安全监测系统

行车安全监测系统就是定期地、经常性地对固定设施、移动设备进行有效的监测,建立起"地对车""地对地""车对车""车对地"的行车安全监测闭环系统,使与行车安全有关的装备处于监控之中,所采用的监测子系统有:

(1) 地对车监测子系统:包括车辆运行状态地面监测系统、铁路货运安全监测门、车站平过道系统等;

(2) 地对地监测子系统:包括车站黑匣子(包括道岔电气机械特性监测系统);

(3) 车对车监测子系统:包括旅客列车走行安全监测诊断报警系统、机车运行监控装置、机车故障监测系统;

(4) 车对地监测子系统:包括轨检车、车载轨道动态检测单元、红外线轴温检测车、机车信号检测记录仪。

2. 安全数据库及专家系统

铁路是综合性的运输系统,必须围绕行车安全这一中心任务,对安全监测各子系统进行系统的管理和控制,利用计算机及网络技术,建立集监测、控制和管理决策为一体的行车安全综合监控管理信息系统。

安全数据库及专家系统由行车安全监测信息传输网络及管理中心构成。行车安全监测信息传输网络的作用是将采集到的人员操控、设备工况及环境状况等数据,传送到行车安全监测信息管理中心。图6-8为沪宁线行车安全监测信息数据流向示意图。行车安全监测信息管理中心的功能是分析行车安全监测信息传输网络传送的数据,并对各类数据进行评估,评定其危险等级,供行车、维修、救援等部门决策。

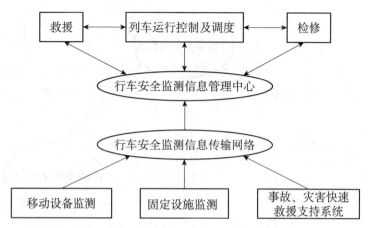

图6-8 沪宁线行车安全监测信息数据流向示意图

3. 行车安全管理系统

行车安全管理系统按中国铁路现行技术管理体制,以各技术部门为主线,按工区、段、处等逐级实施,建成各专业监测信息网络。沪宁线行车安全管理系统框架如图6-9所示。

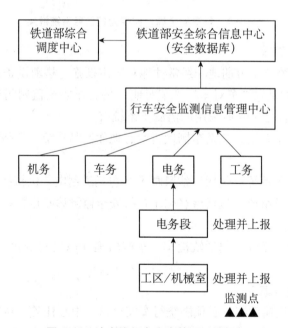

图6-9 沪宁线行车安全管理系统框架

4. 救援维修支持系统

救援维修支持系统利用监测信息和管理系统,为维修、救援等提供决策支持,并进行维修体制创新。针对该系统,目前主要的研究工作有以下3点。

(1)研究实施"综合维修天窗"。在繁忙干线安排180 min"综合维修天窗",组织工务、电务等部门合理安排维修时间,这是繁忙干线维修体制的变革。研究运行图、施工内容、施工组织、运输组织和施工对繁忙干线区间通过能力的影响等普遍规律问题,制定可行的解决办法,提出"综合维修天窗"内可综合施工内容和必要的技术装备条件、限速标准等。

(2) 利用监测数据,推广实行故障修,提高产品的可靠性和检修质量的稳定性。在铁路日常运营工作中,根据监测数据,研究实施固定设施和移动设备的故障修,提高维修的针对性,及时消除设备的安全隐患并减少日常养护和维修作业中人为错误造成的隐患。

(3) 研究事故、灾害快速救援支持系统。为了尽量降低事故、灾害造成的损失,尽快恢复行车,利用 DMIS、卫星云图、动态图像传输系统和铁路地理信息系统等,掌握事故或灾害情况及事发现场的地形、地貌和设备状况,实施快速救援,减少事故、灾害损失。

6.2.8　综合防灾安全监控系统

综合防灾安全监控系统是用于全面监测各种可能对安全行车产生危害的自然灾害,通过建立实时监控网络、及时采取预防与防护措施,达到减少灾害损失、最终保证行车安全的目的。综合防灾安全监控系依托于各防灾监测子系统或监测站、点,为调度指挥提供依据,该系统是行车安全的重要保障手段,也是铁路安全保障体系的重要组成部分,其框架如图 6-10 所示。

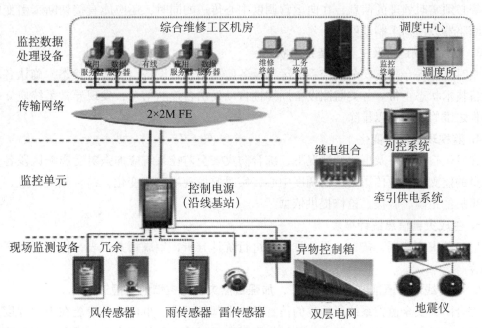

图 6-10　综合防灾安全监控系统框架

6.2.8.1　综合防灾安全监控系统的基本职责

综合防灾安全监控系统以"预防为主、救防结合"为宗旨,是一个对影响铁路、客运专线运行安全的多种灾害进行监测和预警,减少灾害及次生灾害造成的损失,并能在救援时提供相关辅助信息的系统,也是铁路运营调度中心的重要组成部分。它通过对危及列车运行安全的自然灾害、突发事故、异物侵限进行监测报警，实时提供经处理后的灾害预警信息、限速信息、停运信息、恢复运营信息等，为调度中心运行计划调整、下达行车管制、抢险救援、维修提供依据，同时提供各种设备运行状态，保证列车正常运行。

综合防灾安全监控系统将彼此孤立的各类防灾监控子系统通过网络有机地连接在一起，使各个子系统协调工作，充分提高各类子系统的工作效率，降低铁路运营成本，提高综合决策水平，在灾害发生的情况下最大限度地保护生命及财产安全，保障铁路安全、正点运行。

综合防灾安全监控系统是集工程气象学、统计学、故障－安全及计算机网络等技术于一体的集成系统，对危及列车运行安全的各种灾害进行监测或监控，并为调度指挥提供依据，其基本职责如下所述。

1. 实时采集各类灾害信息

将各监测子系统或监测站、点实时采集的数据自动上报，这些数据经过初步分析后可进行汇总、记录、存储及显示。

2. 实时分析处理灾害相关信息

将各监测站、点上传的信息进行实时分析、判断、处理，分门别类按有关限值进行标定后，传送报警信息给运营调度中心，并提醒相关人员采取相应措施。对一些特殊情况如地震等必须实时处理的信息，在向运营调度中心传送的同时，还应能直接切断牵引变电所的主断路器以使列车制动停车。

3. 监视系统运行及主要设备技术状态

实时监视综合防灾安全监控系统运行及各监测站、点设备自身运行状态，确认各种主要设备技术状态正常。各类监测设备周期性自动发出自诊断信息，发现异常系统应立即报警并告之维修部门予以排除。

4. 监视现场灾情变化

在发生自然灾害及事故的情况下，综合防灾安全监控系统应加强对受影响区段各类灾害信息的监测并及时传送到运营调度中心，实时监控现场灾情变化，结合相关信息，为灾害和事故的抢险、救援、抢修提供依据。

5. 生成灾害信息统计报表

对各种灾害数据，按日、月、季、年进行统计分析，生成相关报表，作为历史资料长期保存。

6. 与沿线地方预报部门保持联系，加强自然灾害与灾情的预报工作

综合防灾安全监控系统所搜集的信息基本上都是已发生事件，虽然能在很大程度上防止行车事故的发生，但对自然灾害的抵御和预防仍显缺少预见和准备。因此，综合防灾安全监控系统应与沿线地方气象台站及地震台站信息系统建立联系，获取其近、远期预报信息，积累与保存相关资料，以加强对自然灾害的预警能力。

6.2.8.2　综合防灾安全监控系统的主要监测内容

1. 强风监测

综合防灾安全监控系统能够对影响列车运行的强风做出及时的判别，向运营调度中心发出行车建议。根据地形地貌、气象条件和线路设计，设置风向与风速监测系统，当监测到预先设定的报警门限值时，向监控系统传输报警信息和实际的风向风速信息，监控系统依据处理模型对风速、风向所能造成的行车影响进行分析，向运行调度系统提供行车建议。

2. 雨量及洪水监测

综合防灾安全监控系统对沿线的降雨量进行实时检测，对危及桥梁和列车运行安全的洪水水位与流量进行检测，当系统监测到预先设定的报警门限值时，向运营调度中心和综合维修基地提供报警信息和实际监测值。综合防灾安全监控系统根据列车运行情况实时发布行车建议方案。

3. 地震监测

综合防灾安全监控系统能够对铁路沿线的地震信息进行处理，当监测到的地震波达到设定的报警门限值时，提前采取诸如控制牵引变电所切断接触网电源等措施，停止列车运行，最大限度地降低灾害损失，系统同时还要向运营调度中心发出报警信息。

4. 异物侵限监测

异物落入限界内会对铁路的安全运行构成巨大威胁，因此综合防灾安全监控系统应在公路跨越高速铁路的桥梁、隧道口等必要的地点设置异物侵限监测装置。当监测到发生异物侵限时，系统能够根据侵限实际情况发出预警或报警信息通知相关维修部门或立即对列车运行进行管制，系统同时向运营调度中心发出报警信息。

5. 积雪监测

积雪侵入列车走行架底部，可能导致绝缘不良，引起列车故障。大雪堆积在道岔尖轨处，会使道岔不能密贴。当积雪融化下落时，会威胁线路两侧的地面设备。因此积雪也是影响铁路行车安全的重要因素，综合防灾安全监控系统应能够监测线路上不同区段的积雪深度，以协助运营调度中心决策采取相应的除雪措施或规定列车的实际运行速度，调整列车运行。

6. 轨温监测

轨温的升高使无缝线路钢轨的纵向应力加大，超过一定标准时可能导致胀轨跑道，对行车安全有极大的危害。综合防灾安全监控系统能实时监测和记录无缝线路的轨温、气温等信息，完成管辖范围内相关信息的汇总及分析，为工务部门、运营调度中心提供决策依据。当轨温达到警戒或巡检标准时，通过运营调度中心发布命令加强地面巡查；当轨温达到报警限值时，提示发布列车限速、停运等运行管制命令。

6.2.8.3 综合防灾安全监控系统的总体架构

由国内外现有的铁路防灾监控系统来看，有的建设成独立分散的方式（如法国的地中海线），有的建设成集中控制的方式（如日本的COSMOS）。但从系统的发展趋势看，为防止信息资源的浪费，方便进行系统监控及系统维护，信息集中和信息共享是铁路防灾监控系统的发展趋势。

综合防灾安全监控系统是构架在铁路通信传输网基础之上的安全信息采集和监控系统，是运营调度系统的一个子系统。系统由现场数据采集设备、基层站段、中国铁路各局集团有限公司调度所和中国国家铁路集团有限公司调度中心四级防灾安全监控系统构成，如图6-11所示。

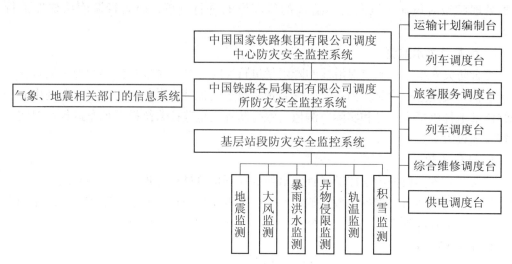

图6-11 综合防灾安全监控系统基本结构示意图

1. 现场采集设备

现场采集设备主要包括风速计、雨量计、强震仪、温度传感器、积雪深度计及数据采集器等。它主要完成管辖区域内的各种信息量的采集，如风速计用来采集风速值，雨量计用来采集降雨量值等，采集信息经专用电缆及传输主干网传送至基层站段防灾安全监控系统。

2. 基层站段防灾安全监控系统

基层站段防灾安全监控系统汇聚各类安全监测信息和设备工作状态信息，并可以根据相关预警模型或报警阈值，提示相关人员及时开展各类巡视、维修、抢修和救援工作。系统将重要信息传送到中国铁路各局集团有限公司调度所防灾安全监控系统，同时接收调度所运营调度系统下达的各种巡视、维修、维护、抢险及救援等指令。

3. 中国铁路各局集团有限公司调度所防灾安全监控系统

它的任务是接收基层站段防灾安全监控系统上传的各类数据，并对其进行处理，处理后的强风、暴雨、洪水、轨温、地震等报警信息中包括灾害强度、线路状态、行车规定和巡检要求等具体规定。按照灾害处理规程给出预警处理建议和运营管制方案，并将建议和方案传送至调度所各相关调度台，必要时通知维修和救援部门做好准备。当灾害恢复后，将解除运营管制，将相关信息发给相关调度台，行车调度台将其作为调整行车运行计划的参考因素。救援列车由动车调度台通知动车段调动，救援部门由相关车站出面协调。

4. 中国国家铁路集团有限公司调度中心防灾安全监控系统

它的主要任务是将各调度所放在监控系统上传的信息存档记录以供决策。必要情况下，中国国家铁路集团有限公司调度中心防灾安全监控系统可以完全接管中国铁路各局集团有限公司调度所防灾安全监控系统，此时完全拥有中国铁路各局集团有限公司调度所防灾安全监控系统的功能。

6.2.8.4 综合防灾安全监控系统的总体功能

从整体上讲，综合防灾安全监控系统的主要功能包括安全监测信息的实时采集、监控及处理，设备运行状态的监测及维修管理，相关基础数据的维护与管理，监测信息的综合查询及统计报表，应用系统运行参数、权限和数据传输等管理，以及一系列后台支撑软件的管理等功能。针对不同级别的用户和应用，其功能组成和侧重点有所不同。本系统功能从中国国家铁路集团有限公司调度中心、中国铁路各局集团有限公司调度所、基层站段和现场设备四个层面来考虑，系统总体功能层次结构如图 6-12 所示。

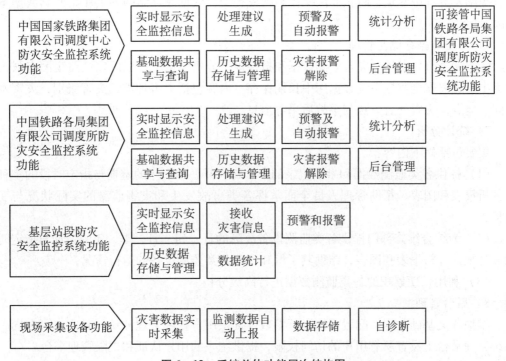

图 6-12 系统总体功能层次结构图

1. 中国国家铁路集团有限公司调度中心防灾安全监控系统的功能

1）动态实时显示全线防灾安全监控信息

中国国家铁路集团有限公司调度中心防灾安全监控系统可在集成化的用户界面上动态、集中地展现铁路所有防灾安全监测点的各类监测信息，包括各类灾害监测项的实时变化值和监测设备/系统当前的运行状态。

2）灾害预警/报警分析及处理建议生成

中国国家铁路集团有限公司调度中心防灾安全监控系统按规定对灾害监测信息进行分析处理，给出影响行车安全的预警/报警信息和处理建议。处理建议包括灾害种类，灾害强度，灾害发生时间、地点，线路状态，行车规定和巡检要求等具体规定。根据各种灾害的强度，按照灾害处理规程，至少给出警戒（巡检）、缓行和停车三级报警。

3）灾害预警及自动报警

中国国家铁路集团有限公司调度中心防灾安全监控系统可根据预先设定的阈值和报警

信息传送规则，将报警信息及处理建议自动发送给相关业务部门，同时在用户界面上以不同报警手段（声音或显示等）对灾害分类进行提示，提醒各相关部门处理。

4）灾害报警解除报警处理全程跟踪

中国国家铁路集团有限公司调度中心防灾安全监控系统接收报警事件的处理情况反馈信息，并可在报警消除或事故恢复后获得通知，以跟踪安全报警事件处理的全过程，实施全面、实时的安全监控。

5）安全基础数据的共享与查询

集中存储的各类灾害信息可供相关业务部门按需要访问。安全基础数据的共享与查询设有操作人员身份鉴别，防止非法操作和越权查询，数据库存储的各类原始监测数据不可修改。

6）历史数据存储与管理

各类灾害事故记录、灾害监测数据和报警预警分析结果在中国国家铁路集团有限公司调度中心防灾安全监控系统数据库中长期保存，内容包括灾害种类，灾害级别，灾害发生时间、地点，灾害处置方法与事故后果等信息。

7）统计分析

主要包括以下内容：

（1）提供各类监测数据和事故记录的日、旬、月、季、年的定期与指定时段的多种统计分析报表和图表，帮助管理人员全面掌握各类事故发生和灾害监测的实际状况与变化趋势；

（2）为综合维修部门提供各类监测设备故障的日、旬、月、季、年的定期与指定时段的多种统计分析报表和图表，帮助其了解和评价各类监测设备的运行情况；

（3）利用长期累积的各类监测数据进行高级分析。

8）后台管理

维护各类基础数据，配置系统运行参数，提供用户权限管理和访问日志，可在同一个系统管理平台上设置所有用户的访问权限，提供统一的用户认证和权限管理平台。

9）接管中国铁路各局集团有限公司调度所防灾安全监控系统

在必要时（如调度所级防灾安全监控系统发生故障退出运行时），中国国家铁路集团有限公司调度中心防灾安全监控系统可全权接管中国铁路各局集团有限公司调度所防灾安全监控系统。

2. 中国铁路各局集团有限公司调度所防灾安全监控系统的功能

（1）动态实时显示管辖范围内防灾安全监控信息。

（2）灾害预警/报警分析及处理建议生成。

（3）灾害预警及自动报警。

（4）灾害报警解除报警处理全程跟踪。

（5）管辖范围内安全基础数据的共享与查询。

（6）历史数据存储与管理。

（7）统计分析。

（8）后台管理。

3. 基层站段防灾安全监控系统的功能

1) 动态实时显示管辖范围内防灾安全监控信息

基层站段防灾监控安全系统可在集成化的用户界面上动态、集中地展现管辖范围内所有监测点的安全监测信息，包括管辖范围内各类铁路灾害监测项的实时变化值和监测设备/系统的运行状态。对于各个联网监测点设备运行状态进行的动态监测，可诊断和定位故障类型，并执行自动报警。

2) 实时接收管辖范围内灾害信息

基层站段防灾安全监控系统从各类现场监测设备实时接收管辖范围内的各类灾害数据并进行汇集，用于监视与统计。

3) 管辖区内灾害预警和报警

基层站段防灾安全监控系统可根据预先设定的门槛值在系统用户界面上以不同手段（声音或显示等）对灾害分类进行预警和报警提示，提醒相关部门提前处理。

4) 历史数据存储与管理

管辖范围内所有的灾害信息在防灾安全监控系统数据库中长期保存，内容包括灾害种类、灾害级别、灾害发生时间、地点、灾害处理意见等数据。

5) 管辖区内灾害数据统计

基层站段防灾安全监控系统将接收到的灾害数据分类按日、旬、月、季、年进行统计，形成报表，帮助管理人员全面掌握管辖范围内事故发生和安全监测的实际状况与变化趋势，以及了解和评价管辖范围内设备运用情况。统计结果上报中国铁路各局集团有限公司调度所。

4. 现场采集设备功能

1) 灾害数据实时采集

监测点采集设备能够从现场实时采集各类灾害数据，按需要还可以对采集的数据执行必要的现场处理、判断功能。

2) 监测数据自动上报

将采集到的灾害信息进行初步处理后，按照监测数据接口规定的格式和内容自动生成上报的监测数据，并将其传送到基层站段防灾安全监控系统。

3) 现场数据存储

自然灾害（风、雨、洪水、地震等）原始数据在监测点应作为资料保存。

4) 具有自诊断功能

现场采集设备具备自诊断功能，可自动发现故障部件并及时上报。

6.2.9 高速铁路综合调度系统

高速铁路综合调度系统依托于国家铁路局行车、机务、工务、电力、电务、旅客向导、维修检测、安全监控等部门，为高速铁路的运输组织提供运输计划管理、列车运行调度、动车组调度、旅客服务、电力调度、综合维护与救援、安全监控及培训等服务。高速铁路在建成后的相当长时间内将采用高中速混跑的运输组织模式，高速线上既运行高速动车组，又运行中速动车组。因此存在由中速动车组上下高速线引起的高速线与既有线调度指挥的衔接问题。另外，高速线要通过既有线大站枢纽，也会引起高速线和既有线调度指挥的衔接问题，可采用综合调度系统和既有调度系统结合的方式来解决这一问题。

6.2.9.1 系统体系结构

根据铁路运营的特点，为保证铁路高效、安全地运行，高速铁路综合调度系统为独立的系统，其体系结构如图 6-13 所示。它由上层管理机关、综合调度中心、基层站段及现场设备四层组成，其核心是综合调度中心和基层站段。

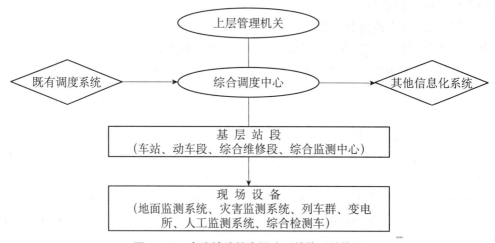

图 6-13　高速铁路综合调度系统体系结构图

上层管理机关为领导部门，可以向综合调度中心各业务部门发送相关指示，但一切调度命令必须通过相关业务调度台发布。

综合调度中心负责铁路全线旅客列车的运行，统一编制计划，统一调度指挥。这个中心相当于既有铁路调度系统中的分局调度所，其上层不再设调度机构。综合调度中心直接指挥日常运输生产，它以行车为核心，围绕安全、正点通过各专业调度台向基层站段发布调度命令。

基层站段是受令后的执行机构，按综合调度中心的命令组织实施。

铁路沿线现场设备主要有两类：一是受控系统，如运行中的列车群、供电所、事故现场、维修现场等；二是信息源系统，如地面监测系统、灾害监测系统、人工监测系统等。

6.2.9.2 系统总体功能要求及功能构成

1. 系统总体功能要求

高速铁路综合调度系统应包括实时监视控制、预测分析判断、应变调整及应急处理、各专业相关信息共享及各专业信息化管理等功能。

1) 实时监视控制功能

主要包括以下内容：

（1）实时控制是高速铁路综合调度系统最基本的功能，主要包括：控制全线的列车进路及列车群的运行；根据各种情况，如调度调整的需要、自然灾害的限速要求及运输设备的技术状态等，控制列车的运行速度；控制列车发车时机；控制牵引供电系统，紧急情况下能自动切断电源。

（2）实时监视功能主要包括：监视全线列车运行情况及各种设备状态；监视全线气象及安全监控信息；必要时监视灾害、事故及施工救援现场。

2）预测分析判断功能

高速铁路综合调度系统应能根据邻线的预报、本线列车的运行情况及天气变化等因素预测出列车正晚点情况，推算出18点当时在途列车的位置。在此基础上，结合动车底的履历及乘务组值勤情况，编制出次日的列车运行计划、动车底运用计划及乘务组乘务计划。根据列车运行情况，能预测出动车底的缺余情况，相应解除备用（增加投入运用的动车底数量）或转入备用（减少投入运用的动车底数量）。根据技术设备、设施的运行情况及相关检测数据，能分析出其技术状态，以防止事故于未然。同时，根据实时监测的信息，应能准确判断其对运营的影响及危害程度，并快速做出相应决策。

3）应变调整及应急处理功能

尽管列车的运行很有规律，但由于列车的运行要受天、地、人、车、祸的影响，列车运行紊乱时有发生，尤其是突发事故将大面积打乱列车正常运行。高速铁路综合调度系统要有强大的应变能力，尽快做出调整计划，并能快速实施，将其影响限制在最小范围。在常规设备受到破坏的情况下，高速铁路综合调度系统可维持基本的调度指挥功能。

4）各专业相关信息共享功能

高速铁路综合调度系统以行车为核心，涉及各个专业，系统应是一个有机的整体。为此，它必须具备各专业相关信息共享的功能，使任何一个专业的调度可以及时、全面、准确地掌握所需要的信息，为各专业协调、高效的调度指挥提供技术基础。

5）各专业信息化管理功能

利用信息技术，为各专业的业务管理、设备管理、企业管理建立相应的计算机网络系统。这样做，一方面可提高各专业的管理水平，另一方面可为高速铁路综合调度系统提供可靠的信息基础。

具有了上述功能，高速铁路综合调度系统即可建成计划准确、安排超前、实施快速、调整得当、应急可靠、反应快速、工作协调的现代化的综合调度系统。

2. 系统功能构成

高速铁路综合调度系统的功能按专业应用要求划分，由运输计划、列车运行调度、动车底调度、旅客服务、电力调度、综合维护及救援、安全监控及培训8个功能子系统组成。

1）运输计划子系统

运输计划子系统实现整个系统的列车运行计划、动车底运用计划、乘务员运用计划等与运输有关的各部门的基本计划、变更计划及实施计划的制定与下达，以使综合调度中心系统的各个部门按计划进行工作，同时，对实际运输的有关资料进行统计。

2）列车运行调度子系统

列车运行调度子系统依据运输计划子系统制定的列车运行实施计划，组织实施列车运行，处理各种故障情况。该子系统的功能包括：根据行车计划控制线上每一列车的运行，实时监督、记录、统计每一列车的运行状况；通过专线及时向车站和列车传送各种行车数据和指令；在出现异常状况时能自动发出调整行车计划和纠正不正常情况的安全措施命令；作业数据管理；维修间隔的指定；发送列车安全可靠运行所需的其他指令。

3）动车底调度子系统

动车底调度子系统对动车组及中速列车的分配、运用、台账及故障修理进行管理，同时对动车段（所）进行管理。该子系统的功能包括：根据列车运行情况发送改变动车底运用、乘务人员行程变量指令；监视动车底运行状况，提出更换和修改指令；对动车底和乘务人员运用计划和动车底的日常检查进行管理。

4）旅客服务子系统

旅客服务子系统需要及时、全面地掌握客流、客票、列车运行及早晚点信息，及时准确地在列车上、站台、进出站口、售票厅、候车室及寻呼台等各种旅客可接触到的地方以自动广播和屏幕显示的形式向旅客和客运人员报告。同时，该子系统还提供电脑查询、客票自动预售、时钟显示及列车上旅客信息服务等功能。

5）电力调度子系统

电力调度子系统的功能包括：负责牵引供电系统和设备供电系统的监视、控制、监测及管理，根据列车开行计划为之提供电力，根据计划安排供电的维修管理，实时监视铁路各牵引变电所及供电线路的工作状况及调整电力系统运行情况，以保证列车正常运行所需的稳定电力供应；当出现供电设备异常情况和灾害事故情况时，提出适当的指示和迅速恢复供电的安排；对供电线路、设备、设施的日常检查进行安排和管理。

6）综合维护及救援子系统

综合维护及救援子系统的功能包括：对全线线路状况进行监测及管理，管理线路的日常维护及保养，安排施工，工务设施检修、故障履历管理，维护计划管理；集中对全线的信号及相关的控制设备的状态进行监测，建立通信网管监视系统及各专业机房环境监测系统，及时掌握电务设备及其工作环境的状态，合理安排维修，保证系统正常运转，一旦出现故障，及时采取有效措施，使危害降至最低程度；在发生事故灾害时，提供紧急救援方案；负责线路维修计划、慢行区段指定及灾害情况修复作业安排，在轨检车定期检测数据的基础上，对测试数据及线路巡视人员的检查报告等进行管理，以确保旅客安全舒适的旅行。

7）安全监控子系统

安全监控子系统根据现场安装的各种监测设备，监视危及行车安全的自然灾害（风、雪、洪水、降水、地震）、突发事故、侵入物、长大隧道、轨温、路堤滑移沉降、牵引供电的状态，形成对各种灾害的预防预警和避免系统，同时掌握沿线气象资料，监视沿线气象实报和预报信息。

8）培训子系统

培训子系统模拟高速铁路综合调度系统其他各子系统的功能及操作步骤，培训高速铁路综合调度系统的调度人员和维护人员，是高速铁路综合调度系统的模拟系统。

6.2.9.3 系统设备构成

高速铁路综合调度系统设备由综合调度中心设备，车站、动车段（所）、综合维修段

(工区)、大型养路机械段、综合检测中心等基层站段设备及各种现场信息采集与执行设备、通信网络等组成。

在综合调度中心、车站、动车段(所)、综合维修段(工区)、大型养路机械段、综合检测中心等地分别建立局域网,根据业务及系统要求设置应用服务器、通信服务器、数据库服务器、工作站、打印机、绘图仪和其他监视及外设设备,集中处理各专业有关信息。各级局域网通过2M的DDN专线或数据交换网构成广域网,实现综合调度中心对现场的控制、监视及调度命令的信息传输。

6.2.10 应急救援指挥系统

应急救援指挥系统依托于中国铁路各局集团有限公司的应急救援部门,为铁路运输组织提供应急工作日常管理、突发事故全程指挥及事后总结分析的服务。

6.2.10.1 系统总体功能

1. 应急工作日常管理功能

应急工作日常管理功能主要包括对应急预案、救援资源、历史事故信息和系统交换数据的管理及日常应急演练管理等功能。应急预案管理包括救援预案的编辑、审核及升级等。救援资源管理包括对救援列车、救援队、救援设备、救援物资、救援人员等信息的管理,同时包括对救援障碍物、危险源及其他相关资源的维护。历史事故信息管理包括对信息的编辑和统计分析等。系统交换数据管理包括数据的维护及更新等。日常应急演练管理包括演练方案的确定、演练实施及总结评估等。

2. 突发事故全程指挥功能

突发事故全程指挥功能主要分为应急启动、应急救援实施和应急恢复三个阶段。

应急启动阶段,系统有效调动、处理和传输事故所涉及的具体信息,主要包括接警处理、信息获取、信息处理、预案启动和救援命令传输处理等。

应急救援实施过程中,需要对应急救援行动进行全方位监管,主要包括指挥联动、视频处理、静图处理和救援处理等。其中,救援处理包括救援过程记录、救援命令传输及救援决策支持等。

在应急恢复阶段,主要完成对现场相关信息的收集和处理,以及事故总结及存档。

3. 事后总结分析功能

事后总结分析功能主要包括事故信息和处理过程登记、事故事后的定责定损分析和事故统计报表等。

6.2.10.2 系统详细功能

根据以上功能设计,将应急救援指挥系统分为应急救援指挥与信息发布、预案及事故资料管理、应急日常监控、应急救援辅助决策、救援资源管理、应急演练管理、系统维护、数据交换管理这8大模块,如图6-14所示。

1. 应急救援指挥与信息发布模块

应急救援指挥与信息发布模块是实现对应急现场进行救援指挥及信息管理的模块,主

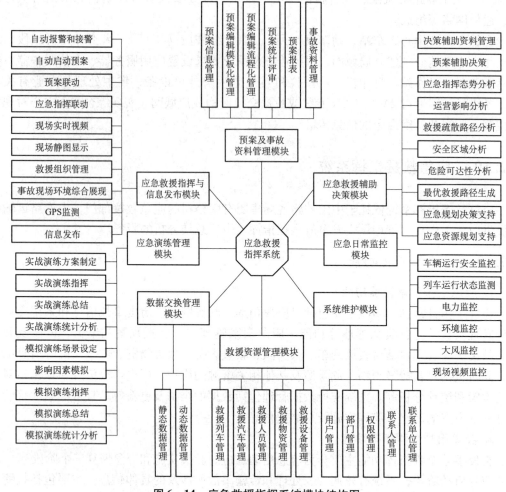

图 6-14 应急救援指挥系统模块结构图

要有以下功能。

1）自动报警和接警

事故发生时，能够实现系统自动报警并进行接警，为救援指挥中心提供实时准确的事故消息。

2）自动启动预案

在事故发生时，系统自动根据报警的类型、位置、时间、事故发生地点及其附近的危险源、障碍物、交通情况及监控状态等信息自动调出相关的应急预案，并对预案流程实时追踪，为救援人员提供预案的辅助决策。

3）预案联动

在自动启动预案后，系统按照预案的内容进行现场救援指挥，包括事故信息通报、救援信息自动发布、预案命令自动下达及事态发展的信息发布等。

4）应急指挥联动

按照发出的指令，系统通过短信平台和智能客户端平台，自动将指令发送到各级救援部门，同时将各救援部门的回馈信息自动集中管理，并动态显示指令的执行状态和完成状况，为下一步指挥决策提供支持，同时可将救援相关信息和事故处理过程完整记录，为事后总结提供依据。

5）现场实时视频和静图显示

显示救援现场的实时视频图像和应急静图，并具有随时存储和转发的功能。

6）救援组织管理

根据救援组织所处的位置和其职责范围，对救援队、救援班、救援列车、救援设备和救援物资等救援资源进行智能化的、有组织的高效调度。

7）事故现场环境综合展现

事故现场环境综合展现为救援部门了解事发路段的地形地貌、基础设施状况等提供了实时可靠的资料。

8）GPS 监测

实时追踪救援列车和救援汽车的位置，为救援工作提供支持。

9）信息发布

事故救援完成后向外界发布事故的相关信息。

2. 预案及事故资料管理模块

预案及事故资料管理模块要实现对预案的流程化、系统化、规范化和模块化管理，其主要功能如下所述。

1）预案信息管理

主要具体功能包括：实现添加新预案；对已有预案进行编辑、删除、升级；根据预案分类、事故类型、事故级别、站段类型等条件查询相应应急预案；对系统建立的应急救援预案根据其类型进行评价，并能够进行统计分析，形成分析报表。

2）预案编辑模板化、流程化管理

主要具体功能包括：实现自动完成预案的模板化和流程化，并能对预案模板进行更新，如添加新的预案模板，删除、编辑已有模板等；系统能够智能地将预案流程化处理，实现预案的应急联动，并在事故处理过程实现实时追踪。

3）事故资料管理

主要具体功能包括：

（1）历史事故资料查询：通过事故编号、事故类型、事故性质、事发时间等条件对历史事故信息进行查询，查看历史事故基本信息、事故概况信息、事故处理过程、事发时天气情况、救援人员情况等与事故相关的各类信息；

（2）历史事故资料编辑：对历史事故资料如事发时间、上报时间、救援情况、事故原因等信息进行添加、修改、删除等，并能够自动生成救援列车复旧报告等文档；

（3）历史事故视频查询：通过输入查询条件如事故编号、事故性质、事发时间等，查询历史事故发生时录制的现场视频（静图、动图）；

（4）历史事故统计分析：对发生的历史事故按照时间、类型和级别等条件进行统计分析，形成统计报表。

（5）定责定损分析：根据事故统计分析对事故进行定责定损分析、保存，并能形成事故报表。

3. 应急日常监控模块

应急日常监控模块主要功能为在系统处于日常监控状态下，对各位段上所有列车的位置信息监测、行车安全监控、电力监控、环境监控、大风监控等业务系统进行监控并对获取的信息进行管理。

1）车辆运行安全监控

主要管理以下信息：THDS（红外线轴温探测系统）安全和报警信息；TPDS（货车运行状态地面安全检测系统）安全和报警信息；TFDS（货车运行故障动态图像检测系统）安全和报警信息；TADS（货车滚动轴承早期故障轨边声学诊断系统）安全和报警信息；TWDS（货车轮对尺寸动态检测系统）安全和报警信息。

2）列车运行状态监测

主要监测以下信息：车次、机车号、车长、车组号、车组类；列车速度、列车加速度、制动率、列车最大运行速度；列车载重、列车轴重；列车位置、牵引电压等。

3）电力监控

主要管理以下信息：电压、电量；变压器、互感器、避雷器相关信息；电力、电缆等主要电力设备的运行状态信息。

4）环境监控

主要管理以下信息：钢轨、枕木、道砟基本信息；路基、坡度、曲线、车站、站场（包括站场内部设施）信息；沿线行车设备信息；桥梁、隧道、涵洞等信息。

5）大风监控

主要管理以下信息：风速、风向；雨量、雨速；湿度、温度等信息。

6）现场视频监控

从现场获取实时视频，可以随时查看并存储，能够对现场状况动态监控，同时也可以查看历史视频。

4. 应急救援辅助决策模块

应急救援辅助决策模块是为应急救援决策提供辅助信息的模块，它的主要功能如下所述。

1）决策辅助资料管理

实现对各种救援方案具有决策支持材料的管理，包括国家铁路局、中国国家铁路集团有限公司和中国铁路各局集团有限公司的政策、法规及从其他系统接入的业务信息等。

2）预案辅助决策

针对突发事件，系统自动把事件信息与各种救援预案（包括事发地点的应急疏散图、历史相关事故的救援方案等）相关联，并以文字或电子地图方式显示，指导救援工作。

3）应急指挥态势分析

针对事故自动生成救援线路图、人员疏散图、救援态势图，突出显示事故区段、人员疏散通道、实施救援的相关信息等。

4）运营影响分析

事故发生后，分析事故对线路运营产生的影响。

5）救援疏散路径分析

事故发生后，系统自动分析可能的救援疏散路径。

6）安全区域分析

事故发生后，通过对事故现场环境及事故态势分析等来确定现场的安全区域，为救援工作的开展提供依据。

7）危险可达性分析

事故发生后，系统能智能化地对事故的影响范围等进行分析。

8）最优救援路径生成

根据形成的多条救援路径及现场情况、障碍点分布、安全区域分布等情况形成最优救援路径。

9）应急规划决策支持

规划应急资源的配置和应急救援路线的分布。

10）应急资源规划支持

通过对目前的现有的应急资源的数量和位置进行分析，并对所有应急资源定责分析，评估分布的合理性且为要新添加的应急物资的安排（包括数量和安放的位置）提供依据。

5. 救援资源管理模块

救援资源管理模块是实现对应急救援体系中所有应急救援资源的统一管理，本模块功能主要在 B/S 的模式下开发，用户可以在不同的地方访问本系统，将自己所在部门的救援资源情况更新，最终由应急管理办公室的专业负责人对救援资源统一管理。救援资源主要包括救援列车、救援人员、救援设备、救援汽车和救援物资等。本模块的主要功能如下所述。

1）救援列车、救援汽车管理

对救援列车信息、救援汽车信息进行维护，主要包括：救援列车基本信息、救援列车编组信息维护及救援列车人员信息维护，如救援列车名称、救援列车车辆型号、救援列车车辆总重、救援列车换长、救援汽车车牌号、救援汽车类型等信息，同时还需对救援列车、救援汽车 GPS 进行管理等。

2）救援人员管理

实现基于铁路救援组织机构的人员组织管理，如救援队、救援班的管理；对安监和救援相关人员的信息的维护和管理，如救援列车人员、基层站段救援人员的管理。

3）救援物资、救援设备管理

对救援物资信息和救援设备信息的维护和查询，在日常监控状态下中国铁路各局集团有限公司各应急救援部门人员可以对救援物资和救援设备的分布、储存情况进行查询，以便及时掌握应急救援能力。用户能够随时方便地对这些信息进行更新，通过建立数据字典对救援物资和救援设备的型号、类型进行维护，同时也可以对救援物资和救援设备的基本信息进行维护。

6. 应急演练管理模块

应急演练管理模块是实现应急救援指挥系统事故演练的设计、执行、总结和资料管理的模块。应急演练分为两种形式：实战演练和模拟演练。

1）实战演练

实战演练指由中国铁路各局集团有限公司组织应急救援体系内各部门进行的应急救援演练。实战演练主要功能有：

（1）实战演练方案制定：根据事故性质、事故类型及事故的其他相关信息，各部门制定相应的演练方案；

（2）实战演练指挥：演练指挥人员对演练进程进行指挥，包括命令制定、下达、接收和回馈等；

（3）实战演练总结：演练总结的内容包括演练方案资料、演练流程资料、演练视频资料、演练静图资料、演练评估表、演练过程总结资料及演练的相关报表等；

（4）实战演练统计分析：对演练中的人员调配、财产损失和救援资源使用情况等进行统计分析，形成统计分析报表。

2）模拟演练

为了更好地保障铁路的运营安全，加强铁路应急体系的事故救援演练，在系统中增加了模拟演练功能，主要包含以下功能：

（1）模拟演练场景设定：模拟事故发生的时间、地点、环境，事故类型等客观因素；

（2）影响因素模拟：针对应急救援设定各种影响因素，评估不同障碍情况下的应急能力，排查应急救援缺陷和盲点；

（3）模拟演练指挥：演练指挥人员对演练进程进行指挥，包括命令制定、下达、接收和回馈等；

（4）模拟演练总结：对演练过程中的演练方案资料、演练流程资料、演练视频资料、演练评估表及演练的相关报表等进行总结分析；

（5）模拟演练统计分析：对模拟演练中的人员调配、财产损失和救援资源使用情况等进行统计分析，形成统计分析报表，同时在应急演练管理模块中还可进行历史演练信息查询、更新等。

7. 系统维护模块

1）用户管理

用户管理模块实现对用户权限进行设置。首先，对用户进行组分配；其次，明确各个用户需使用的功能；最后，明确用户和用户组具体的隶属关系。该模块主要执行用户组、用户信息的维护及功能项的添加、修改、删除和查询等。

2）部门管理

对公司内部各部门的基础信息、职权信息、机构设置信息等进行管理。

3）权限管理

对访问系统的用户权限进行管理。

4）联系人管理

对各部门的相关负责人进行管理，并能随时更新信息。

5）联系单位管理

对应急救援相关的各内部单位及外部单位进行管理，并能实时更新信息。

8. 数据交换管理模块

数据交换管理模块主要实现应急救援指挥系统与外部业务系统间的数据管理，包括数据的筛选、抽取、添加和更新等过程。应急救援指挥系统是从各业务系统、安全监控系统及外部系统中提取该系统所需要的各类数据，包括静态数据交换和动态数据交换。

6.2.11 地对车安全监控系统

铁路货车"5T"动态检测工作是铁路运输信息化的重要组成部分，做好铁路货车动态检测管理工作是保证行车安全，提高运行速度，加快车辆周转，完成运输任务的重要基础。简单的理解就是，通过几种不同的技术手段被动式地检测及发现列车、车辆的硬伤，保证列车安全运行。

1. THDS

利用轨边红外线探头，实时检测通过车辆的每个轴承温度，并将检测信息实时上传到分局车辆运行安全检测中心，进行实时报警。通过配套故障智能跟踪装置，实现车次、车号跟踪，热轴货车车号的精确预报，重点探测车辆轴承温度，对热轴车辆进行跟踪报警，重点防范热切轴事故。THDS 实现了联网运行，每个探测站接车和轴温探测信息直观显示，实现跟踪报警。

2. TFDS

采用高速连续数字照相技术、大容量图像数据实时处理技术和精确定位技术，利用轨边高速摄像头，对运行货车隐蔽故障和常见故障进行动态检测，及时发现货车运行故障，重点检测货车走行部、制动梁、悬吊件、枕簧、大部件、钩缓等安全关键部位，重点防范制动梁脱落事故，防范摇枕、侧架、钩缓大部件裂损、折断，防范枕簧丢失和窜出等危及行车安全隐患。TFDS 的实施，实现了列检作业从人控向机控、从室外向室内、从静态检测向动态检测的大变革。实现车辆运用技术检查由"人检人修"方式向"机检人修"方式的过渡，列车质量由"人控"向"机控"的转变，减轻了检车员的劳动强度，为提高运输效率、确保运输安全创造了条件。

3. TADS

利用轨边噪声采集阵列实时采集运动货车滚动轴承噪声，通过数据分析及时发现货车轴承早期故障。重点防范切轴事故，安全防范关口前移，对轴承故障进行早期预报。TADS 向前方列检预报轴承故障，同时，通过全路联网运行，对全路轴承故障进行预警。TADS 地面探测站的室外部分设备主要包括声音传感器阵列、车轮传感器、AEI 天线等。

声音传感器阵列是采集车辆轴承运转所产生的声音信号的装置，安装在保护箱内，并对称立装于轨道两外侧。声音传感器阵列保护箱具有抗震性，可适应轨边环境。保护箱还设有保护门，只有当列车通过时才打开。TADS 地面探测站采用 5 个车轮传感器，用卡具固定在轨底，其中 2 个用于声学采集系统，另外 3 个用于 AEI 系统。车轮传感器的作用是，当列车接近时自动启动声学系统的采集程序，打开声音传感器阵列保护箱的保护门；同时，启动 AEI 天线，进行计轴、计辆车轮定位。AEI 天线发射微波载频信号，同时接受车载标签反射回来的调制信号，获得车次、车号等信息。

4. TPDS

利用设在铁路正线直线段上的轨道测试系统，动态监测轮轨间的动力学参数，实现了对货车运行状态的分级评判。TPDS 同时兼有车轮擦伤及超偏载监测功能，重点防范货车脱轨事故，防范车轮踏面擦伤、剥离，防范货物超载、偏载等行车安全隐患。TPDS 对运行品质不良的货车实施联网跟踪报警，向前方列检预报车轮踏面擦伤，预警货物超载。

5. TWDS

对轮对故障、尺寸进行在线检测，及时发现故障和尺寸超限轮对。对于这套系统，国外产品比较先进，已经能够实现对轮对尺寸的自动定量检测，不仅能够发现塌面深度和长度,而且能够为轮对加工提供数据;国内产品基本能够对轮对故障进行较为准确的定性检测,符合我国铁路故障检测要求。

6. TCDS

TCDS(客车运行安全监控系统)通过车载系统对客车运行安全关键部位进行实时监测和诊断,通过无线、有线网络,将监测信息向地面传输、汇总,形成实时的客车安全监控运行图,使各级车辆管理部门及时掌握客车运行安全状况。重点监测 160 km/h 及以上客车轴温、制动系统、转向架安全指标、火灾报警、客车供电、电器及空调系统运行安全状况。全线实现 160 km/h 及以上客车运行安全实时监控。重点防范客车热轴事故,防范火灾事故,防范走行部、制动部、供电、电器及空调故障。

6.3 城市轨道交通智能运输系统相关子系统

6.3.1 城市轨道交通控制中心系统

城市轨道交通控制中心系统是在路网的层面上,对线路、车站日常事务、行车调度、应急指挥等进行管理。

轨道交通指挥中心(简称 TCC)作为轨道交通路网的中央协调角色,负责协调各条线路的控制中心及各运营主体。它具有综合监视、多轨道线路多交通系统运营协调、应急指挥、信息共享等职能。它对各线路的控制中心及线路运营只监视但不控制线路设备,日常主要提供协调、协助功能,但在非正常情况下,尤其是发生影响两条及以上线路的紧急灾害情况时,它将代表政府行使指挥权。运行控制中心(简称 OCC),是(单条线路)运行控制中心,是一线一中心的管理模式。对于城市轨道交通来说,它主要负责一个城市的地铁运营调度。OCC 与 TCC 二者的定位与分工不同,OCC 负责具体线路的调度控制,直接监控所管辖线路的设备运行,如图 6-15(a)所示;TCC 则在整个城市层面负责协调,调用 OCC 信息,但只监不控,数据分析用于整体调度决策,如图 6-15(b)所示,各线路 OCC 是构建 TCC 的基础。

(a) OCC (b) TCC

图 6-15 OCC 与 TCC

城市轨道交通指挥中心与各条轨道线路的控制中心采用统一的人机界面和操作方式，监视并协调各条线路的运营。目前能接入 TCC 的专业系统有：列车自动监控（ATS）系统、综合监控系统（ISCS）、自动售检票（AFC）系统、闭路电视监控（CCTV）系统、乘客信息系统（PIS）、火灾自动报警（FAS）系统等。对于 TCC 应具备的功能研究及政府授予的职责范围，其设计原则如下：

（1）TCC 作为中央协调角色，负责协调各线路控制中心及各运营主体，具有监视、运营协调、应急指挥、信息共享等职能；

（2）在正常情况下，TCC 对线路运营"只监不控"，主要提供协调、协助功能；在非正常情况下，特别是发生影响不同运营主体所管辖线路的突发事件时，TCC 将进行统一的应急指挥；

（3）TCC 对各线路 OCC 的管理重点在于制定不同运营商之间的协调原则、节假日及重大活动的客运组织原则等；

（4）TCC 只管理到与 OCC 的接口部分，不直接与车站相连；接口规范由 TCC 制定，各线遵从；

（5）TCC 作为城市轨道交通的对外窗口，代表城市轨道交通与其他部门或单位（如气象、公安、消防、公交部门等）进行联系和协调；

（6）建设后备指挥中心，当出现重大灾害情况（如恐怖袭击、地震、火灾等）造成小营 TCC 瘫痪或 TCC 系统故障而长时间停止运行时，启用后备指挥中心，图 6-16 为 TCC 控制模式图。

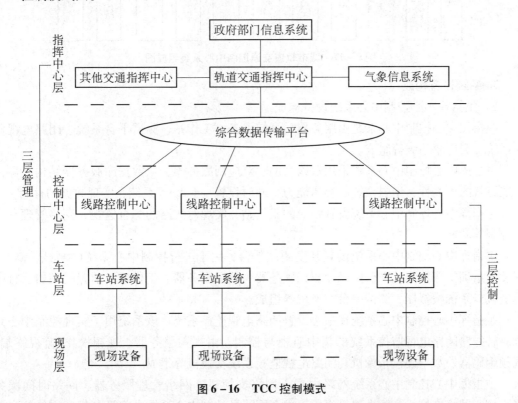

图 6-16 TCC 控制模式

6.3.1.1 系统组成及设备构成

1. 系统组成

城市轨道交通指挥中心（控制中心）除了建设主指挥中心外，还建设后备指挥中心，作为灾害情况下（如恐怖袭击、地震、火灾等）或指挥中心故障或失效时的应急指挥中心，实现异地救灾，并通过后备系统完成异地数据备份功能。

城市轨道交通控制中心系统采用 C/S 结构和 B/S 结构的混合结构，以及 TCP/IP 协议的设计。系统软件采用模块化设计，易扩展和完全冗余，并具有自动热备份故障切换，所以能获得高度的可用性和可靠性。系统还设有开发及测试平台，以实现开发、测试和培训的功能，其组成如图 6-17 所示。

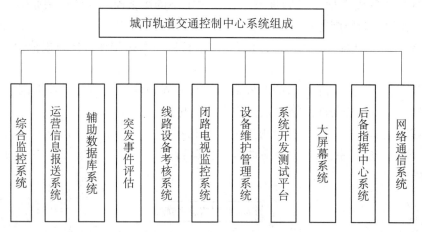

图 6-17 城市轨道交通控制中心系统组成图

2. 系统设备构成

1）主指挥中心控制中心系统设备构成

主指挥中心控制中心系统由服务器、存储设备、工作站、测试平台系统、闭路电视监控系统、大屏幕系统等组成。

主指挥中心控制中心系统采用双以太网、双应用服务器、双数据库服务器结构，保证系统运行的可靠性，增强系统的容错能力，同时设置一套 SAN 系统，实现数据的存储。

主指挥中心控制中心系统设置相应的工作站，实现对线路的综合监视、网络管理、视频控制等功能。

主指挥中心控制中心系统设置开发测试平台，用于进行控制中心系统的测试、修改、开发与培训工作。测试平台由开发测试服务器、数据服务器、工作站、前置处理器、打印机、接口系统模拟器、测试平台交换机等组成。

主指挥中心控制中心系统在中心设置闭路电视监控系统。该系统用于实现控制中心系统对各线路闭路电视监控系统的集中监视与控制，由视频服务器、视频操作/监视终端、视频编码器、数字硬盘录像机和闭路电视监控系统交换机等组成。

主指挥中心控制中心系统网络由主干网络交换机、网络管理服务器、网络时间服务器、核心网络交换机、防火墙等组成。主干网络是控制中心系统内部设备相互交换信息的通信平台,所有控制中心系统设备都连接到主干网络上;核心网络则是控制中心系统与外部设备相互交换信息的通信平台,与控制中心系统接口的外部设备都连接到核心网络上;主干网络与核心网络之间,以及核心网络与外部系统网络之间,均设置有防火墙以隔离保护控制中心系统内部设备。主指挥中心通过以太网三层核心交换机与后备指挥中心系统连接,完成数据通信功能。

控制中心系统还设有大屏幕系统。大屏幕系统是由显示单元、大屏控制器及大屏控制终端等组成。

2)后备指挥中心控制中心系统设备构成

后备指挥中心控制中心系统采用双以太网、双应用/数据库服务器结构,保证系统运行的可靠性,增强系统的容错能力。应用/数据库服务器提供监控系统的运行平台,并负责处理系统的实时数据,将实时数据转发各操作站。应用/数据库服务器配置磁盘阵列作为外部数据存储介质。

由于后备指挥中心为降级条件下的运行模式,一般只设置电调操作站与行调工作站,对电力、行车信息进行监视。后备指挥中心通过以太网三层核心交换机与小营指挥中心系统连接,完成数据通信功能。

城市轨道交通控制中心系统设备构成如图 6-18 所示。

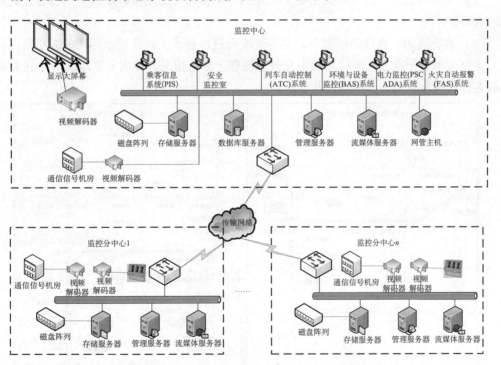

图 6-18　城市轨道交通控制中心系统设备构成

6.3.1.2　系统总体功能

控制中心负责进行日常监督、管理、运营调整和调度指挥,并为不同的运营主体提供公共服务,在突发事件下组织、协助抢险救援。控制中心系统总体功能包括:日常业务,客流、列车、设备监察，应急处理，辅助决策，统计分析，共享信息。

1. 日常业务

日常业务指指挥中心工作人员经常使用的例行业务，包括：

（1）交接班日志：对当天的工作进行交接，注明注意事项；

（2）工作日志：对当天的工作做详细的记录，以便查询；

（3）电话簿：可以查询、新建所有工作人员的联系电话和通话记录；

（4）LED 配置器：对 LED 显示屏上要显示的信息进行设置；

（5）天气预报：新建当天的天气情况，查询历史天气情况；

（6）班次与人员管理：对班次和人员进行安排。

2. 客流、列车、设备监察

指挥中心代表政府/业主监视/协调各轨道交通运营主体的运营情况。

1）客流监察

客流监察包括针对路网、换乘站和线路进行的客流量监察。

（1）客流量：可以对 15min 内的出入站客流量及当日累计的出入站客流量进行统计分析，并对它们进行趋势分析。

（2）实时摄像：可以实时调出每个车站的每个摄像头的拍摄画面，对当前客流进行直观的查看。

（3）客流流向：在线路层面上，对客流流向进行标示，并且显示客流的大小情况。

北京为了方便乘客在出行过程中充分掌握整个客流情况，推出北京地铁 App 进行实时在线客流拥挤度查询，如图 6-19 所示。

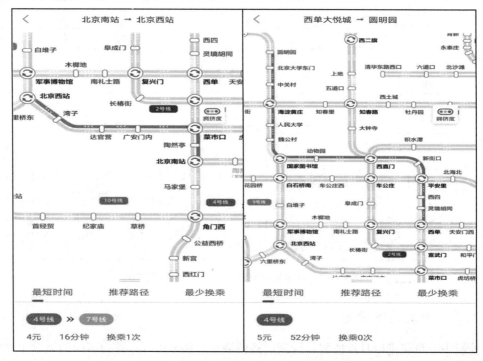

图 6-19 北京地铁 App 查询界面

2）列车监察

列车监察主要以线路为单位进行监察，对当前列车的行驶情况、线路情况进行实时的显示。

（1）列车情况：显示列车的车次、位置和晚点信息。

（2）供电情况：显示列车所在线路的供电系统的运行状态。

（3）线路情况：显示列车所在线路的路况信息，详细地标出线路的线性、离心率、线路区间长度等。

3）设备监察

设备监察主要对路网总的关键设备设施进行状态的监察，显示它们的使用状况，当有故障发生时及时发出报警信息。

（1）设备运行状况：以不同的颜色表示设备当前的运行情况，一般绿色为正常运行，红色为出现故障。

（2）设备位置：对每个设备进行编号，可以根据编号定位，或者在车站的平面图中显示设备位置。

3. 应急处理

当轨道交通运营发生突发事件时，各运营主体应立即将简要情况上报，并迅速核实初步情况。在特别重大、重大事故及紧急情况下和发生一般轨道交通运营突发事件时，各运营主体应立即启动应急预案并进行处置，随时报告突发事件的后续情况。

4. 辅助决策

类似于文档管理器的功能，对系统中用到的文档进行存储，以供查询、编辑和使用，对决策提供文件支持。

5. 统计分析

对工作报表、发生的事件进行统计和分析。

（1）工作报表：导入/导出工作汇总表、下载/导入工作报表模板，并且可以对工作汇总表进行编辑和预览。此外，对已经导入的报表可以进行查询（包括报表的名称、类型、上报人员、修改日期、上次执行时间和执行次数）。

（2）报警管理：对报警信息进行统计，统计后可按照需求查询历史报警信息。

（3）事件管理：对事件的处理信息进行统计，统计后可按照需求查询历史事件处理信息。

6. 共享信息

（1）提供客户服务平台与各线共享，产生规模效应，带来较好的经济收益，如：气象、新闻、大型活动及其他交通方式的信息；

（2）线路的运营信息，如向 A 线发布 B 线列车运营信息，向各线发布 A 线某车站已紧急关闭等信息；

（3）提供共用系统，如时钟、数据网络交换平台、无线通信系统转接平台等；

（4）提供统一的资讯，如天气预报及新闻信息；

（5）指挥中心作为轨道交通网内所有线路与其他公共交通系统接口，其他公共交通系统通过指挥中心与各线进行信息沟通，免去与多个运营主体联络的麻烦。

控制中心的6种功能相互关联,完成指挥中心的指挥、协调及应急处理:监视协调,是从集中信息功能中获取基础数据及视频信息,进行统计分析,并对线路进行监视,出现问题时协调解决;应急处理,根据获取的基础数据、现场视频信息及相关预案,由调度人员发出应急指令;共享信息,向线路发送运营和商务信息,并向其他部门发布相关信息,是整个系统的信息出口。

6.3.2 自动售检票系统

自动售检票(AFC)系统依托于城市轨道交通 AFC 部门,为以地铁为出行方式的乘客提供方便的进出站服务,以及为城市轨道交通运营部门提供乘客客流信息的服务。

6.3.2.1 自动售检票系统结构

通常来讲,轨道交通的 AFC 系统采用三级结构,分别是:中央计算机系统、车站计算机系统、就地设备。就地设备连接到车站计算机系统,车站计算机系统通过骨干网与中央计算机系统相连。AFC 系统结构图如图 6-20 所示。

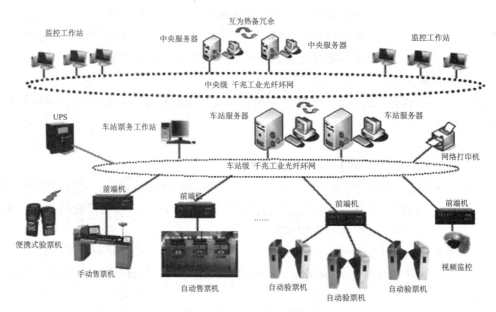

图 6-20 AFC 系统结构图

1. 中央计算机系统

AFC 系统中心控制室的计算机系统主要由中央数据库服务器和中央操作工作站及其他网络设备构成,称为中央计算机系统。

中央数据库服务器一般采用双冗余服务器,共享磁盘阵列、磁带机。操作系统和数据库平台采用主流的操作产品,这样易于维护。

2. 车站计算机系统

车站计算机系统由车站数据库服务器、通信设备、车站操作站及其他网络设备构成。车站计算机接收来自 AFC 设备的数据,并进行统计处理,存储起来并传输到中央计算机,同时保管来自中央计算机的参数数据并传输到 AFC 设备，对 AFC 设备进行控制。车站操作站是车站操作人员监控 AFC 设备的人机对话界面，可通过它监视本站各设备的状态、客流情况、本站的收益及车票管理情况，控制各设备的运行情况，打印相应的报表。车站操作站和车站数据库服务器可使用一台计算机。AFC 系统车站计算机系统结构如图 6 – 21 所示。

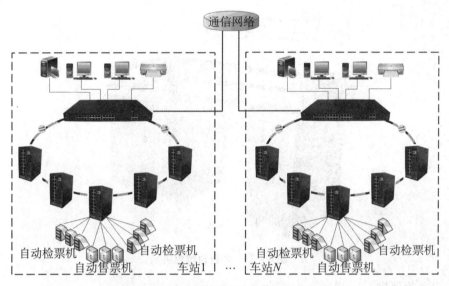

图 6 – 21　AFC 系统车站计算机系统结构

3. 就地设备

1）自动售票机

在自动售票机（automatic ticket vending machine，ATVM）上可以采用现金支付、微信支付和支付宝支付等方式购买车票，乘客购买车票时可以使用触摸屏或按键进行选择。自动售票机如图 6 – 22 所示。近年来各大地铁公司在购票方式方面不断推陈出新，引进了不少新的购票设备，如深圳地铁推出的 TVM 扫码购票机。此外不少城市也推出了线上购票服务，如深圳地铁提供了手机客户端或微信公众号购票服务，为乘客购票及出行提供了便利。

图 6 – 22　自动售票机

2）半自动售票机

半自动售票机由轨道交通的员工操作，如图 6-23 所示，能对"一卡通"及快轨专用车票进行处理。操作者通过半自动售票机对车票进行分析、更新、充值、替换和退票等交易处理。另外，操作者利用半自动售票机也可以对全部车票的发售数量、客户要求事项、票务管理、管理费用进行记录。

图 6-23 半自动售票机

3）自动检票机

检票机是乘客通过使用自动售票机发购的票卡及其他交通卡，直接通过被控制的扇门进出付费区所用的设备。值得一提的是，随着智能手机的不断普及，近年来刷卡支付的方式不断改进，北京地铁从 2017 年起开始提供手机一卡通刷卡服务，为乘客提供了便利。乘客手持车票进站时，无须接触检票机前板上部的天线，在 10 cm 范围内检票机就可以正确阅读所持卡的信息，有效时允许通过。乘客到达目的地出站时，如果使用单程票，必须将其投入到投入口，以便投入口内的无线校验，有效时回收，同时允许出站；出现错误或者单程票有异常时，则返还给乘客，并通过乘客显示器显示信息，引导乘客进行下一步的操作。自动检票机和单程车票如图 6-24 所示。

4）自动充值机

在自动充值机上可以使用纸币进行储值卡充值操作，内部设置多种纸币识别模块及充值模块，并可以通过增加纸币识别模块增加新的识别币种。机器正面集中化设计出充值所需要的必要提示信息、功能选择、纸币等投入口及储值卡插入口，如图 6-25 所示。

5）便携式验票机

便携式验票机（如图 6-26 所示）可检查乘客车票的有效性，可以识别根据业主需要设计的可兼容其他形式车票，并通过便携式验票机的显示器显示各种资料。显示器可以显示英文和中文，并利用便携式验票机的功能键来选择。

便携式验票机在非付费区和付费区里都可以使用，为了在付费区使用，应设定基本的车站名、日期、时间、票价表等。其设有通信串口，可以从车站计算机里下载信息。

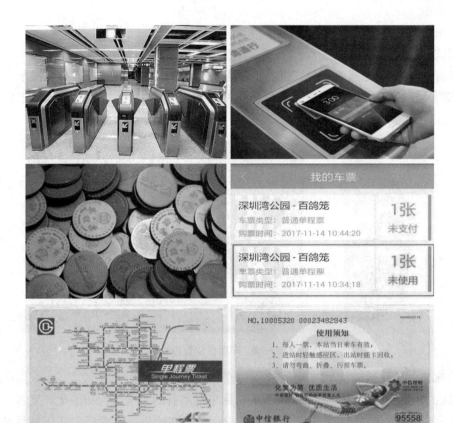

图 6-24 自动检票机和单程车票

图 6-25 自动充值机

图 6-26 便携式验票机

6）车票自动查询机

在车票自动查询机（如图 6-27 所示）上可以对储值卡进行查询操作，工作参数可以通过车站管理系统设定或者下载。机器正面集中化设计出查询所需要的必要提示信息、功能选择键、储值卡插入口。为便于乘客能够顺利操作，车票自动查询机按人体工程学原理设计，可以最大限度地方便乘客。

图 6-27　车票自动查询机

7）车票初始化编码机

车票初始化编码机（如图 6-28 所示）用来对所有的票卡进行初始化和复制。根据情况，利用车票初始化编码机可以对专用票卡进行金额初始化，或者把全部信息消除转换成与空白票卡相同的状态，并可以对回收票卡和注销票卡再次进行发卡登记。

图 6-28　车票初始化编码机

6.3.2.2　自动售检票系统功能

1. 中央级功能

计算机系统是 AFC 系统的核心，主要负责处理来自车站的交易信息，生成必要的管理参数表，并发送到各个车站计算机，其中包括车票价目表、黑名单信息、维修报表等。

在每天运营结束后，中央计算机分析处理各个车站全天收集的数据，并生成各个管理部门要求的所有管理和财务报表。中心操作站是中心操作人员的人机对话界面，可以执行以下操作：监控整个系统的运作、各个设备的状态、客流情况，设置并下载各种参数，查询收益和车票管理情况，打印各类报表等，它们都是通过中心操作站完成。

中心操作站应可以满足多个部门的要求：便于高层进行远距离监控，提供数据给财务部门做票务报表，提供数据给现金部门做现金数额登记，对操作员的密码和黑名单进行登记注册，为审计部门提供检查票务收入状况的资料，为客运部门提供客流量监控资料，提供系统设备运行状况资料给维修部门，便于停机维修等。

2. 车站级功能

车站计算机是车站级 AFC 设备的核心，既要存储部分数据，又是操作人员人机界面接口，其主要功能是支持 AFC 系统的业务运营、设备监控和管理、财务管理、票务管理、设备维修维护管理。

6.3.3 电力监控系统

电力监控（PSCADA）系统依托于城市轨道交通的供电系统，为轨道交通运营控制中心提供对电力的集中管理和调度、实施控制和数据采集等服务。

6.3.3.1 电力监控系统的基本组成

PSCADA 系统在轨道交通运营控制中心对供电系统的主变电所、牵引变电所和降压变电所的供电设备等的运行状态进行集中管理和调度、实施控制和数据采集。除利用"四遥"（遥控、遥信、遥测、遥调）功能监控供电系统设备的运行情况，及时掌握和处理供电系统的各种事故、报警事件外，该系统的后台工作站还可以对系统进行数据归档和报表统计，以便更好地管理供电系统。图 6-29 是轨道交通 PSCADA 系统网络拓扑图，图 6-30 为轨道交通电力监控中心。

PSCADA 系统由以下 3 部分组成。

1. 控制现场子系统

控制现场子系统主要由 PLC、远程 I/O 单元、保护单元、传感器、变送器和执行装置等构成，主要任务是采集现场信息和执行上级下达的控制命令，完成对现场控制对象的实时控制和调节传感器将现场的模拟信号、数字信号、开关量信号采集后经现场和计算机处理后，将其通过电缆、光缆或综合通信网传送子系统发往主控端。保护单元是反映线路或元件故障并跳闸的单元，要求功能相对独立。PLC 接收主控端发来的指令，由 PLC 输出控制信号，对控制对象进行遥控、遥调。

2. 信息处理与控制子系统

在主控端采集了经通信传输子系统传送过来的数据信息、状态信息和视频信号信息，经主控端的计算机加工处理后，再通过人机联系子系统以声、电、光、图像的形式报告给主控端的工作人员。在必要时，可进行人工干预，接受工作人员的操作命令，或者也可以通过信息通信网再将信息送至更高一层的领导决策人，以便控制和调节。

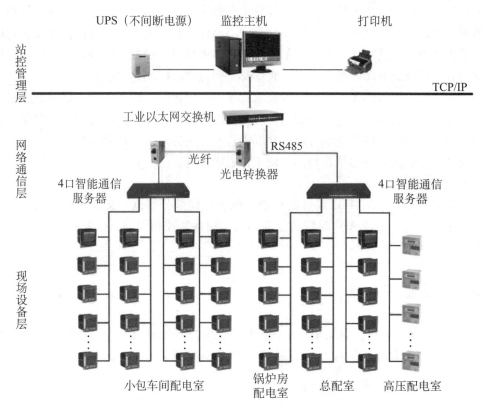

图 6-29 轨道交通 PSCADA 系统网络拓扑图

图 6-30 轨道交通电力监控中心

3. 人机交互子系统

人机交互子系统通过模拟屏、屏幕显示器、打印输出、报警系统等为值班人员提供完整的实时运行状态信息。通过分析，确认系统所处状态，如果系统当前状态不能满足要求，或可靠性不能得到保障，或性能指数不佳，这时工作人员可对系统进行某些调整，以保证系统安全、经济、稳定地运行。此外，还可以加入通信子系统。对于 PLC 监控系统，现场端和主控端相距有远有近，要根据系统各自的特点，采取不同的通信设备和手段进行数据通信。

6.3.3.2 电力监控系统的功能

PSCADA 系统具体功能模块如图 6-31 所示。

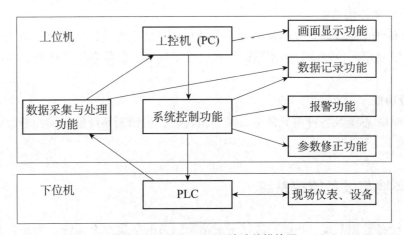

图 6-31 PSCADA 系统功能模块图

1. 数据采集与处理功能

通过总控单元对变电站各种模拟量、开关量、电度量、保护信息等实时数据进行采集和对必要的数据进行预处理，并以一定格式存入实时库，定时更新，对各类操作控制指令经判断无误后发送至总控单元和执行机构。

2. 安全监视监控功能

安全监视监控系统通过操作员工作站对变电所内各种电气设备的运行状态实时监视，对各种运行参数实时显示，具有越限报警、报警显示及报表定时和打印功能。

3. 系统控制功能

运行人员经键盘或鼠标对全站断路器、隔离开关、电容器组的投切、电抗器的相角进行调节及对整流电流、输出电流进行控制，需经系统软件对其命令的合法性、控制系统闭锁条件进行检查，对于非法命令和不满足闭锁条件的控制操作，系统拒绝执行。PSCADA 系统可对运行人员的操作权限加以限制，只有"负责人"才可以设置系统的控制参数和报警界限，普通用户只能查看系统状态及打印历史数据。

4. 事件处理功能

当变电站发生事故、故障和越限等事件时，PSCADA 系统将自动做一系列处理，如断路器跳闸，同时启动事故音响，退出相应画面，记录事故状况，使画面相应故障点变色等。

5. 画面显示功能

可实时显示设备状态及重要参数的单线系统图、三相电压、三相电流曲线及各类运行图、实时工况图，形成各类报表统计等。

6. 操作及事故追忆记录功能

对运行人员进行的所有操作及时间有准确记录，对任何事故触发都能记录下相关或所有的追忆量以便分析。

7. 历史记录功能

能对各类设备的运行情况进行统计记录，准确完整地记录操作、定值变更、事故及故障等，可自动生成各类报表、日志，自动生成事故画面和进行事故画面硬拷贝等。

8. 无功功率补偿功能

作为 PSCADA 系统的重要组成部分，无功功率补偿系统可以定期地自动调节系统功率因数。当系统功率因数波动较为剧烈时，也可以手动调节以使系统始终稳定在一个比较良好的状态。

9. 报警功能

当 PSCADA 系统及各种单元发生故障和错误时，自诊断系统能正确判断故障内容，发出报警信号。

6.3.4 环境与设备监控系统

环境与设备监控系统（BAS）依托于车站和隧道的通风空调系统，为车站和隧道的工作人员提供日常调度和防灾指挥信息服务。

6.3.4.1 环境与设备监控系统的组成

BAS 由中央级监控、车站级监控、就地级监控（包括 IBP 盘）及将它们连接起来的 BAS 监控网组成。为避免中央级监控和车站级监控同时操作同一对象而引起冲突，在操作员站有"运行控制中心/车站控制"选择开关，当开关在"运行控制中心"位置时，运行控制中心的操作员可操作；当开关在"车站控制"位置时，车站控制操作员可操作。如 BAS 结构为无中心功能，则中央级监控及 IBP 盘起到综合监控设置的作用。BAS 结构如图 6-32 所示。

1. 中央级监控

中央级监控装置设在中央控制中心，可对地铁线路的隧道通风系统进行监控，执行隧道通风系统预定的运行模式或向车站下达各种隧道通风系统运行模式指令。同时，它还能对全线车站通风空调系统进行监视，向车站下达各种大小系统和水系统运行模式指令。

中央级监控系统由 OCC 冗余实时服务器、冗余历史服务器、操作员工作站、网络通信设备等部分组成，用于监视全线各个车站机电设备系统的运行状态，完成中央级操作控制功能。

2. 车站级监控

车站级监控室配置车站级工作站，在正常情况下可监视车站所管辖范围内的隧道通风

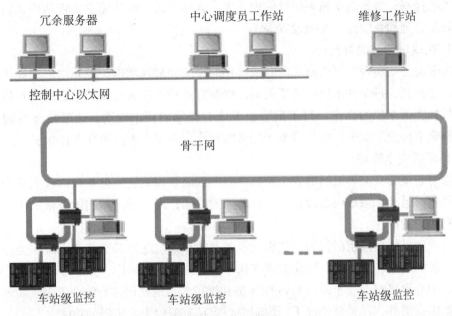

图 6-32 BAS 结构

系统、车站大小系统和水系统，向中央级监控室传送信息，同时可执行中央级监控室下达的各项运行模式指令；在紧急情况和控制中心授权下，车站级工作站为车站应急指挥中心，能根据实际情况将车站大小系统转入紧急运行模式和执行控制中心下达的区间隧道运行紧急模式指令；当车站工作站出现故障时，在 IBP 盘上可以执行下达的所有紧急模式运行指令。

车站级监控系统由车站 BAS 总线网络、冗余控制器、RI/O、UPS、BAS 工程师站等部分组成，用于监视车站机电设备系统的运行状态，完成车站级的操作控制功能。

3. 就地级监控

就地级监控设备包括就地控制柜（箱）和传感器等，主要设置在各车站环控电控室等位置，其具有单台设备就地控制功能，以方便设备的调试、检查和维修。就地级监控具有优先权。

6.3.4.2 环境与设备监控系统的功能

1. 中央级功能

中央级监控系统是整个 BAS 的监控核心，其功能设计应面向地铁运营和维护，突出日常调度和防灾指挥功能，支持全局性的监控和管理，并实现用于调度和运营管理的数据设备、关键设备（隧道风机等）的遥控、组控及模式控制等功能，为环调及围调提供用于运营管理的、全局性的并且可实现区域性监控操作的各类高校使用的监控手段。

1）中央级监控功能

（1）设备监控及管理。

该功能主要包括设备监控及操作、全局性监控及检索查询、统计管理、报警管理、趋势管理、时间管理、报表管理等功能。

（2）运营调度及管理。

控制中心的模式控制与操作包括两方面：一是对隧道系统的非正常及灾害模式和早晚

换气模式的控制，二是给车站系统提供模式表。具体来讲，该功能主要包括模式监控与操作、时间表管理和系统运行参数设置等。

（3）在线帮助与决策支持。

在线帮助主要实现对页面显示内容或操作的说明和解释功能。控制中心应提供每个页面独立的帮助页、每个弹出窗口的帮助页，以及对各种控制失败反馈信息的解释信息，以便操作员判断下一步的操作。每条报警记录应有详细的帮助说明，通过鼠标右键弹出查看。在特殊事件或工况下，应提供基于经验的和取自专家库的决策性支持功能。

（4）系统安全管理。

控制中心应具有完善灵活的安全控制功能和权限管理系统，且系统的权限至少应有多级操作权限。另外，系统可以设置一个自动注销时间，以自动注销当前登录的用户，并可记录所有用户的操作。

应对重要操作增加密码保护，如修改运营参数和系统配置参数使用二级安全控制，针对当前登录的用户，须再进行操作密码确认才能允许其进行操作。

控制中心可以对全线车站的 BAS 操作员和维护人员的密码进行统一管理，实现统一的用户数据库。另外，在紧急情况下，控制中心应具有解除车站密码的功能。

（5）通用人机界面功能。

人机界面是人机交互的重要接口。中央级监控应提供直观的、生动的人机界面体系，即人机界面要成为系统功能的完整的与用户友好的可视化表达。图 6-33 至图 6-39 为 BAS 的多种监控界面。

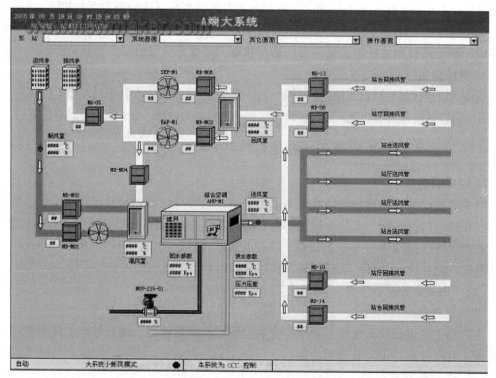

图 6-33　BAS 大系统监控界面

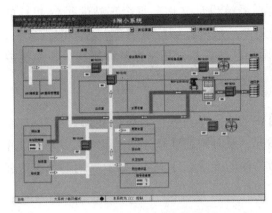

图 6-34 BAS 小系统监控界面

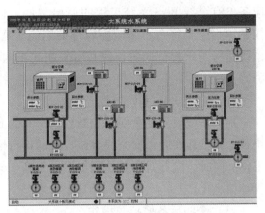

图 6-35 BAS 车站大系统水系统监控界面

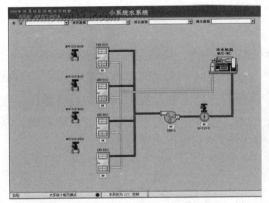

图 6-36 BAS 车站小系统水系统监控界面

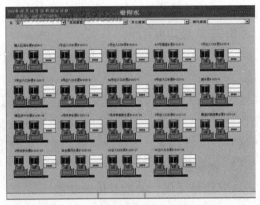

图 6-37 BAS 给排水系统监控界面

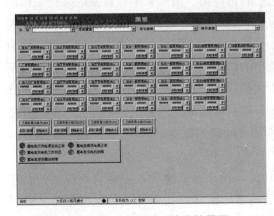

图 6-38 BAS 照明系统监控界面

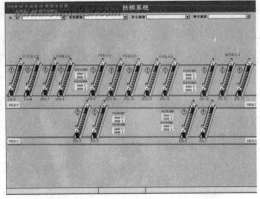

图 6-39 BAS 扶梯系统监控界面

(6) 时钟同步。

可以接受信号系统的主时钟信息,并将主时钟信息同步到车站及车辆段的 BAS。

2) 中央级维护功能

(1) 全线 BAS 系统工程管理。

首先 BAS 维护系统设备是全线 BAS 系统工程管理中心,在服务器或维修工作站上应备份有全线 BAS 系统工程的原始文件,包括系统设计文件,每个车站的每台 PLC 的控制源程序,每个车站监控软件的组态工程文件,系统详细配置清单,各种图纸资料,系统运行与维修记录等。维修计算机可随时调用这些资料,用来恢复系统或分析系统故障等。

(2) 全线 BAS 系统监控与维护。

维护系统设备的主要监控对象是全线的 BAS 设备,通过相应的功能和手段,可以使系统维护人员能实时掌握全线系统设备的运行情况,及时制定维修计划,组织人力完成维修工作。同时,应针对维护功能提供一个基于数据库的维修管理工具,使日常的系统维护和管理信息化。

(3) 全线后备监控与操作。

当出现中心监控系统不能正常工作时,位于车辆段的 BAS 维护系统完全可以接管对车站的监控与操作功能,实现后备的功能需求。

2. 车站级功能

车站 BAS 可以是一个以车站为单位的相对独立的系统,从而完成车站 BAS 功能。

车站级功能主要包括以下功能:实时监控与联动控制,车站环境参数监控,车站空调系统控制,大系统设备的优化与智能控制,设备控制,防灾联动控制,紧急后备操作,智能优化与调节控制,监控功能,提供系统安全措施,报警监控与管理功能,消防联动,系统恢复与保持功能,系统自诊断功能,系统状态监控,参数化系统等。

3. 就地级功能

1) 信号采集、转换及传输功能

通过硬线连接的现场信号有两类:开关量和模拟量。开关量输入信号是由中间继电器产生的一个无源触点信号,由被控对象的就地控制箱给出,用来表示该设备的某种工作或运行状态。BAS 就地远程 I/O 模块接收该信号,并通过模块内部的光电隔离将该信号转变成计算机可识别的二进制信号。对于模拟量,一般来自现场的传感器或变送器,如空气参数传感器等。BAS 就地远程 I/O 模块接收该类型的信号,并经过处理,将其变为 PLC 内部可处理的值用于计算。其他数据是通过通信方式传递的,信号包括电信号和光信号,BAS 通过通信接口装置或转换器接收这些信号。BAS 根据事先规定的协议规则接收、解码并整理这些网络或总线传输数据,形成 BAS 可识别和可处理的数据。

2) 显示与诊断功能

对现场设备,BAS 均具有工作状态指示功能,便于运营维护人员的直观观察。对于 PLC 的远程模块,其表面设有电源状态指示、通道通断状态指示和通信状态指示,通过指示不同颜色的变化或闪烁情况,可以基本判断出该模块的状态,同时模块具有自诊断功能。

3) 数据传输和协议转换功能

数据传输是现场设备的又一重要功能。因为数据经过采集和转换后,需要经过总线将其送至 CPU 内进行处理。采用 I/O 总线技术和控制网技术来实现现场数据的传输。

协议转换是 BAS 接口设备的另一个主要功能,通过系统的接口开发予以实现。

4) 单台设备控制功能

对设备的控制命令信号主要由就地设备完成,如模式控制:PLC 处理器接收到来自操作设备的命令或 FAS 的触发模式命令后,经过控制优先级及模式冲突判断后产生具体的设备控制命令和联动控制命令,这些命令以布尔量的形式经过 PLC 总线或接口模块传送至就地设备,就地设备将通过 DO 模块驱动中间继电器,通过继电器的触电来实现对设备的控制。

5) 连锁控制功能

设备间的连锁控制及保护是就地 PLC 的主要任务,特别是风回路风机和风阀之间的直间或间接连锁关系。

6.3.4.3 环境与设备监控系统的设备

从 BAS 的中文名称即可看出,其被控设备可划分为两类:环控系统设备和地铁建筑附属其他机电设备。BAS 的设备组成如图 6-40 所示。

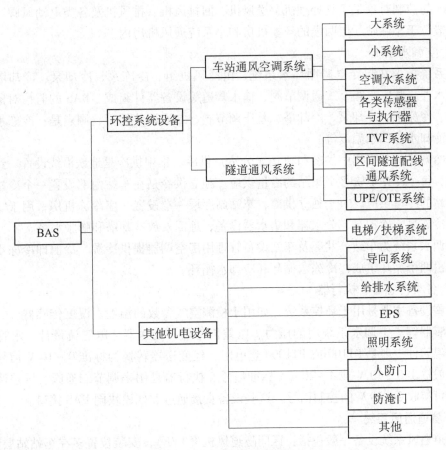

图 6-40 BAS 的设备组成

环控系统设备主要是车站和隧道的通风空调系统,包括车站通风空调系统和隧道通风系统。

1. 车站通风空调系统

1) 车站公共区通风空调系统

此类系统习惯称之为大系统,同时兼作车站公共区排烟系统。一般由组合式空调机组、空调新风机、回排风机、消声器、电动组合风阀、多叶调节阀、防/排烟防火阀、新风井、风道、混合室和风管等部分组成。BAS 的控制对象是组合式空调机组、空调新风机、回排风机及各类电动风阀。这些设备一般都是两态设备,而回排风机有时也设计成三态设备。风阀一般被设计工作在不可调节的固定开度。

大系统主要设备一般集中、对称地分布于车站站厅层两端的环控通风机房,机房内一般分别设置 1 台或 2 台组合式空调机组,每台机组对应一台回排风机;车站每端设置一台空调小新风机,提供车站公共区小新风工况的新风量。

2) 车站设备管理用房通风空调系统

车站设备管理用房通风空调系统(兼排烟系统)又称为小系统,由空气处理机、送风机、回排风机、排风机、消声器、(耐高温)多叶调节阀、防/排烟防火阀、风管等部分组成。BAS 的控制对象是空气处理机、送风机、回排风机、排风机及各类电动风阀。小系统设备一般位于车站站厅层两端的环控机房和小系统通风机房内。

3) 空调水系统

该系统指车站制冷空调循环水系统,由冷风机组、冷冻泵、冷却泵、冷却塔、集水器、分水器、膨胀水箱、二通调节阀、输水管道等设备器件组成。BAS 的监控对象是:冷水机组、冷冻泵、冷却泵、冷却塔、差压调节阀、二通调节阀等,测点是:冷冻水供回水温度、冷却水供回水温度等。

供冷方式又分为集中供冷和独立(分站)供冷。集中供冷是地铁沿线设置一到多个集中冷站,每个冷站负责多个车站的冷量供应。独立供冷是在车站内部设置一个冷站,并只负责本站的冷量供应。对于独立供冷,车站站厅层一端设置一座冷冻机房,用于安放冷水机组、冷冻泵、冷却泵、分水器和集水器设备,地面安放冷却塔和膨胀水箱。

空调水系统为车站公共区及车站设备管理用房空调器提供冷源,冷源即冷冻水。空调水系统由两个循环组成:冷冻水循环和冷却水循环。

4) 各类传感器、执行器

这些设备主要是用于环控系统,如用于检测空气参数的温度、湿度传感器、二氧化碳浓度传感器等。空调水系统用的压力、压差传感器、变送器、电磁流量计、水管式温度计,感温元件一般是 PT100 或 PT1000 热电阻,经变送器转换为标准 $0 \sim 10$ V 信号。这些设备一般输出 $0 \sim 10$ V 或 $4 \sim 20$ mA 标准信号。执行器是用来调节二通阀、压差调节阀开度的,可接收 $0 \sim 10$ V 的控制信号。这些设备直接通过 I/O 模块同 BAS 接口。

2. 隧道通风系统

隧道通风系统设备一般包括:区间隧道风机(TVF),安装位置多在车站站层两端头、长区间隧道的中部;配线隧道风机,安装于配线隧道内、隧道交汇处;车站隧道风机(OTE 风机和 UPE 风机),一般位于车站站厅层两端;相关组合风阀,多在各种风机、风井附近;隧道洞口的风幕机等。

区间隧道风机、射流风机是三态设备:正转、反转和停止,并附有多个状态反馈点。

车站隧道风机一般也是三态设备：高速、低速和停止，并附有多个状态反馈点。其他均为两态设备。

1）TVF 系统

指区间隧道活塞风与机械通风系统（兼排烟系统），由分布于车站两端的 TVF、消声器、电动组合风阀等设备构成，构筑物包括分布于车站两端的风道、风井、风亭等。BAS 的控制对象是 TVF 和与之配合使用的电动组合风阀。

2）区间隧道配线通风系统

指列车出入线、联络线、存车线、折返线、渡线和中间风井等，BAS 的控制对象是分布于上述地方的射流风机和电动组合风阀。

3）UPE/OTE 系统

指车站范围内、屏蔽门外站台下和轨道顶部排热系统，由 UPE/OTE 风机、风道、风井、风亭等组成，风机一般位于车站站厅层的两侧。BAS 的控制对象是 UPE/OTE 风机。

3. 给排水系统

给排水系统设备包括两大类：电动蝶阀和水泵，具体如图 6-41 所示。

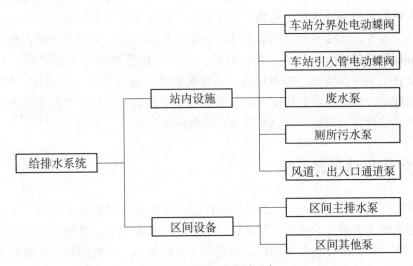

图 6-41　给排水系统设备

4. 照明与导向系统

照明一般包括工作照明、广告照明、出入口照明、区间照明、事故照明电源及与消防无关的电源等。

5. 电梯/扶梯系统

电梯/扶梯系统属于车站公共区的配套设备，一般位于车站公共区和出入口处。

6. 屏蔽门

如果 BAS 采用屏蔽门制式，屏蔽门控制系统一般纳入 BAS 的监控和管理范围。

屏蔽门安装于站台和隧道的交界处，用以隔离车站和隧道，当没有列车停靠站台时，屏蔽门处于关闭状态；当有列车停靠时，屏蔽门将随着车厢门同时打开或关闭。屏蔽门自成系统，由专用控制器控制。其控制器通过串口方式接口车站通信控制器，从而接入车站局域网。图 6-42、图 6-43 为两类不同的屏蔽门。

图 6-42　全高封闭式屏蔽门

图 6-43　半高敞开式屏蔽门

7. 人防门

人防门一般位于隧道内，平时常开，BAS 通过 I/O 接口对其只监视不控制。

8. 防淹门

一般在过江或湖泊的隧道内设有防淹门，同样，BAS 通过 I/O 接口监视其状态。

BAS 的被控对象与其他系统相比，不仅数量多且分布极其不规则，几乎遍布整个地铁建筑物的各个地方，这种分布上的客观情况决定了 BAS 实施、调试及维护的难度。解决此难点需分析这些设备的分布特点，找出规律。BAS 所控设备的分布特点是：车站两端是 BAS 系统设备的集中安装地，如风机房、冷水机房等，而其他机电设备除电梯/扶梯、排水设备、站厅站台的空气参数传感器等分布不规律外，基本上都集中在车站两端的不同位置。了解和确定设备分布特点是进行系统设计的前提。

6.3.5　火灾自动报警系统

火灾自动报警系统（FAS）是由触发器件、火灾报警控制装置、火灾警报装置及具有其他辅助功能的装置组成的火灾报警系统，它能够在火灾初期，将燃烧产生的烟雾、热量和光辐射等物理量，通过感温、感烟和感光等火灾探测器变成电信号，传输到火灾报警控制装置，并同时显示出火灾发生的部位，记录火灾发生的时间。一般 FAS 和自动喷水灭火系统、室内消火栓系统、防排烟系统、通风系统、空调系统、防火门、防火卷帘、挡烟垂壁等相关设备联动，通过自动或手动发出指令以启动相应的装置。

6.3.5.1　火灾自动报警系统相关设备

1. 触发器件

消防规范规定，FAS 应设置自动和手动两种触发装置。因此，触发器件常划分为自动报警装置和手动报警装置两大类。

1）自动报警装置

自动报警装置通常是指火灾探测器，它是 FAS 的感觉器官，其作用是监视环境中有没有火灾发生。一旦有火灾发生，它自动将火灾燃烧所产生的特征物理量（如烟雾浓度、温度、气体、核辐射光强等）转换成电信号，火灾报警控制装置发送报警信息。根据被监测环境的火灾特性不同，可选择不同种类的火灾探测器，常用的火灾探测器有以下 5 种。

（1）感烟探测器：主要有离子感烟探测器、防爆型感烟探测器（如图 6 – 44 所示）、光电感烟探测器（如图 6 – 45 所示）、对射式感烟探测器、激光光束感烟探测器等。

图 6 – 44　防爆型感烟探测器　　　图 6 – 45　光电感烟探测器

（2）感温探测器：主要有定温探测器、差温探测器（如图 6 – 46 所示）、差定温探测器、感温电缆、线型光纤感温探测器等。

（3）火焰探测器：主要有红外火焰探测器、防爆型红紫外复合式火焰探测器（如图 6 – 47 所示）等。

（4）复合型探测器。

（5）可燃性气体探测器。

图 6 – 46　差温探测器　　　图 6 – 47　防爆型红紫外复合式火焰探测器

2）手动报警装置

手动报警装置主要是手动报警按钮，是 FAS 的重要组件。一旦发现火情，可以通过手动报警按钮快捷准确地向火灾报警控制装置通报火警。

每个防火分区至少设置一个手动报警按钮。从一个防火分区内的任何位置到最近的一个手动报警按钮的距离不大于 30 m。手动报警按钮设置在公共活动场所的出入口处，而且是设置在明显的和便于操作的部位。当安装在墙上时，其底边距地高度为 1.3 ~ 1.5 m，且有明显的标志。手动报警装置如图 6 – 48 所示。

2. 火灾报警控制装置

火灾报警控制装置是 FAS 的心脏，是系统运行的指挥中心，主要实现整个系统监视、报警、控制、显示、信息记录和档案存储等功能。正常运行时，它自动监视系统的运行状态和故障诊断报警；有火灾时，它接受火灾探测器、手动报警按钮的报警信号，并将其转换成声光报警信号，指示报警部位、记录报警信息，通过自动灭火控制装置启动自动灭火设备和消防联动控制设备。同时火灾报警控制器还是系统供电转换中心，负责现场设备供电。

3. 火灾警报装置

火灾警报装置是火灾发生时以声、光、语音等形式给人以警示的一种消防设备，常用的有警铃、警笛、声报警器、光报警器、声光报警器、语音报警器等。随着数字通信技术的发展，声光报警器、语音报警器的录音质量和保存时间都有极大的改善，音响效果更为人性化，更容易被人接受。

4. 消防控制设备

消防控制设备是用以对气体灭火设备、水消防设备、防排烟设备、防火卷帘门等消防设施进行联动控制的设备，实现由 FAS 直接或间接监控管理消防设备的控制和切换。其包括的主要设备有：功能模块、消防联动控制柜（如图 6 - 49 所示）、在火灾报警系统中手动启动重要消防设备的设施（手动联动控制柜）。

图 6 - 48 手动报警装置

图 6 - 49 立式消防联动控制柜

6.3.5.2 地铁火灾自动报警系统的组成

地铁 FAS 主要由设置在各地铁车站、区间隧道、控制中心大楼、车辆段、停车场、主变电站等与地铁运营有关的建筑与设施的 FAS 设备及相关的网络设备和通信接口组成。系统分为 3 个级别：设置在控制中心的中央监控管理级、车站（包括车站和车辆段）监控管理级、现场控制级，其结构图如图 6-50 所示。

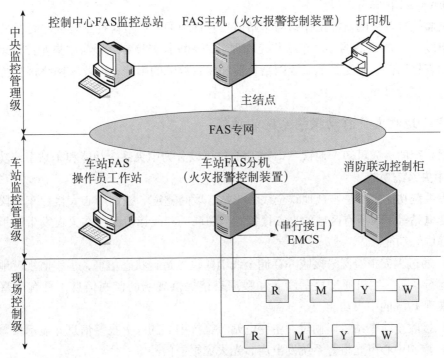

图 6-50　地铁 FAS 结构图

1. 中央监控管理级

中央监控管理级设置在控制中心，作为地铁消防的指挥和控制中心，用于监视地铁全线各车站、区间隧道、控制中心大楼、车辆段、停车场、主变电站等下属所有区域的火灾报警、消防联动和故障情况。中央监控管理级在控制中心配备 FAS 主机，它由两套消防通信机（火灾报警控制装置）和控制中心两台互为热备用的 FAS 监控总站（操作员工作站）组成。FAS 主机一般通过专用网卡与整个系统 FAS 专网相连，并作为网络的一个结点与各防灾报警分机保持通信。中央监控管理级操作站需要设置打印机等外围设备。一般在控制中心设 FAS 大屏幕或模拟显示屏，以图形的方式直观地显示全线各区域的火灾报警及故障信息，支持全线的防灾、救灾指挥。

2. 车站监控管理级和现场控制级

车站监控管理级和现场控制级由车站 FAS 分机（火灾报警控制装置），车站 FAS 操作员工作站，打印机，消防联动控制柜，现场的火灾探测器、控制及监视模块等组成。

车站控制室设 FAS 分机（火灾报警控制装置），通过总线与现场设备相连，组成所辖站点的 FAS，负责车站的火灾报警处理及联动控制，并通过 FAS 网络与其他车站的火灾报警控制装置及控制中心监控总站进行通信,报告火灾报警、系统故障、联动控制及各消防设备的运行状态等信息。

在车站控制室设置消防联动控制柜,用于消防泵(引入管电动蝶阀)、TVF、UPE/OTE 风机、组合式空调箱、变风量空调器、回排风机(兼排烟风机)、小系统回排风机、送风机等火灾工况下运行的设备的直接手动控制。消防联动控制柜采用硬连线的方式直接连接所控制的消防设备的控制回路。

3. FAS 专网

中央监控管理级的监控工作站与车站监控管理级的火灾报警控制装置之间通过 FAS 专网接口组成 FAS 独立的网环。车站监控管理级的火灾报警控制装置与中央监控管理级的监控工作站直接通信,不受其他系统网络负荷和设备故障的影响,因此该网络通信方式响应速度较快,安全可靠。

6.3.5.3 地铁火灾自动报警系统的功能

根据系统的构成可知,地铁 FAS 的功能也可以分为中央系统功能和车站系统功能。

1. 中央系统功能

中央系统功能主要是监视地铁全线各车站、区间隧道、控制中心大楼、车辆段、停车场、主变电站等下属所有区域的火灾报警、消防联动和故障情况,在火灾发生时承担全线防灾指挥中心功能。

(1)通过火灾报警网络接收并存储全线消防设备运行状态信息,远程监视就地级消防设备的运行状态。主机通过显示画面和数据表格提供现场的监视信息,具有丰富的 HMI 画面,展现 FAS 的中央功能。

(2)接收全线车站、车辆段、主变电站、指挥中心的火灾报警信息并显示报警部位。

(3)控制中心声光报警系统发出声、光火灾报警信号。

(4)打印机实时打印出火灾发生的时间、地点、火灾类型等。

(5)通过控制中心的网络向 EMCS 发送火灾紧急信息,并指令 EMCS 进入火灾报警处理模式。

(6)通过 CCTV 系统切换装置和显示终端确认火灾情况。当确认火灾发生后,在一定时间内如果现场火灾报警控制装置还未做出反应,可在控制中心发出指令给站点火灾报警器,指挥现场的火灾抢救工作。

(7)存储记录的功能:存储事件记录和操作人员的各项操作记录,包括火警监视、故障状态、设备维修、清洗等信息记录。

(8)系统编辑功能。①在线编辑功能:维护人员通过工作站能添加系统设备或直接在现场编辑,自定义设备。通过系统提供的程序监控软件,在防灾报警主机上进行在线编辑并输出至打印机或磁盘等。②离线编辑功能:现场设备的定义和参数修改可在办公室的电脑上完成,经编译转换后,到现场通过电话线将程序发送到火灾报警控制装置上。

(9)立式档案管理:将报警、时间等信息记录归档处理。操作人员可根据要求随时进行信息的查看和打印输出。

(10)网络自诊断功能:FAS 主机具有网络自诊断功能,可及时判断网络故障的位置及原因，并按事件方式进行报警。

(11) 主时钟：FAS 每一瞬间间隔接受一次防灾指挥中心的主时钟信息，接收时间间隔随主时钟系统而定，并与该主时钟同步，其误差小于 10 ms。系统实时对各站点分控级的火灾报警控制装置进行校对，以保证整个系统的时钟同步。当发生主时钟通信中断时，该主机内的时钟控制器将继续保证火灾报警的正常计时工作。

2. 车站系统功能

FAS 的车站系统功能主要有监视、报警、控制及与其他系统联动等。

1）监视功能

在正常情况下，设在各车站的防灾报警分机通过探测器和信号输入模块，对火灾状态和消防设备的运行状态进行实时监测。同时，FAS 对其系统内部的部件状态也进行实时监测。通过火灾报警网络连接的各控制装置和信道网络也在进行自动监测。所有的监测信息都将传送到控制中心 FAS 监控工作站，并通过控制中心的综合监控网络形成实时信息，供整个综合监控系统共享。图 6-51 是 FAS 车站级报警系统结构图。

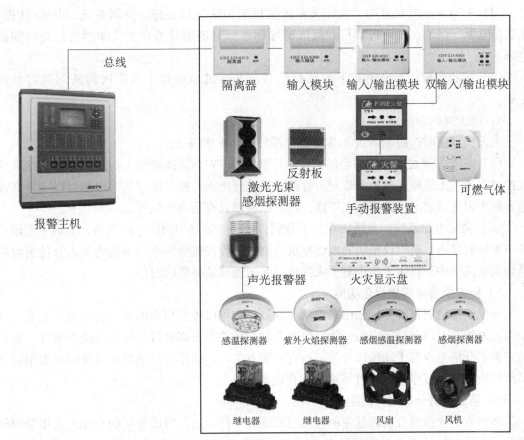

图 6-51 FAS 车站级报警系统结构图

消防监控工作站上的显示器以平面图的形式显示整个系统各站点内各防火分区、防烟分区的火灾探测器和消防设备的运行状态、火灾信息。设在各站点的火灾报警控制装置接受探测器和监视模块的实时报警信号。

2）报警功能

车站 FAS 报警有两种方式：自动确认模式和人工确认模式。

（1）自动确认模式：通过智能探测器（感烟、感温探测器等）或与智能模块连接的探测器（感温电缆、红外对射式感烟探测器等）及感温光纤探测系统实现。在自动确认模式下，通过软件功能对火灾进行自动确认，强化了报警功能，提高了火灾报警的准确性。

（2）人工确认模式：当探测器发出火灾报警信号时，消防值班人员借助其他手段，如闭路电视、现场手动报警按钮、对讲电话等对报警信号进行火灾确认，通过火灾报警控制器上的人工确认按钮实施人工报警确认，启动控制器进入火灾处理程序。

3）消防联动功能

系统在火灾确认后，除发出火灾声光报警、火灾信息显示等以外，还将进入消防联动模式。

（1）通过监控模块实现对消防栓、自动喷洒灭火器、气体灭火器、防火卷帘门、声光报警器等消防设施的直接联动控制。

（2）通过车站级局域网，由相关系统实现对消防排烟设施、空调系统、电梯/扶梯、非消防电源、门禁、自动售票机、疏散诱导标志灯等消防设施和相关非消防设施的间接控制。

（3）接收监视、报警模式下的监控信号，并通过地铁骨干网依次传送到防灾指挥中心。

4）防灾通信功能

当灾害发生时，由 FAS 发出指令，全线转换为灾害模式。

（1）各车站通过自动或手动的方式将广播、CCTV 系统强制转入防灾状态。车站级防灾控制室通过麦克风或预定语音对所管辖车站进行防灾广播，通过显示终端可以非常直观地了解灾害区域状况，各级防灾广播、防灾监视都具有最高优先权。

（2）消防电话系统：各防灾控制室分别设置一套独立的消防电话网络，电话主机设在各防灾控制室内，重要设备间的电话挂机、火灾报警按钮旁的电话插孔均纳入分控制级的消防电话网络中，可用于实现对火灾的现场人工确认及必要的通信。

5）防灾报警分机集成化功能

一般车站防灾报警分机选用联动型控制器，它可以根据用户的需要将监视、报警、联动控制及紧急对讲通信集成为一体，同时在软、硬件方面都支持与相关系统的集成。而且防灾报警分机上设有手动确认开关，当有火灾发生时，操作人员远程手动控制防灾报警分机执行所有联动程序（包括气体喷放远程启动开关）。

6）防灾报警分机之间网络通信功能

各站点防灾报警分机通过专用接口与系统骨干网相连，形成独立的全线火灾报警网络系统。各站点的分机均为该网络上的结点，各分机具有与控制中心信息交换的功能。同时，各分机也具有相互之间信息交换的功能，特别是相邻站之间可相互进行火灾报警的信息传送，使得当某一车站发生火灾报警时，相邻车站也可同时接收到此火灾报警信息，并根据此信息及时进行行车组织和必要的救灾措施。

防灾报警分机通过总线将现场设备联系起来，组成所辖站点的火灾报警子系统。各站点（控制中心大楼、车站、变电站、车辆段）内的火灾报警子系统负责所管辖内火灾报警信息的实时监测和消防设备的实时监控。

6.3.6 列车自动控制系统

列车自动控制（automatic train control，ATC）系统是城市轨道交通系统中保证行车安全、缩短列车运行间隔、提高列车运行质量的重要设备。该系统采用计算机及网络技术实现对列车自动控制的各项专用功能，在我国多数城市的地铁中已投入使用。随着技术的发展，不同的 ATC 系统制式和运用模式相继研制成功，其安全性、可靠性和系统功能都将日益完善。

ATC 系统主要由列车自动防护（automatic train protection，ATP）系统、列车自动监控（automatic train supervision，ATS）系统、列车自动运行（automatic train operation，ATO）系统 3 个子系统构成，它是一套完整的控制、监督、管理系统。ATP 子系统是保证列车安全运行的重要设备，通过发送和接收各种行车命令，从而确保列车的安全运行。车载 ATP 设备接收轨旁 ATP 设备传递的信号指令，经校验后送至 ATO 子系统完成部分运行的操作功能。位于管理级的 ATS 模块较多地采用软件方法实施联网、通信及指挥列车安全运行。这 3 个子系统既相互独立又相互联系，完整的 ATC 系统能确保列车安全、快速、短间隔地有序运行。

ATC 系统设备分布于控制中心、车站、轨旁及车上，其系统框图如图 6-52 所示。

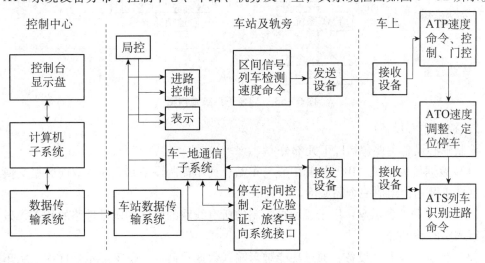

图 6-52 ATC 系统框图

6.3.6.1 ATS 子系统

在 ATC 系统中，ATS 子系统位于管理级，它主要采用软件方法实施联网、通信及指挥行车，在 ATP、ATO 子系统的支持下完成对全线列车运行的自动管理和监控，其功能概括起来说就是控制和监督。控制主要是通过 ATP、ATO 子系统的协助，按照列车运行图指挥行车、办理列车进路等。监督则是通过车-地双向信息交换（TWC）系统收集列车运行信息,如车次号、到站、列车位置等,由控制中心计算机进行列车跟踪监视,将列车信息在控制中心模拟盘上显示,绘制列车实迹运行图,并动态地对偏离运行图的列车进行调整。

1. ATS 子系统的构成

ATS 子系统主要由控制中心设备、车站设备、车载设备三部分构成。控制中心和车站之间的联系由数据传输系统来完成,TWC 系统则用于实现控制中心与列车之间的联系。ATS 子系统结构图如图 6-53 所示。

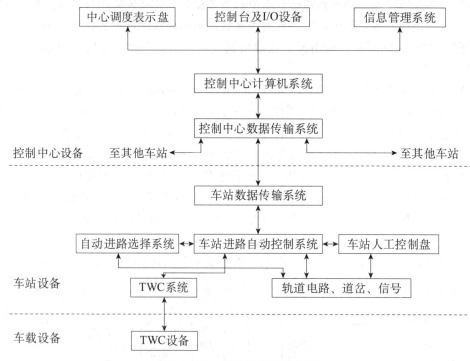

图 6-53 ATS 子系统结构图

1) 控制中心设备

控制中心设备主要包括以下几部分:

(1) 数据传输系统:用于控制中心与车站、列车控制设备室之间的双向数据交换,列车控制微机及通信组成一个局域网。

(2) 中心调度表示盘:用于显示被控制的所有线路的状态和所排进路的状态,显示列车运行的实时状态等。

(3) 控制台及 I/O 设备:通过功能键盘输入数据及命令,CRT 显示器详细显示车站动态线路图、车次跟踪及时刻表数据,产生各种报警信息,包括运行管理及设备检修报警信息。

除上述部分外,控制中心还包括其他辅助设备,如绘图仪及打印机。绘图仪可以绘制列车运行图,包括计划运行图和实迹运行图,并打印各种列车运行报告和数据。

2) 车站设备

车站设备主要包括下列几部分:

(1) 车站人工控制盘:它设于车站控制室内,通过控制盘对联锁、停站时间、临时限速命令及紧急停车命令等进行控制，盘面上附有显示装置。

（2）车站数据传输系统：主要负责接收和发送控制中心及列车之间的信息。

（3）自动进路选择系统：当 TWC 系统收到列车发来的列车目的地等信息时，通过该系统自动排列进路。

（4）TWC 系统：该系统主要负责 ATS 信息的双向传输。在线列车通过车上 TWC 设备把车次号、目的地、列车长度等信息发往中心计算机，实现列车跟踪、中心监视显示、信息发往车站、控制联锁装置、自动办理进路。当需要调整列车运行时，地面 TWC 设备将速度等级信息、赶点命令、列车通过信息发到列车上，实现速度调整与运行调整。

3）车载设备

主要是 TWC 设备，列车目的地信息存储于车上存储器内，再传至地面以便自动排列进路。

2. ATS 子系统的主要功能

ATS 子系统根据运行时刻表监控全线列车运行，其工作方式为集中管理、分散控制，其主要功能有 6 项，分别为：集中控制功能、集中显示功能、列车运行时刻表管理功能、运行数据记录与统计功能、仿真功能和监测与报警功能。

1）集中控制功能

（1）通常在 ATS 子系统中设置中央及车站两级控制权限。在正常运营时，运行控制权属于中央控制中心，在必要时（如控制中心设备故障），经过权限转移，可将控制权限转移至一个或多个连锁车站，控制权限转移后，车站控制设备临时代替中央控制中心，负责全线的运营调度。

（2）通过调整列车停站时间实现对列车运行的调整。在装备有 ATO 子系统的线路上，通过对列车运行速度等级的设置实现对列车运行的自动调整。

（3）自动排列列车进路，即自动控制道岔转换、开放信号，并实现安全联锁。

（4）在必要时（如为了尽快恢复被偏离的运行图），控制中心的调度人员可按需要设置列车跳停，即命令列车在某个站或某几个站不停车。

2）集中显示功能

（1）在控制中心内，通过大型显示屏或值班员的显示终端，以图形的方式集中显示现场设备的状态。

（2）在控制中心内，通过大型显示屏或值班员的显示终端，以图形的方式集中显示列车的位置及其运行状态。

（3）所有运行列车的显示都带有相应的车次号或列车的其他编号。

（4）在整个子系统内，所有显示终端和显示屏所用的图形和符号都应一致，并符合用户的规范。

（5）在控制中心的显示终端上，调度人员可选择显示文本信息。

3）列车运行时刻表管理功能

（1）计划时刻表与实际时刻表的比较。

在 ATS 子系统中，随时对时刻表的状态进行比较，利用车次号和列车位置可以对一列车的计划位置和实际位置进行比较，在发生偏离（早点或晚点）时，系统一方面通过适当的显示通知调度人员，另一方面自动产生相应的纠正措施。

（2）时刻表的安装与修改。

时刻表的安装过程应得到相应计算机语言的支持，开始安装前，所有相关数据都应由时刻表的管理人员设定并形成文件。通常，以下数据是必不可少的：车站名及其顺序、站间运行时间、正常停站时间、运行起点站的站名、运行终点站的站名、每趟列车在起点站的发车时间、列车间隔时间及到达终点站的时间。

时刻表的安装通常是在控制中心的计算机上进行。在系统开通使用前，或者在系统扩展和修改后，由于上述基础数据的变化，必须重新进行运行图的安装。

由于每条线路的运行情况不同，即使在同一条线路上，每天的客运量不同，每天的不同时段客运量也不同，因此，在ATS子系统内必须具有多套可供不同情况使用的运行图。

时刻表修改有离线修改和在线修改两种，离线修改后的时刻表可由控制中心的调度人员激活，在线修改通常是进行加车、减车或偏移等修改。

（3）时刻表的打印。

已储存的计划时刻表及实际时刻表，在一定的时间内（如2 h内）均可被打印。

4）运行数据记录与统计功能

（1）ATS子系统能记录大量与运行有关的数据，如列车运行里程数、实迹运行图、列车运行与计划时间的偏差、重大运行事件、操作命令及其执行结果、设备的状态信息、设备的故障信息等。

（2）除了记录功能以外，ATS子系统还可以将所记录的事件按用户需要进行回放，一般回放事件的最小时间步长为1 s。由于控制中心设备所记录的信息无论是数量还是复杂性，都远大于车站设备和车载设备所记录的信息，因此，控制中心设备的信息记录回放时间应当远大于车站设备和车载设备的信息记录回放时间，如前者为192 h（8 d），后者为24 h（1 d）。

（3）ATS子系统所记录的事件都应该有备份，以备不时之需。

（4）ATS子系统可按用户的要求提供各种统计功能，以完成各种统计报表（如日报表、周报表、月报表等）。

（5）在用户需要实时查询和访问所记录的信息时，ATS子系统能提供不对列车运行产生不良影响的保证。

5）仿真功能

系统仿真是通过仿真手段，离线模拟列车的在线运行。它与在线控制模式几乎完全相同，唯一的差别是列车定位信息不是实际获取，而是随车次号的不同而设置。

仿真功能主要是用于系统的调试、演示及人员培训，是一种必不可少的运行模式。仿真模拟运行能够模拟在线控制中的所有功能，但它与现场之间没有任何表示信息和控制命令的信息交换。

6）监测与报警功能

（1）ATS子系统能及时记录被监测对象的状态，除了状态显示功能外，还有一定的预警、诊断和故障定位功能。

(2) ATS 子系统必须对列车是否处于 ATP 子系统的保护之下进行监测。

(3) 监测和报警应是实时及在线进行的，监测信息和报警信息应按要求通过传输通道汇总传输。

(4) 所有监测过程都不能影响被监测设备的正常工作。

6.3.6.2　ATP 子系统

ATP 子系统是城市轨道交通中确保列车运行安全、缩短列车运行间隔的关键设备，该系统必须满足故障－安全原则。ATP 子系统由地面设备和车载设备所组成，列车通过地面 ATP 设备接收运行于该区段的目标速度，保证列车在不超过此目标速度情况下运行，从而也保证了后续列车与先行列车之间的安全间隔距离。

1. ATP 子系统的主要功能

1）安全停车点防护

安全停车点是相对于危险点定义的。危险点是绝对不能超越的点，例如站内有车时，车站的起点即是危险点。为了保证安全，需要在危险点前定义一个安全区段，安全区段的长度由运行条件和列车性能决定，必须保证列车最迟能够在安全区段的末端（危险点之前）停下来。安全停车点即是安全区段的起始点。ATP 子系统计算得出的紧急制动曲线即以安全停车点为基础，保证列车不超过该点。

2）速度监督与超速防护

在城市轨道交通中的速度限制分为两种，一种是固定速度限制，如区间最大允许速度（取决于线路参数）、列车最大允许速度（取决于列车的物理特性）；另一种是临时性的速度限制，如线路维修时临时设置的速度限制。ATP 子系统始终严密监视这类速度限制不被超越，一旦超越，先做警告，后启动紧急制动，并进行记录。

3）列车间隔控制

列车间隔控制又称移动闭塞，是一种既能保证行车安全（防止两列车发生追尾事故），又能提高运行效率（使两列车的时间间隔最短）的信号概念。移动闭塞与过去的以划分闭塞分区、设立防护信号机为基础的自动闭塞有很大的不同。移动闭塞的闭塞分区长度与位置均是不固定的，是随着前行列车的位置、后续列车的实际速度及线路参数（如坡度）而不断改变的。

4）测距与测速

通过连续地测定行驶距离，ATP 子系统能够随时准确地确定列车的位置。ATP 子系统利用装在轮轴上的测速传感器来测量列车的即时速度，并在驾驶室内显示出来。

5）车门控制

城市轨道车辆的车门控制是重要的安全措施之一。ATP 子系统可以防止列车在站外打开车门、列车在站内打开非站台侧的车门及在车门打开时列车启动。只有当 ATP 子系统检测到所有安全条件均已满足时，才会给出一个信号，使车门被打开或关闭。

除上述几个主要功能外，ATP 子系统还具有紧急停车、给出发车命令、列车倒退控制等功能，这些主要视用户的具体要求而定。

2. ATP 子系统的基本类型

1) 按地-车信息传输方式不同分类

根据地-车信息传输方式不同，ATP 子系统可以分为点式和连续式两类。前者是在线路的固定位置上放置一些信息传感器（地面应答器），当列车驶过该地面应答器时，机车应答器接收到来自地面应答器事先存储在内的地面信息，由车载计算机实时计算得出实时速度限制。后者则是通过沿线路敷设的电缆或者多信息轨道电路，或是借用无线电通道来实现地-车的信息联系。

2) 按地-车之间所传输信息的内容不同分类

按地-车之间所传输信息的内容来分，ATP 子系统可分为速度码 ATP 子系统和距离码 ATP 子系统。前者由控制中心通过信息传输媒体将列车最大允许速度直接传至车上，这类制式在信息传递与车上信息处理方面比较简单，速度分级是阶梯式的，日本新干线的 ATC 系统、上海地铁 1 号线的 ATC 系统均是采用此种制式。后者从地面传至车上的是前方目标点的距离等一系列基本数据，由车载计算机进行实时计算得出列车的最大允许速度，这种制式的信息传输比较复杂，而速度控制则是实时、无级的，欧洲的高速铁路干线及上海地铁 2 号、3 号线，广州地铁 1 号、2 号线均是采用此种制式。

6.3.6.3 ATO 子系统

自从城市轨道交通装有 ATO 子系统后，列车的运行方式就变为两种：手动或自动。我国近年来建造的广州地铁 1 号、2 号线，上海地铁 2 号、3 号线等均已在距离码 ATP 子系统的基础上安装了 ATO 子系统，从而列车就可采用手动方式进行驾驶。在选择自动驾驶方式时，ATO 子系统代替驾驶员操作，诸如列车启动加速、匀速惰行、制动等基本功能均能自动进行。但是，无论是由驾驶员手动驾驶还是由 ATO 子系统自动驾驶，ATP 子系统始终具有执行速度监督和超速防护的功能：

$$驾驶员人工驾驶 + ATP 子系统 = 手动驾驶$$
$$ATO 子系统自动驾驶 + ATP 子系统 = 自动驾驶$$

因此，ATP 子系统是城市轨道交通列车运行时必不可少的安全保障，ATO 子系统则是提高城市轨道交通列车运行水平（如准点、平稳、节能等）的技术措施。

1. ATO 子系统的构成

从分工上看，ATP 子系统主要负责速度监督和超速防护，起保障安全作用；ATO 子系统主要负责保证正常情况下列车具有高质量的运行水平（如准点、平稳、节能等）。ATO 子系统一方面接收来自 ATP 子系统的信息，包括 ATP 速度命令、列车实际速度和列车走行距离，另一方面从 ATS 子系统接收列车运行等级等信息。也就是说，ATO 子系统在 ATP 子系统的保护下，根据 ATS 子系统的指令实现列车的自动驾驶，能够自动完成对列车的起动、牵引、巡航、惰行和制动的控制，确保达到设计的间隔和运行速度。

从本质上看，由 ATO 子系统执行的自动运行过程是一个闭环反馈控制过程（如图 6-54 所示），即将列车实际速度与参考速度之差作为偏差控制量，通过牵引制动曲线对列车实施一定的牵引力或制动力，使偏差控制量趋向于零。

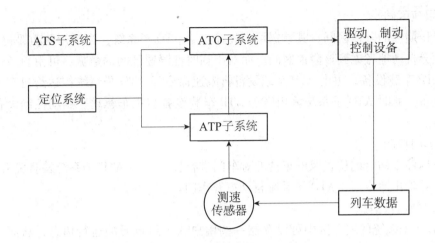

图 6-54 自动运行的闭环反馈控制框图

而 ATO 子系统将列车数据从车辆传输到控制中心这项重要功能的实现,则是由列车定位识别(PTI)系统来完成的。在 PTI 系统内,机车上的 PTI 天线负责发送列车特征数据电码,置于钢轨间的回路环线(在区间内每隔一定距离设置一个接收环线,在停车站的正线上设置一个接收环线)用于接收机车天线发送的数据,并将此数据经由电缆传输至控制中心。

由 PTI 系统传送的列车数据可以包括:车次号、列车车号、驶往的目的地(终点站名称)、乘务员号码、车门状态、列车状态(停车或运行)等。

PTI 系统的车载设备不单独另设,而是集中在 ATO 子系统内,但有独立的软、硬件负责编辑、调制及发送 PTI 电码。PTI 电码的发送也是采用频移键控(FSK)方式,通常以几百千 Hz 作为载频。在控制中心内设有接收处理 PTI 电码的接口,将接收到的 PTI 电码解调后传送给 ATS 子系统,最终由 ATS 子系统处理后将数据显示在终端和屏幕上,并加以记录。

2. ATO 子系统的主要功能

1)站间自动驾驶

它可生成牵引和制动控制信号,使列车根据速度-距离曲线控制行车速度。它能自动调整列车运行状态,包括起动、加速、惰行、巡航及制动控制。列车自动折返可以由 ATO 子系统控制并受 ATP 子系统监督。

2)车站定位停车

用地面标志器、环线或其他设施实现列车车站定点停车。以车站停车点作为目标点,ATO 子系统采用最合适的减速度,使列车准确、平稳地停在规定的停车点,与列车定位系统相配合,可使停车位置的误差不大于 ±0.3 m。

3)列车区间运行时分的定时控制

在自动驾驶模式下,ATO 子系统按照 ATS 子系统指令控制列车在区间的运行时分,区间实际走行时间与时刻表的规定值的误差不大于 15%。运行期间,ATO 子系统可对较小的异常情况进行调整,列车按时刻表和节能原则进行速度调整。

4）限速区间

对于长期性的限速区间，其数据可事先输入给 ATO 子系统，当执行自动驾驶时，ATO 子系统就会自动地考虑到该限速区间。而对于临时性限速区间的数据，可由轨道电路电码传输给 ATP 车载设备，再由 ATP 车载设备将限速命令经 ATO 子系统传达给机车驱动、制动控制设备。此时 ATO 子系统就相当于 ATP 车载设备与机车驱动、制动控制设备之间的一个接口。

5）车门控制

能根据停车站台的位置及停车精度对车门进行监控，在 ATP 子系统检查完开门条件，允许开门并给出命令后，ATO 子系统自动打开车门。

6）记录运行信息

在 ATO 子系统的缓存区中可以存储一些用户认为最重要的运行信息，从而在发生非正常运行时，可以调用所记录的信息，进行必要的分析研究。通常在 ATO 子系统中可记录 24 h 内发生的重要信息。

6.3.7 通信系统

6.3.7.1 概述

通信系统一般由传输网络、无线通信、公务电话、专用电话、CCTV、广播、时钟、电源及接地等子系统组成，构成传送语音、数据和图像等各种信息的综合业务通信网。在正常情况下，通信系统为运营管理、行车调度、设备监控、防灾报警灯系统进行语音、数据、图像等信息的传送；在非正常情况下，通信系统作为抢险救灾的通信手段。下面主要介绍通信系统的各个子系统。

6.3.7.2 传输网络子系统

传输网络子系统是通信系统最重要的子系统，是实现行车调度指挥中心与车站、车站与车站之间信息传输的主要手段，是组建轨道交通通信网的基础和骨干，为通信系统各子系统及 ATS 子系统、PSCADA 系统、AFC 系统、主控系统（MCS）、办公自动化（OA）系统等提供语音、数据和图像信息的传输通道。因此，传输网络子系统应是一个实时、透明、无阻塞、可靠性高的系统，且当出现紧急情况时，该子系统应能迅速及时地为防灾救援和事故的指挥提供通信联络。当该子系统发生故障时，应具有降级使用功能和对重要通道的备用手段，以保证系统基本功能。

目前，网络传输方案主要有 SDH、ATM、OTN 和宽带 IP，下面分别介绍各个方案。

1. SDH 传输网方案

SDH 是 synchronous digital hyrarch 的缩写，即同步数字体系，是一种完整严密的传送网技术体系，这种技术体系一诞生就获得了广泛的支持，目前已成为各国核心网的主要传送技术。除了核心网的应用以外，目前根据带宽需求已把 SDH 技术带入接入网领域，使 SDH 的功能和接口满足用户需求。特别是对于发展极其迅速的城市轨道交通通信系统，采用 SDH 尤其适合。

SDH 采用矩形块状帧结构、段开销，引入"净负荷指针"新技术，实现不同速率等级数字流的接入，符合 ITU-T 国际性标准光接口规范，是信息高速公路中的主干部分。新型的光同步数字传输系统也在城市轨道交通的通信网中得以应用。采用 SDH 可以直接从 155 Mbps 的光纤线路中，提取 2 Mbps 的电信号，也可将 2 Mbps 的电信号，直接插入光纤传输系统。SDH 特别适宜于构成线性通信网和环状通信网，它由一些具有标准接口的网络单元组成，在光纤上进行同步信息传输。它有一套标准化的信息结构等级（同步传递模块），其中 STM-1 速率为 155 Mbps，STM-4 速率为 622 Mbps，STM16 速率为 2.5 Gbps，而且采用页面式帧结构，便于实现集中的网络管理，而且环型网大大提高了网络的可靠性。

SDH 是在克服了 PDH（准同步数字体系）网络可靠性低、设备冗余和故障点较多等缺点的基础上发展起来的，是 20 世纪 90 年代新一代的传输标准；不同设备在同一标准下其光电接口可以互联，有较强的系统网络管理能力，可灵活地对不同方向的数据流进行分下和插入。

2. ATM 传输网方案

ATM 是 asynchronous transmission module 的缩写，即异步传输模式。轨道交通的通信系统需要实现对各种不同业务的承载，如公务电话、视频监控、IP 数据等，而这些业务有着不同的特性。例如，IP 数据业务实发性较强，视频监控业务需要高带宽来保证图像质量，话音业务需要固定的带宽保证通话质量。而 ATM 技术的设计完全满足通信系统对综合业务承载及服务质量的要求。因为 ATM 技术允许对传输的各种业务按照动态流量等进行划分，对其服务质量进行分别设定和控制。

此外，为了方便各种业务的接入，ATM 对其设备也规定了各种国际标准接口，促进了适用范围。

城市轨道交通通信系统中，视频监控业务是一种占用系统宽带资源的业务，特别是用户对视频图像的质量要求越来越高。视频监控业务是一种典型的多点对一点的业务，即摄像头数量众多，而监视器较少。如果采用传统的点对点进行视频传输，一方面不经济，另一方面两边的视频监控业务本身也不能进一步改善质量。采用 ATM 技术，视频监控业务占用的带宽将由监视器的数量决定，从而在保证业务质量的前提下，节省了资源，为将来系统的扩展和开放预留了条件。

ATM 设备系统可视需求灵活方便地建立起集语音、视频和数据交换于一体的综合网络，主要特征即是它的高度模块化，可以对通信网络实现灵活配置和扩展，可以支持星形、环形、链形网络拓扑。ATM 系统符合 ITU-T 推荐的标准。它的设计基于最新的软件技术，将窄带与宽带业务集成在同一个网络通信平台上，实现针对不同要求的解决方案。

3. OTN 传输网方案

在 20 世纪 90 年代初，专门针对轨道交通传输系统要求传输信息类型多、各种业务要求传输速率大、整个传输网络的整体容量要求有限的特点，部分通信公司研制了 OTN（open transfer network，开放式信息传输网），其由于应用灵活、方便及经济的特点，在轨道交通传输系统中得到了广泛的应用。

OTN 是一种灵活和支持多协议的开放式网络。它根据语音、数据、LAN 及视频监控等业务的相关标准设计了接口卡，从而使符合这些标准的设备可以通过 OTN 结点机毫无限制地直接互联。它能直接接入普通电话机、数据终端设备、影像设备（摄像机、显示器等），还可与交换机用户电路或 2 Mbps 的 El 口连接。此外它还提供带宽达 15 kHz 的音频接口，在网络方面支持 10 Mbps/100 Mbps 以太网的接入。这些接口模块的类型及数量可根据用户需要灵活配置。

由于 OTN 的一卡到位的特点，它很适用于专用通信网的传输。OTN 采用双光纤环路结构，具有自愈能力，可靠性很高，但由于 OTN 没有一个相关的国际标准存在，因此在互操作性上无法得到保证。此外，OTN 由于是独家产品，在维护等方面就有一些不足之处，且在今后国产化方面存在一定的问题。

4. 宽带 IP 技术

宽带 IP 技术是随着计算机技术和计算机网络技术的发展而发展起来的，是一种新兴的传输技术，其最大的特点就是虚拟电路和包交换，可以最佳解决轨道交通中业务种类繁多的问题。

随着 Internet 的迅速普及，所有的业务都将基于 IP，而承载 IP 的有 SDH、ATM 和宽带 IP 三种技术。从性能、价格和发展趋势综合考虑，宽带 IP 是首选。但轨道交通通信网属于专用网的范畴，其业务均为非 IP 业务，加之宽带 IP 路由器覆盖范围还十分有限，因而宽带 IP 目前不适合在骨干网传输中使用。但随着将来信息系统、票务系统和数字视频的大量使用，宽带 IP 不失为一种较佳的选择。

6.3.7.3 无线通信子系统

1. 无线通信子系统的构成

轨道交通无线通信子系统是轨道交通通信系统中不可缺少的组成部分，是提高地铁运输效率、保证运营行车安全的重要手段。轨道交通无线通信子系统主要由具有极强调度功能的无线集群通信系统、无线寻呼引入子系统、蜂窝电话引入子系统等构成。城市轨道交通无线通信属于移动通信的范畴，但又具有限定空间、限定场强覆盖范围、技术要求高、专用性强、系统复杂等特点。

无线通信子系统主要用于地铁、轻轨的列车运行指挥、公安治安、防灾应急通信和设备及线路的维修施工通信。

根据运行组织、业务管理需要，以及工作区域及工作性质不同，无线通信子系统分为以下 6 个无线通信作业系统。

（1）列车无线调度系统，供列车调度员、司机、车站值班员、停车场（车辆段）信号楼值班员之间及车站值班员与站台值班员之间通信联络，满足列车运行需要。

（2）公共治安无线系统，供公安调度员与车站公安值班员及公安外勤人员之间通信联络，维护日常和灾害时的车站秩序，确保乘客旅行安全。

（3）事故及防灾应急无线系统，供防灾调度员、车站防灾员、现场指挥人员及其他有关人员间通信联络，进行事故抢修及防灾救灾。

（4）停车场调车、检修无线系统，供停车场运转值班员、调车员、检修员之间通信联络，进行列车调车与车辆站修和临修。

（5）车辆段调车、检修无线系统，供车辆段运转值班员、调车员、检修员之间通信联络，进行车辆调车、车辆月修和定修。

（6）维修及施工无线系统，供机、工、电维修人员相互之间通话联络，进行线路、设备维修及施工抢修。

2. 无线通信子系统的功能

1）系统呼叫功能

系统呼叫功能包括：完成调度员（固定台）与移动台之间的全自动通话接续；完成移动台与移动台之间的全自动通话接续；完成无线用户与PABX之间的全自动通话接续；具有选呼及组呼功能；具有调度和重要用户实现广播及系统呼叫功能；具有多级优先、遇忙排队、自动呼叫、自动重发、紧急呼叫功能；具有首长呼叫及呼叫转移功能；具有状态呼叫功能；具有话音及长、短数据信息传输功能；具有开放信道呼叫功能。

2）系统控制与管理功能

系统控制与管理功能包括：具有控制电话呼叫及通话限时功能；调度人员具有强拆、强插功能；具有集中的网络管理功能；具有呼叫记录和通话录音处理功能；具有用户动态重组功能。

3）系统诊断和可靠功能

系统诊断和可靠功能包括：具有系统自诊功能；具有故障告警、显示功能；具有故障弱化功能；具有备份控制信道功能。

3. 无线通信子系统的结构

无线通信子系统的基本结构通常采用基站加漏泄同轴电缆中继方式。全线通常设一个控制中心，一个或若干个集群基站，一个无线移动交换机，基站信道数根据用户数及话量大小灵活配置，动态分配。

调度人员发出的信息经控制中心及无线移动交换机传输至集群基站，基站各无线信道发射机通过合路器、光电转换器、光分路器与光缆相接。基站发出的信息通过光缆传输至各车站中继器，由中继器将信号放大后馈送至全线漏泄同轴电缆辐射出去，使列车司机、车站值班员、手持台持有者能很好地收到来自调度人员的信息。列车司机、车站值班员、手持台持有者发出的信息由漏泄同轴电缆接收后传输至中继器，中继器将信号放大后经光电转换设备、光合路器与光缆相连，通过光缆将信息传输至基站，再由基站经控制中心及无线移动交换机传输至调度人员。

4. 无线通信子系统的设备组成

（1）集群调度通信系统设备，包括集群控制器、无线交换机、调度台、基站收发信机、天馈系统、机车电台、操作维护终端。

（2）漏缆中继系统设备，包括光纤射频传输系统、双向放大器。

（3）无线寻呼引入系统设备，包括前端接收部分、信号处理部分、寻呼发射机、高功率线性放大器。

（4）蜂窝电话引入系统设备，包括高增益大功率线性放大器、高隔离双工器及高性能合路平台。

6.3.7.4 公务电话子系统

1. 公务电话子系统的功能

轨道交通公务电话用于各部门间进行公务通话及业务联系，主要功能为：语音业务和非语音业务。

1）语音业务

（1）完成电话网内本局、出局及入局呼叫。

（2）能与市话局各类交换机配合完成对市话的呼叫。

（3）完成国内和国际长途全自动的来话去话业务。

（4）完成各种特殊呼叫。

（5）完成与公用网中移动用户的来去话接续。

（6）完成对无线寻呼的呼叫。

2）非语音业务

（1）向用户提供话路传真和话务数据业务。

（2）提供 64 kbps 的数据和传真业务。

（3）提供用户线 2B + D/30B + D 的交换接续。

2. 公务电话子系统的结构

公务电话子系统由程控交换机组成单局式或双局式地铁专用电话网，交换局设在控制中心和车辆段，与市话局之间采用自动呼出、自动呼入。地铁沿线各站（段）配置的自动电话、数字终端和 2B + D 用户终端经接入网传输汇集于局端 OLT。

3. 公务电话子系统的设备组成

公务电话子系统由程控电话交换机、自动电话、传输系统提供的数字中继线路及其附属设备组成。

6.3.7.5 专用电话子系统

专用电话子系统是为控制控制中心调度员，车站、车辆段的值班员组织指挥行车、运营管理及确保行车安全而设置的专用电话系统设备。

1. 专用电话子系统的功能

调度电话包括行车、电力、防灾环控、维修和公安等调度电话。各调度台能快速地单独、分组或全部呼出分机，分机摘机即呼调度台。调度员可通过操作调度台，一键完成对沿线各站的单呼、组呼、全呼、强插、强拆、召集会议等功能。车站值班员呼叫调度员采用热线方式，摘机即通。

2. 专用电话子系统的结构

调度总机设在控制中心，调度分机设在各个车站，调度总机与分机之间通过专用信道以全辐射方式连接。

各调度系统的分机通过程控交换机连接，这要利用程控交换机的闭合用户群功能，在网内可组织若干个闭合用户群。用这种方式，以程控交换网为依托，构成的调度电话系统是一种虚拟的独立系统。此外，为保证调度员和分机之间的呼叫无阻塞，可在中心交换机和各车站交换机之间设置直接中继通道。站间行车电话也应能摘机即呼，这可利用交换机在相邻两站的行车电话机之间建立双向热线来实现。而轨旁电话沿隧道设置，轨道沿线电话并联后接入邻站交换机。轨旁电话可直接呼叫上行值班员、下行值班员和行车调度员。

3. 专用电话子系统的设备组成

专用电话子系统包括调度电话，站间行车电话，车站、车辆段直通电话及区间轨旁电话。

调度电话系统由中心调度专用主控设备，车站、车辆段专用主控设备，调度电话终端，调度电话分机，录音装置及维护终端等组成。调度电话终端设置在控制中心各调度台上。

6.3.7.6 CCTV 子系统

CCTV 作为一种图像通信，具有直观、实时的动态图像监视、记录和跟踪控制等独特功能，是通信指挥系统的一个重要组成部分，具有其独特的指挥和管理能力，已成为城市轨道交通实现自动化调度和管理的必备设施。

1. CCTV 子系统的功能

轨道交通 CCTV 子系统分运营调度图像辅助指挥和公共安全管理两部分。

1）运营调度图像辅助指挥

由城市轨道交通线运营部门应用管理，为城市轨道交通线运营调度指挥提供图像辅助。运营调度控制中心在实施列车调度、运营管理和防灾控制指挥中，借助 CCTV 子系统，实时直观地了解线路运营情况和事故灾害信息，使调度控制指挥人员能够在管理事件的第一时间获取事件现场实时的直观图像资料，从而能在最早时机做出控制反应；同时调度控制人员，能够操控 CCTV 子系统的前端摄像机云台（公安用摄像机除外）和图像记录设备，跟踪事件的场景区域，掌握事件演进过程，并记录事件现场图像，以备日后查阅和分析。

调度控制人员日常能够通过 CCTV 子系统，巡检全线各车站运营情况，能够任意调看各车站各摄像机（公安用摄像机除外）的采集图像，并对重点场景图像进行不间断记录，并可操控各站的硬盘录像机选定某个图像进行远程回放。

该系统为城市轨道交通车站运营管理提供图像监视信息。车站控制管理人员借助 CCTV 子系统，实时直观地了解本站运营情况，并能够操控本站摄像机（公安用摄像机除外）、切换控制图像记录设备，对监视图像进行巡检、调视、跟踪和记录。

2）公共安全管理

由公安部门应用管理系统为轨道交通线公共安全管理提供辅助手段，为公安指挥中心提供全线各车站实时场景图像。公安指挥中心值班人员可以任意操控调看各车站各摄像机

（运营用摄像机除外）、云台和图像，以巡检和跟踪各车站现场场景，及时了解全线安全情况，发现治安事件，判断事件性质和规模，从而实施快速反应和高效指挥。公安指挥中心值班人员可以对重点场景图像或事件现场图像进行不间断记录，以备日后查询和分析历史资料。

2. CCTV 子系统的结构

车站内部的控制信号可通过控制电缆传输，视频信号可通过视频同轴电缆传输。在站间传输时，控制信号可通过 SDH 传输系统提供的从控制中心至各车站的共线低速数据通道进行传输，而视频信号可通过数字图像传输方式进行传输，即将每个车站的多路视频信号分别经数字压缩编码（H.261，MPEG2）处理后，通过 SDH 传输系统送至控制中心，控制中心数字交换控制模块筛选出多路压缩编码数字视频信号后进行视频解码，还原后的视频信号送至相关调度台的各监视器上。采用以上方式时，如果车站及每站所传的视频信号路数较多，则将占用较大的带宽，这时可将所要监视的视频信号在网上传输，其余的信号则在需要时切换进主干网中传输。

构建 CCTV 子系统的另一种方法是将视频信号经光端机发送和接收并通过光纤传输至中心，即单独组成一套系统。但这样做的问题是，今后若需要与其他系统（如公安系统等）相连，则有一定的困难，且不适合统一网管。

3. CCTV 子系统的设备组成

CCTV 子系统主要由摄像机（包括云台）、监视器、控制切换设备和传输网络等部分组成。

6.3.7.7 广播子系统

广播子系统为中心调度员、车站值班员提供可对相应区域进行有线广播，并实现事故抢险、组织指挥和疏导乘客安全撤离的中心防灾广播。

1. 广播子系统的组成

广播子系统由中心设备、车站设备和车辆段设备组成。

1）中心设备

中心设备包括中心广播操作台（信源：话筒、语音合成、CD 机等）、中心广播机柜（含电源、接口及控制模块等）和中心网管终端。

2）车站设备

车站设备包括车站广播操作台（行车、客运、防灾广播用）、车站广播机柜（含功放、电源、接口及控制模块等）、噪声传感器、扬声器和音柱。

3）车辆段设备

车辆段设备包括车辆段广播操作台、通话柱、车辆段广播机柜（含功放、电源、接口及控制模块等）和号筒扬声器。

2. 广播子系统的作用

控制中心行车调度员和环控调度员可对全线各站进行监听及全站和选区广播。当地铁发生故障或灾害时，广播子系统自动转为抢险通信设备，环控调度员具有最高优先权。

车站广播区分为上行站台、下行站台、售票区、站厅、出入口和办公区等。车站行车值班员和环控值班员可通过广播控制台对本站区进行选区广播或全站广播。

车站广播子系统是实现集中管理的重要组成部分。列车到站及离站的实时预告信息、非常情况下的疏导信息等，可通过该系统及时向乘客通报，同时，为组织好行车，应及时将运行信息告之行车相关人员。为了实现集中管理，车站广播子系统除了车站广播外，还可由控制中心集中播音。

1) 车站播音

图 6-55 为车站播音系统示意图。车站播音台配有播音区域选择键盘和送话器，在通信室还设有前置放大器、功放及控制接口单元等设备。按下车站的控制键后，选择相应的信号，经控制和接口单元，被选择区域的广播电路被接通，且控制中心来的播音信号被中断，也即车站播音台对本站的播音具有优先权。在固定区域，可以根据列车运行实现自动广播。

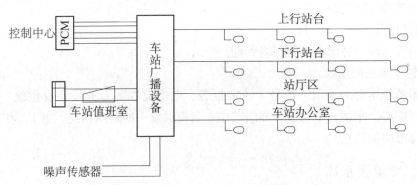

图 6-55 车站播音系统示意图

为了提高播音的可靠性，每个播音区域内的扬声器分别由两个扩大器驱动，并以梳状方式排列，其中一个扩大器故障时，仍能不间断地播音及维持基本播音量。站台的广播区域还应配备自动音量控制装置，以保证播音音量始终保持比此区域内噪声音量高 10 dB 左右的水平上，达到较好的播音效果。

2) 控制中心播音

在控制中心设有列车调度、电力调度和防灾调度 3 个播音台，3 个播音台之间互锁，即只允许一个播音台播音。3 个播音台分别配有广播区域选择键盘和送话器。选择控制信号，经控制与接口单元通过 PCM 信道将其送至车站的控制单元，并显示在相应的播音台上。播音信号经放大，通过专用的屏蔽广播线传送至所选车站。但各车站的播音具有优先级，从控制中心可对所有车站的所有区域播音，也可对某一个车站的某个区域进行有选择性的播音。

6.3.7.8 时钟子系统

1. 时钟子系统的构成

时钟子系统主要由控制中心设备包括 GPS/CCTV 信号接收单元、主备一级母钟系统（中心母钟系统）、车站（车辆段）主备二级母钟系统、子钟系统、系统网管及传输通道等构成。

1）中心母钟系统

中心母钟系统接收 GPS 标准时间信号、CCTV 标准时间信号，将自身的时间精度与标准信号同步，中心母钟系统通过传输通道向各车站的二级母钟系统传送，统一校准二级母钟系统，并将同步信号通过接口送给监测系统及其他系统，为其他系统提供时间信号。

2）二级母钟系统

二级母钟系统接收中心母钟系统发出的标准时间码信号，实现与中心母钟系统随时保持同步，并产生输出时间驱动信号，用于驱动本站所有的子钟系统，并能向中心设备回馈车站子钟系统及本站子钟系统的工作信息。

3）子钟系统

子钟系统接收二级母钟系统发出的时间驱动脉冲信号，进行时间信息显示，并将自身状态信息回馈给二级母钟系统。

4）系统网管

系统网管实现时钟子系统的网络管理。

2. 时钟子系统的功能

时钟子系统主要为通信、信号、防灾报警、电力监控等专业设备提供统一的定时信号，为控制中心、车站、车场等各部门工作人员提供统一的时间信息，并且为广大乘客提供统一的标准时间信息。

6.3.7.9　电源子系统

电源子系统主要是为通信系统内各系统正常运行提供电源。通信电源是保证通信系统正常工作的必要条件，因此，通信电源必须安全可靠，应能满足不间断连续运行。同时由于电气化铁道的特性，通信电源特别要防止电机牵引所产生的谐波电流对通信系统的干扰，采用抗电气干扰强的设备和电缆，并采取必要的防 IP 措施。与此同时，本系统还应充分考虑地区气候因素，主要是防雷。

通信电源子系统主要包括：高频开关电源、阀控式密封铅酸蓄电池组、UPS（不间断电源）等。

6.3.8　乘客信息系统

6.3.8.1　乘客信息系统的构成

从结构上，乘客信息系统（PIS）可分为：中心子系统、车站子系统、网络子系统、广告制作子系统、车载子系统等。

从控制功能上分，PIS 可分为 4 个层次，即：信息源、中心播出控制层、车站播出控制层和车站播出设备。

典型的 PIS 结构图如图 6-56 所示。

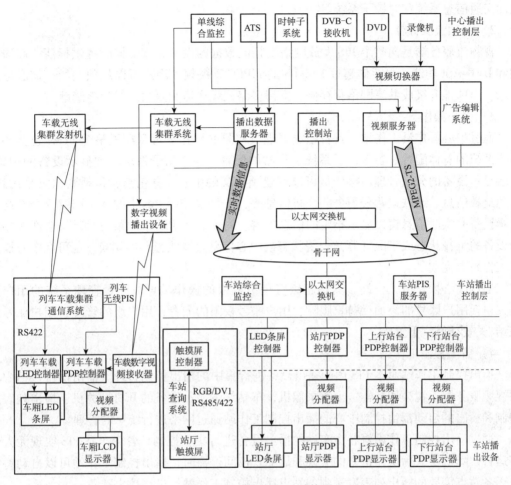

图 6-56 典型的 PIS 结构图

1. 中心子系统

中心子系统主要负责外部信息流的采集、播出版式的编辑、视频流的转换、播出控制和对整个 PIS 设备工作状态的监控及网络的管理。

中心子系统主要设备有：中心服务器、视频流服务器、中心操作员工作站、中心网管工作站、播出控制工作站、数字电视设备、外部信号源和集成化软件系统等。整个控制中心设备构成了一个完整的播出和集中控制系统。中心子系统还将提供多种与其他系统的接口。

1) 中心服务器

中心服务器主要负责创建数据并从车站子系统、广告制作子系统导入各种日志数据，包括告警日志、事件日志、用户操作日志、分类信息的播放日志、外部系统导入/导出信息日志等。中心服务器将集中保存各种系统数据，包括系统的工作模式参数、结构配置信息（中心、车站、广告制作和网络子系统）、各种自动维护程序的运行参数、用户配置信息、用户账号名称、用户密码、用户权限、用户组等。

中心服务器同时将承担本 PIS 与外部各系统的连接，如综合监控系统（含 ATS 系统）、地面交通信息系统和时钟子系统等。

2）视频流服务器

视频流服务器是向整个 PIS 发放网络视频流数据的设备，能够同时提供标清、高清视频和 DVB-ASI 功能，可存储超过 1 000 h 的 MPEG-2 视频。用户可以从独立的存储服务器开始，简单地升级成共享网络化存储，支持多路视频通道和更大的视频存储量。

3）中心操作员工作站

通过中心操作员工作站，具备超级管理员权限的操作员可以配置整个 PIS，包括各车站子系统的总体配置、各车站子系统工作站的配置、各车站子系统终端显示设备的配置、终端显示设备的分组管理。操作员可以创建预定义的中心公共信息，包括紧急灾难信息、紧急疏散信息、地铁运营公司公共公布信息等，并可以控制 PIS 中的某一/某组/全部终端显示设备的实时信息窗口显示指定的信息内容。对于整个 PIS 中的某一/某组/全部终端显示设备的工作状态或工况（紧急告警状态或中心信息直播状态）的切换，也可在中心操作员工作站上完成。

通过中心操作员工作站，具备超级管理员权限的操作员可以配置管理系统的用户账号，包括用户账号的添加/编辑/删除、用户账号权限的配置、用户组的管理、用户账号的冻结/失效/激活/重置等。

4）播出控制工作站

播出控制工作站对本 PIS 内的播出设备进行集中的播出控制管理。播出设备包括中心的视频服务器、视频切换器、上载录像机，车站终端显示设备的开机、关机、播出列表的编制和播出的启动都由控制中心的播出控制工作站通过网络进行统一的管理。

通过播出控制工作站对各个车站的播出设备进行集中控制，各个车站 PIS 实现无人值守运行，降低了人为操作带来的失误和故障。夜间停播时，播出控制工作站可以自动将第二天各站点需要的播出列表发送到各站点播出控制工作站，进行播出准备。

5）数字电视设备

数字电视（DVB-IP）设备是将视频服务器以 MPEG－2 DVB-ASI 标准的 MPEG－2 进行 IP 封包，转换到可在标准 IP 网络上传输的数字信号设备，它支持多路复用，同时提供多个媒体流通道进行传输，可完全满足对单个车站和所有车站 IP 广播的需求，是 PIS 中 IP 多播方式的核心技术和设备。

6）网络设备

中心子系统实际上是基于以太网构架组成的，其网络的核心是一台具有三级交换功能的网络交换设备。

2. 车站子系统

车站子系统的主要构成为：车站数据服务器、车站播出控制服务器、车站操作员工作站、屏幕显示控制器、网络系统和集成化软件系统等。车站子系统通过传输通道转播来自控制中心的实时信息，并在其基础上叠加本站的信息，如列车运行信息和各类个性化信息等。

所有这些设备分为控制和现场显示两部分。控制部分包括车站数据服务器、车站播出控制服务器、车站操作员工作站、TS 流解码器、PDP/LED 显示控制器、外部系统接口、网络部分等。现场显示部分包括所有的 PDP、LED 显示屏及相应的显示控制器。

1) 车站数据服务器（或车站操作员工作站）

车站数据服务器一方面与中心服务器同步播出时间表、版式和数据，另一方面集中管理控制整个车站的所有工作站、显示控制器和显示终端设备。车站数据服务器能从中心服务器、广告中心服务器接收控制命令，集中转发至站内的终端显示设备显示控制器，进行解释执行。

2) PDP 显示控制器

每一个 PDP 显示屏都配备一台显示控制器，以实现每一终端显示设备能够可靠自主地显示独立指定的内容，并且能智能地处理各种异常情况。

PDP 显示控制器既可以控制单个 PDP 显示屏，也可以控制一组 PDP 显示屏。

PDP 显示控制器支持文本动画的显示，图像动画的显示，MPEG－2、AVI 影视文件的显示，各种常用文件格式文件的显示，网络视频流的显示，网页的显示及模拟时钟及数字时钟的显示等。

一般情况下，显示控制器工作于正常播放状态。但显示控制器可远程接收中心操作员工作站的命令，被控制进入中心信息直播状态。

网络发生故障时，显示控制器仍能正常工作，播放实时更新信息的子窗口立即切换显示疏导信息或默认指定信息，原来播放本地缓冲文件内容（如广告节目）的子窗口则继续正常播放。

显示控制器可以预先下载存储多个时间表，系统能够自动根据时间表的更新情况、生效时间、失效时间，选择正确的时间表进行解释播放。

3) LED 显示控制器

每个 LED 屏都配备一个独立的显示控制器（如图 6－57 所示），每一终端显示设备能够可靠自主地显示独立指定的内容，并且能智能地处理各种异常情况。一般车站具有的 LED 条屏、室内双基色屏和室外双基色屏、LED 全彩色显示屏、多媒体全彩色显示屏可实时播放视频节目，也可用来举行重要会议和发布重要信息。

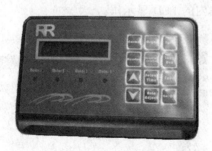

图 6－57　LED 显示控制器

4) PDP 触摸屏显示控制器

PDP 触摸屏显示控制器控制车站视频的播放。不对触摸屏进行触摸操作时，其正常滚动显示来自车站数据服务器的信息；对触摸屏进行触摸操作时，其能实时互动地显示来自车站数据服务器的信息，并且信息内容量可无限扩展。

乘客可通过触摸屏获得潜在需求的各种指南，如地铁车站出口查询，地面交通指南查询，地铁分段制收费票价查询，面向地铁乘客潜在需求的各种广告信息查询（宾馆酒店信息、旅游信息、购物信息）等。

5）PDP 显示屏

PDP 显示屏由两片玻璃组成，其内部有接近一百万个像素。这些像素含有载满气体的微小蜂窝，而蜂窝顶部及底部均附有电极。有电流通过时，气体电离后产生紫外线从而激发红、绿及蓝色荧光粉，使其放射出可见光线，形成色彩鲜艳夺目的影像。图 6 - 58 为 PDP 显示屏。

图 6 - 58　PDP 显示屏

6）LED 显示屏

LED 显示屏可用来显示文字、计算机屏幕同步的图形。它具有超大画面、超强视觉、显示方式灵活多变等独具一格的优势，成为目前国际上使用广泛的显示系统，被广泛应用于金融证券、银行利率、商业广告、文化娱乐显示等方面。LED 显示屏色彩丰富、显示方式变化多样（图形、文字、三维/二维动画、电视画面等）、亮度高、寿命长，是信息传播设施划时代的产品。图 6 - 59 为北京某地铁站内的 LED 显示屏。

图 6 - 59　北京某地铁站内的 LED 显示屏

3. 网络子系统

网络子系统是指城市轨道交通主干通信网提供给 PIS 的通道，该通道用来传输从控制中心到各车站的各种数据信号和控制信号。

中心局域网、广告中心局域网、车站局域网都是通过网络交换机连接本局域网内的各种设备，再由交换机经硬件防火墙设备连接至传输网上。

4. 广告制作子系统

PIS 的广告制作子系统大多设置在站厅中。广告制作子系统主要提供直观方便的用户界面，供业务人员或广告制作人员制作广告节目（如广告片、风光片和宣传片，并可承接其他广告制作），编辑广告时间表，控制指定的显示屏或显示屏组播放显示指定的时间表，并将制作好的素材经审核通过后由网络传输到控制中心和各车站进行播出。

广告制作子系统主要包括：图像存储服务器（可无限扩容）、非线性编辑设备（用于节目的串编）、视频合成工作站（用于高端广告片、形象片的制作）、数字编辑录像机、数字编辑放像机、数字/模拟摄像机、网络系统、合同管理软件系统和屏幕编辑预览系统等。

5. 车载子系统

PIS 的车载子系统是指车辆段、沿线、列车上的 PIS 设备，主要包括：车辆段 PIS 监控站、车辆段和车站 PIS 数字视频发送设备、无线集群通信系统、车载 PIS 视频接收设备、车载 LCD/LED 显示控制器。

目前已经应用的自 PIS 车载系统获取信息的来源通常有 3 种方法：一是在列车上播放预先录制节目的 DVD 光盘，主要是广告信息；二是在固定的地点（如车辆段）通过有线或无线的方式向列车传输信息，行驶过程中列车 PIS 可播放这些信息；三是通过车载无线集群系统向列车传送信息，该方式可保证信息的实时性，如天气预报、文字新闻等。

随着数字电视技术的发展，在轨道交通的车载 PIS 中采用移动数字电视技术进行数字化的视频图像接收已成为可能。

6.3.8.2 乘客信息系统的功能

1. PIS 的具体功能

PIS 在正常情况下，提供列车时间信息、政府公告、出行参考、股票信息、广告等实时多媒体信息；在火灾、阻塞、恐怖袭击等情况下，提供紧急疏散指示。下面介绍其具体功能。

1）紧急疏散功能

（1）预先设定紧急信息。

PIS 可以预先设定多种紧急灾难告警模式，方便自动或触发进入告警模式。通过中心操作员工作站，操作员可以预先设定多种紧急灾难告警模式，如火警、恐怖袭击等，并设定每种模式的警告信息及各种警告发布参数。当指定的灾难发生时，由自动或人工触发警系统，将 PIS 控制进入紧急灾难告警模式。此时，相应的终端显示屏显示发放乘客警告信息及人流疏导信息。

（2）即时编辑发布紧急信息。

系统环境可能会发生非预期的灾难，并且需要 PIS 即时发布非预期的灾难警告信息。PIS 软件可以即时编辑发布紧急信息。

通过中心操作员工作站或车站操作员工作，操作员可以即时编辑各种警告信息，并发布至指定的终端显示屏。

2) 广告播出功能

系统可为轨道交通引入一个多媒体广告的发布平台，通过广告的播出，可以为轨道交通带来更多的广告收入。广告可以分为图片广告、文字广告和视频广告。广告的播出可以与其他各类信息同步播出，提高了系统的工作效率。

3) 多区域屏幕分割功能

等离子屏幕可根据功能划分为多个区域，不同区域可同时显示不同的各类信息。文字、图片和视频信息可分区域同屏幕显示，不同区域的信息可采用不同的显示方式，以吸引更多的观众。播出的版面可以根据轨道交通的不同需要而随时进行调整，各子窗口可以独立指定时间表。通过时间表的控制，每一子窗口可以单独用于显示列车服务信息、乘客引导信息、商业广告信息、一般站务信息及公共信息、多媒体时钟等，同时也可对某个信息进行全屏播放。播出区域可达到 10 个以上，极大地增加了信息的播出量，可以给观众耳目一新的感觉。

4) 实时信息的显示功能

屏幕上不同区域的信息可根据数据库信息的改变而随时更新。实时信息的更新可以采用自动的方式或由操作员人为地干预。实时信息包括新闻、天气、通告等。

通过车站操作员工作站或中心操作员工作站，操作员可以即时编辑指定的提示信息，并发布至指定的终端显示屏，提示乘客注意。

操作员可以设定实时信息是否以特别信息形式或者紧急信息形式发放显示，发放高优先级的信息可以即时打断原来正在播放的信息内容，即时显示。

5) 时钟显示的功能

PIS 可以读取时钟子系统的时钟基准，并同步整个 PIS 所有设备的时钟，确保终端显示屏幕显示时钟的准确性。屏幕可以在播出各类信息的同时提供时间和日期的显示服务。在没有安装时钟的地方或任何希望在终端显示屏上显示时钟的地方，通过时间表可以设置终端显示屏的全屏或指定的子窗口显示多媒体时钟。

时钟的显示可以为数字显示方式，也可以为模拟时钟显示方式。

6) 终端显示屏的广泛兼容性

PIS 软件能够良好地兼容多种显示设备，包括视频双基色 LED 显示屏、视频全彩 LED 显示屏、双基色 LED 图条屏、带触摸功能的 PDP 显示屏和其他各种 PDP 显示屏。另外 PIS 也能良好地支持 LCD 显示屏、投影仪、CRT 显示屏、电视墙等各种当前流行的多媒体显示设备。

7) 定时自动播出的功能

PIS 可以提供一套完整的定时播出功能。系统可以根据事先编辑设定好的播出列表自动进行信息播出。播出列表可以日播出列表、周播出列表、月播出列表的形式定制。

8) 多语言支持功能

PIS 可支持简体中文、英文、繁体中文，同时混合输入、保存、传输、显示。

9) 显示列车服务信息

车站子系统的车站服务器实时地从 ATS 子系统接收列车服务信息，再控制指定的终端显示器显示相应的列车服务信息，如下一列列车的到站时间、列车时间表、列车阻塞或异常、特别的列车服务安排等。

10）集中网管维护功能

为了确保系统的正常运行，PIS 提供了完备的网管功能。控制中心设置的中心服务器可实时监控各终端结点（PDP、LED）的状态，车站服务器管理各自车站的 PIS（PDP、LED）。中心网管工作站提供基于地理位置分布图的管理界面，动态显示系统各设备的工作状态，实时监控系统，实现智能声光报警，并能自动生成网络故障统计报表，智能分析故障，以减少各个车站维护人员的设置。

11）全数字传输功能

整个 PIS 从中心信号采集开始就采用全数字的方式，经过视频流服务器处理和 IP 网关的封包，转换成 DVB-IP 数据包进入 SDH 传输网传输，经过 SDH 传输网传输的数字视频流信号在被车站设备接收后直接通过 PDP 显示控制器和 LED 显示控制器解码，转换成数字 DVI 视频信号进行显示。

12）广播级的图像质量

由于 PIS 从中央到显示终端的整个传输过程都是采用全数字的方式，从而避免了由于传输过程中的过多转换而造成图像质量的下降，真正做到广播级的图像质量。

13）灵活多样的显示功能

所有车站的所有 PDP、LED 显示屏在整个 PIS 中都是相对独立的终端，因此中央和车站操作员可以直接控制每块屏的显示内容（车站操作员限本站），即根据需要在同一时间内在所有的显示终端显示不同的信息。

对于中央下传的实时电视信号，每个车站都具有相对应的解码设备，即信号源同时进入车站子系统。加之中央和车站操作员灵活的图像编排显示功能，每路实时图像可根据需要在任意 PDP 显示屏和全彩 LED 显示屏上播放，窗口模式和全屏模式均可。

2. 系统支持的信息类型

1）紧急灾难信息

（1）火警、台风警报、洪水警报等；

（2）紧急站务警告信息，如停电、停止服务等；

（3）有关乘客人身安全的临时信息，如乘车安全须知；

（4）逃逸、疏散方向指示，如紧急出口的指示。

2）列车服务信息

包括列车时刻表，列车阻塞等异常信息，下一班车的到站、离站时间，特别的列车服务安排信息等，如图 6-60 所示。

3）乘客引导信息

包括动态指示信息，逃逸、疏散方向指示，轨道交通服务终止通告，换乘站非乘信息，地面交通指示信息等。

4）一般站务信息和公共服务信息

包括日期和时钟信息、票务信息、公益广告信息、天气温度信息、股市信息、地面公共交通信息、公安提示（如当心扒手）等。

图 6-60　列车服务信息展示

5）商业信息

包括视频商业广告、视频形象宣传片、图片商业广告、文字商业广告等。

以上信息可以在车站的乘客自动查询机上进行查询，查询机如图 6-61 所示。

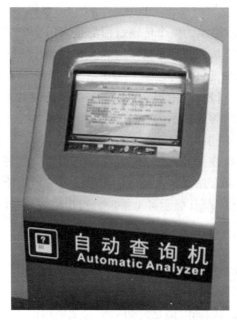

图 6-61　北京地铁 5 号线乘客自动查询机

3. 信息显示的优先级

城市轨道交通 PIS 建设的根本目的是确保乘客快速安全地到达其目的地，在保证安全运营的基础上，可以向乘客提供各类的信息服务，以及通过 PIS 提供的信息发布平台进行商业广告的运作。因此，在 PIS 的设计中，应充分考虑每一类信息的显示优先级。高优先级的信息优先显示，相同优先级的信息按照先进先出的规则进行显示。按照要求，信息显示的优先级规则如下。

（1）信息类型的优先级按照如下顺序递减：紧急灾难信息、列车服务信息、乘客引导信息、一般站务信息及公共信息、商业信息。

（2）低优先级的信息不能打断高优先级信息的播出。比如发生紧急状况时，系统进入紧急信息播出状态，其他各类信息自动停止播出，直到警告解除，才能够继续进行播出。

（3）高优先级的信息可以打断低优先级信息的播出。发生紧急情况时，系统会紧急中断当前信息的播出，进入紧急信息播出状态。系统以醒目的方式提示乘客进行紧急疏散。

（4）同等优先级的信息按设定的播出时间列表顺序播出。

（5）紧急灾难信息为最高优先级信息，发生紧急情况时可以终止和中断其他所有优先级的信息。

4. 媒体信息的显示方式

PIS 采用了先进的图文处理技术，支持多种文字、图片、视频的显示方式，画面显示风格多样，同时支持同屏幕多区域的信息显示方式，极大地增加了各类信息量的播出量，满足了不同乘客对不同信息的需求。

6.3.9 综合监控系统

目前，城市轨道交通系统各专业按照自身技术特点，不同程度地应用了计算机技术、网络技术，以实现城市轨道交通的运营和监控自动化，如 PSCADA 系统可使调度中心实时掌握各个变电站、供电所设备的运行情况，直接对设备进行操作。FAS、ATS 等系统也对城市轨道交通系统的自动化和安全起着重要的作用。每个系统之间都是相互联系、相互依赖的，但是事实上每个系统由于各自的特点不同、安全需要不同、数据冗余不同，各系统都是自成体系的，有各自独立的网络结构、服务器和操作站等，是一个个的自动化孤岛。系统之间的联络比较困难且成本较高，难于实现信息互通、资源共享，要实现地铁运营的协调统一管理，不得不加入人工干预，这样就降低了可靠性、响应性和运营效率。于是，在这样的背景下，提出了面对城市轨道交通的综合监控系统（integrated supervision control system，ISCS）。

6.3.9.1 综合监控系统的结构

城市轨道交通综合监控系统建设的目的是将 PSCADA、BAS、FAS 及 ATS 等系统的功能集于一体。综合监控系统不仅具有对变电所全所的自动控制、保护功能和对供电设备、车站设备、防火设备等的遥控、遥信、遥测、遥调功能，而且采取计算机综合监控系统技术，实现相关信息和资源的共享及调度、办公自动化，保证所有监控系统的高效性和处理紧急事件的及时准确。

在城市轨道交通系统现场，各监控系统的控制管理特点基本类似，都是分级控制的：或采用两级控制，或采用三级控制。综合监控系统作为各个系统的信息枢纽，在构建时必须依据现场分级控制的实际情况。为了充分发挥系统的功能和便于系统的管理、维护，将综合监控系统分为中央级与车站级两级管理模式。

中央级综合监控系统位于综合监控中心，直接与各个业务子系统监控中心及车站级综合监控系统相联系，所涉及的交通信息资源来自各个子系统的监控中心和车站级综合监控系统。信息资源一般属于较高层次的决策支持的信息，对于细节性数据主要由车站级综合监控系统来组织、存储、处理和挖掘等。

车站级综合监控系统直接集成车站级各监控系统的信息，使全站的各个系统成为有机整体，并为新建系统提供开放的接口。它与中央级综合监控系统互通信息，把收集到的车站中的实时信息传送到中央级综合监控系统，从中央级综合监控平台的集成数据库中读取本系统所需的其他系统数据，并接收中央级综合监控系统的指令和请求。综合监控系统方案示意图如图6-62所示。

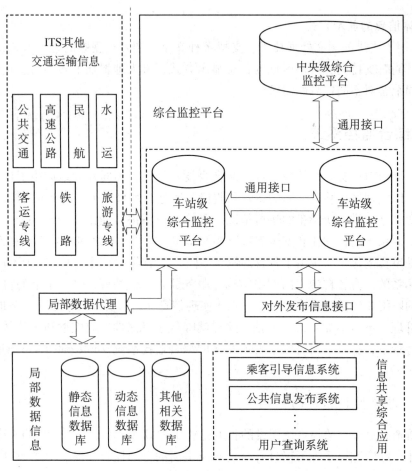

图6-62　综合监控系统方案示意图

两级综合监控系统虽然涉及的信息内容和系统功能有所不同，但它们的结构是大体相同的。其中车站级综合监控系统是整个综合监控系统的基础。车站级综合监控系统建立在城市轨道交通监控调度系统相关信息的数据标准层之上，使用符合国际和国家相关标准的数据规范，确保系统为各应用系统提供数据交换的机制和手段；整合不同监控应用系统的监控资源，并对其进行集成、融合和加工处理，成为能够为城市轨道交通综合监控指挥的信息；为部门或公众提供满足交通诱导服务的指挥调度信息，实现各个监控应用系统的无缝连接。城市轨道交通综合监控系统包括数据层、系统层、应用层和表示层这4个层次的主要内容。

1. 数据层

数据层是综合监控系统最基础的一层，主要包括与原有监控子系统之间的信息接口及一个对数据进行初步存储的数据库服务器。

2. 系统层

系统层是城市轨道交通综合监控系统系统级的支撑环境，位于数据层之上，是应用需求中逻辑部分的详细表达，它提供数据仓库支撑环境和界面整合工具等，是应用和数据共享的中间环节。

3. 应用层

应用层是综合监控平台的核心部分。一方面，它要将从各个监控子系统中提取的信息进行二次处理，为应用服务做好准备；另一方面，它要对各级用户主体的服务需求做出响应，同时可以主动地对其所占有的系统全面信息进行深层次分析或挖掘，提出适合于不同用户主体的服务信息或指令，并及时提供给各级用户主体，完成其服务的功能。这主要由若干个支撑、服务、管理子系统来协同完成。

4. 表示层

表示层面向综合监控系统的用户，包括公司领导、综合监控中心、各监控子系统操作人员及专业人员等，他们的服务需求将定义综合监控系统的服务内容和核心过程。

整个系统是一个功能完善的分散、分层、分布式系统。调度端、工作站、服务器等间隔终端之间只有通信信息交换，不存在电气之间的直接联系，各个系统具有高度的自治性。可以根据系统的实际需要增加新系统，而不影响整个系统的正常运行，在改扩建系统时可以减少工程投资。

6.3.9.2 综合监控系统的功能

1. 基础数据管理功能

监控平台需要集成现有 PSCADA、BAS、FAS、CCTV、ATS 等系统，在该平台上可查看城市轨道交通各业务子系统所产生的信息，查看交通控制类业务子系统中的设备及其管理状态，同时可以对这些设备进行控制，查看远程数据采集系统的设备状态及所采集数据的统计信息，同时还可以向交通信息发布类业务子系统提供需要发布的信息。

2. 可视化监控调度功能

平台负责在日常工作和管理过程中出现异常事件时，实现对相关监控资源的调配和指挥。根据整体系统集成化要求，其具体提供如下功能：实时对所辖各个设备和系统状态进行监控和分析；迅速、准确、可靠地下达监控子系统具有的各种控制命令；在紧急状态（阻塞或故障状态）发生时启动相应的预案，提高指挥的效率。如预案库中尚无对应的处理方案，则由综合指挥系统的决策支持分析功能完成对事件的统计和分析，生成新的处理预案，并保存到预案库中。

3. 查询、统计、分析及必要的决策支持功能

综合监控平台集中全部监控数据，在实时监控功能中，需要参照设备运行状态、事件发生情况、客流状态预测和相应的决策支持等相关信息。具体决策支持功能包括：

（1）基于对各个监控系统运行状况的分析，迅速对系统运行态势进行准确判断；

（2）基于相关子系统当前和历史数据，运用 OLAP、DM 和 AI 等技术对整个系统将来的运行进行科学预测；

（3）根据事故的响应和处理情况，制定切实可行的紧急事件处理预案，以备在事件发生时选择并采用优化方案付诸实施；

（4）提供支持决策分析能力，帮助车站工作人员在各种工作环境下，实现对各种系统运行特殊情况的处理和分析，从而实现对车站所辖各种设备和车辆运行状况的有效控制和管理。

习题 6

1. 轨道交通智能运输系统是什么？铁路智能运输系统的本质特征是什么？
2. 简述铁路智能运输系统的构成。
3. 铁路运输管理信息系统的主要功能是什么？
4. 铁路货车 5T 系统的子系统有哪些？
5. TCC 与 OCC 的区别和联系是什么？
6. ATC 子系统的主要功能有哪些？

第7章 航空智能运输系统

7.1 航空智能运输系统概述

7.1.1 航空智能运输系统的定义及分类

民用航空可分为公共航空运输和通用航空两类。公共航空运输一般也称为航空运输,是指以航空器进行经营性客货运输的航空活动。公共航空运输之外的民用航空活动称为通用航空。

航空智能运输系统是指运用先进的卫星导航技术、无线通信技术、有线通信技术、信息技术、控制技术、人工智能技术、航空运输技术及系统工程技术等进行综合集成,实现航空运输航线优化,飞机起降运行安全、可靠,机场作业及客货运输信息服务一体化的安全、可靠、高效的客货运输系统。

7.1.2 航空智能运输系统的构成

航空智能运输系统主要包括航空运输货运系统、客运系统、机场设施系统、空中交通管制系统、机群组织、乘务组织、客货服务、经营系统等,其框架结构如图7-1所示。

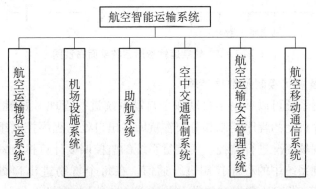

图7-1 航空智能运输系统框架机构

7.2 航空智能运输系统的功能

7.2.1 航空运输货运系统

1. 系统概述

典型的航空运输货运系统平面布置如图 7-2 所示。

（1）陆侧停车区为客户和货运代理用货车送货或提货使用。

（2）停车区至货库房入口有足够的营业运行面积，用于装/卸车、收/发货、安检、称重、计费、出入库等，设置相应的地磅、X 光安检机及办公室等。

（3）货库的左侧是国内收发区，右侧是国际收发区，分别处理国内、国际入出境货物的收发业务，包括集装货、散货、重件及小件等。国内收发区和国际收发区共用一个集装货系统。集装货系统和散货系统由立体货架配备多台全自动堆垛机组成，另外设有重件及小件暂存货架，由人工配合叉车装卸货物。

（4）货库右端是湿货区，处理海鲜、蔬菜、水果等的收发业务。

（5）货库内设有办公室、电脑室及特殊库房（如危险品库、冷冰库等）。

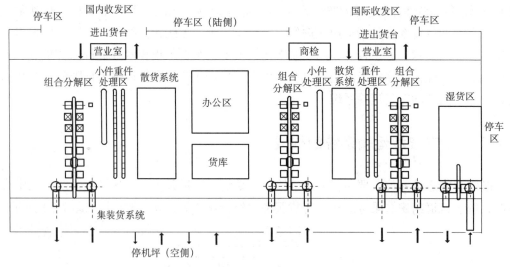

图 7-2 航空运输货运系统平面布置图

2. 货运系统智能化控制及数据传输

航空运输货运系统可以采用半自动或全自动系统进行管理，如图 7-3 所示。集装货系统的控制由堆垛机上的程序控制和分布在货库各出口处的程序控制组成，各程序控制与计算机联通，对现场工况进行监控。集装货系统的监控调度计算机负责监控，并通过通信接口与各设备控制系统中的程序控制进行通信。在每个货物进出口处设有终端操作台，用于输入进出货箱/货板的数据和操作指令，这些数据由主机汇集处理，并与集装货系统的监控计算机交换数据，保证进出货物畅通无阻，有效地解决货运高峰所带来的种种问题。

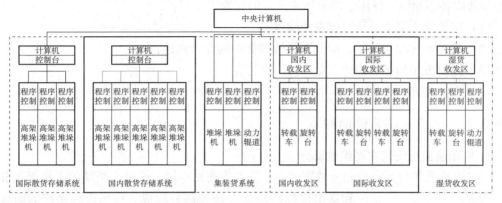

图7-3　航空运输货运智能控制系统结构图

7.2.2　机场设施系统

机场是飞机起降的场所，完善、先进的机场是保证飞机安全起降的重要设施。下面主要介绍机场的概况及机场设施系统。

7.2.2.1　机场的概况

1. 机场的定义

机场是航空运输系统中运输网络的节点（航线的交汇点），是地面交通转向空中交通（或反之）的接口（交界面）。用于公共航空运输的机场称为民用运输机场。日常生活中，航空港与机场几乎是同义词，但从专业角度来看，它们是有区别的。所有可以起降飞机的地方都可以叫机场，而航空港则专指那些可以经营客货运输的机场，航空港必须设有候机楼及处理旅客行李和货物的场地和设施。图7-4是北京首都国际机场T3航站楼及新建机场图。

(a) 北京首都国际机场T3航站楼

(b) 北京新建机场

图7-4　北京首都国际机场T3航站楼及新建机场图

2. 机场的功能

不同类型的机场所具有的功能并不完全一致，如民用运输机场、通用航空机场、军用机场等功能各不相同。民用运输机场应具有的功能主要有：

(1) 保证飞机安全、及时起飞和降落；
(2) 安排旅客准时、舒适地上下飞机和货物的及时到达；
(3) 提供方便和迅捷的地面交通与市区连接；
(4) 维护和补给飞机。

7.2.2.2 机场设施系统的组成

1. 机场设施系统的主要组成部分

机场设施系统包括空域和地域两部分：前者为航站空域，供进出机场的飞机起飞和降落；后者由飞行区、航站区和进出机场的地面交通3部分组成。机场设施系统的组成如图7-5所示。

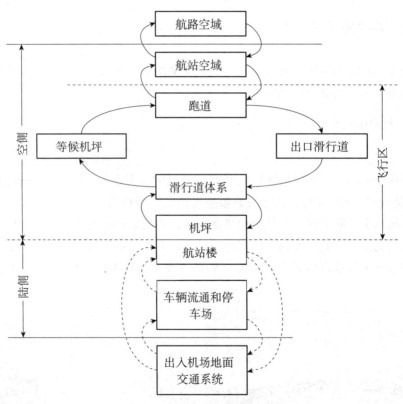

图7-5 机场设施系统的组成

飞行区为飞机活动的地域，主要包括跑道、升降带、跑道端安全区、滑行道、机坪及机场净空。国际民航组织的飞行区等级指标划分如表7-1所示。其中，指标Ⅰ按基准场地长度划分为4级，以数字表示；指标Ⅱ按飞机的翼展大小和主起落架外轮缘之间的距离划分为6级，以英文字母表示。采用数字和字母作为机场的基准代码，其用意是提供一个简单的方法，把有关机场特性的各项规定互相联系起来，以便提供与使用该机场的飞机相适应的各项机场设施。指标Ⅰ主要决定了跑道长度，指标Ⅱ则在很大程度上决定了机场的几何设计标准。

表 7-1 机场飞行区等级指标划分（ICAO）

指标Ⅰ		指标Ⅱ		
数字	基准场地长度（RFL）/m	字母	翼展（WS）/m	主起落架外轮缘之间的距离（OMG）/m
1	RFL < 800	A	WS < 15	OMG < 4.5
2	800 ≤ RFL < 1 200	B	15 ≤ WS < 24	4.5 ≤ OMG < 6
3	1 200 ≤ RFL < 1 800	C	24 ≤ WS < 36	6 ≤ OMG < 9
4	RFL ≥ 1 800	D	36 ≤ WS < 52	9 ≤ OMG < 14
		E	52 ≤ WS < 65	9 ≤ OMG < 14
		F	65 ≤ WS < 80	14 ≤ OMG < 16

我国的机场在规划与设计时均采用国际民航组织的分类方法与标准。美国联邦航空管理局（FAA）采用与国际民航组织类似的方法，将飞行区等级指标按照飞机的进近速度和飞机的翼展来进行划分，如表 7-2 所示。

表 7-2 机场飞行区等级指标划分（美国 FAA）

指标Ⅰ		指标Ⅱ	
飞机进近等级	飞机进近速度（AS）/节	飞机设计组别	翼展（WS）/m
A	AS < 91	Ⅰ	WS < 15
B	90 ≤ AS < 121	Ⅱ	15 ≤ WS < 24
C	121 ≤ AS < 141	Ⅲ	24 ≤ WS < 36
D	141 ≤ AS < 166	Ⅳ	36 ≤ WS < 52
E	166 ≤ AS	Ⅴ	52 ≤ WS < 65
		Ⅵ	65 ≤ WS < 80

航站区为飞行区与进出机场的地面交通的交接部，由以下 3 个主要部分组成：

（1）地面交通出入航站楼的交接面：包括公共交通的站台、停车场，供车辆和行人流通的道路等设施。

（2）航站楼：用于办理旅客和行李从地面出入交接面到飞机交接面之间的各项事务；

（3）飞机交接面：航站楼与停放飞机的连接部分，供旅客和行李上下飞机。

由市区进出机场的地面交通，则可以采用各种公共交通（公共汽车、轻轨、地铁、磁悬浮等）和小汽车（私人车和出租车）。

机场系统根据设施所处的位置和对应功能，也可分为空侧部分和陆侧部分。

2. 空侧设施

空侧部分有时也称为航空作业面，或者更简单地称作飞行场地，包含了提供飞机运行的设施。这些设施主要包括：供飞机起降的跑道，供飞机在跑道和航站之间滑行的滑行道体系，供旅客上下飞机和飞机停放的机坪和门位区域，供飞机等待用的等候机坪等。由于包括进近航迹和离场航迹的飞行场地空域对跑道利用有着重要影响,因此习惯性地将机场空域也作为空侧的组成部分。

空侧设施包括跑道、滑行道、等候区、等候机坪、机坪和地面管制设施,其中跑道包括进近类别、标志和助航灯光及左路引导系统。

(1) 跑道进近类别。跑道是供飞机起飞和着陆的平台,是空侧中最主要的设施。跑道根据进近的方式可以分为目视跑道、非精密仪表跑道和精密仪表跑道。目视跑道仅供运行目视进近程序的飞机使用。非精密仪表跑道和精密仪表跑道均是供采用仪表进近程序的飞机使用。非精密仪表跑道装备有能够提供水平方向引导的航空助航设施,供在批准可直接使用接近非精密进近程序情况下使用。精密仪表跑道的飞行程序采用仪表着陆系统、微波着陆系统、精密进近雷达引导。

(2) 跑道标志。在跑道上,为了辅助飞机起飞和降落,设有一系列标志,主要有跑道号码标志、中线标志、入口标志灯。非精密仪表跑道标志有跑道瞄准点等,精密仪表跑道标志还包括接地地带标志、边线标志灯。

(3) 跑道和滑行道灯光。跑道设置有一系列灯光系统以辅助驾驶员在夜晚和能见度较差的情况下安全使用跑道,包括进近灯光系统、目视进近坡度指示系统、中线灯、边灯、入口灯等。在滑行道上也设有中线灯和边灯。

(4) 滑行道。滑行道的主要功能是提供跑道与机场其他区域(包括航站区)之间的快速进出通道。出口和入口滑行道一般位于跑道端部。在大型机场,为了减少飞机的跑道占用时间,往往设置有快速出口滑行道。在繁忙机场中,滑行中的飞机以不同方式同时在运行,为此需提供 2 条单向的平行滑行道。

(5) 等待区。等待区位于或非常接近跑道端,用于驾驶员做最后的检查和等待最后的起飞放行指令。这些区域的面积一般较大,以便如果有一架飞机不能起飞时,另一架飞机能够绕过它。等待区通常可以接纳 2~3 架飞机,并拥有足够的空间供一架飞机绕过另一架飞机。

(6) 等候机坪。等候机坪是临时停放飞机的机坪,它一般位于滑行道外的不同位置。一些机场的高峰需求导致所有的机位被全部占用,为此地面管制部门经常引导飞机进入等候机坪,直到空出可以使用的机位为止。

(7) 机坪。机坪是供飞机停放的区域,在机坪上设有若干个机位和滑行通道。

(8) 滑行引导标志。在靠近滑行道或机坪的区域往往设置滑行引导标志牌,以告知驾驶员不同的联络道、滑行道、机坪所在的区域。

(9) 塔台。塔台是供机场管制人员工作的场所,一般是机场范围内的最高建筑物,能够清楚地观察飞机的滑行和起降情况。

(10) 其他设施。空侧还设有除冰坪、排水系统、驱鸟装置、加油管线、消防站等。

3. 陆侧设施

陆侧设施是机场中为旅客提供直接服务的组成部分,主要包括航站楼、车辆流通和停车场。其中航站楼包括旅客上下机区域和候机区域、办票柜台、行李处理设施、餐厅、商店、汽车租赁处等。此外,装卸及存储航空货物和邮件的设施也是航站楼的重要组成部分。旅客航站楼和货运航站楼一般分开设置。

陆侧设施也包括机动车环状车道和停车设施，在某些情况下，作为大城市公共交通系统组成部分的轨道交通、公共汽车站等也是陆侧的组成部分。一般而言，只有在机场地界范围内的道路和交通设施被认为是陆侧的组成部分，虽然它们实际上是城市或区域交通网络的延伸部分。

此外，在陆侧还设有防疫、急救、警局、邮局等基础设施。

7.2.3 助航系统

机场导航系统主要是供着陆飞机使用的，无线电着陆引导系统是用无线电设备引导驾驶员或自动驾驶仪使飞机安全着陆的导航系统。无线电着陆引导系统向飞机提供精确的着陆方位、下滑道和距离等引导信息，飞机依据这些信息对准跑道并按给定的下滑角进场和着陆，以保证接地点的偏差在规定的范围以内。该系统主要有仪表着陆系统、地面控制进场系统、微波着陆系统、机场地面探测系统及助航灯光系统等。

1) 仪表着陆系统（ILS）

仪表着陆系统（instrument landing system，ILS）又叫作仪器降落系统，是目前应用最为广泛的飞机精密进近和着陆引导系统。它的作用是由地面发射的两束无线电信号实现航向道和下滑道指引，建立一条由跑道指向空中的虚拟路径，飞机通过机载接收设备，确定自身与该路径的相对位置，使飞机沿正确方向飞向跑道并且平稳下降高度，最终实现安全着陆。标准仪表着陆系统布置图及仪表着陆系统的地面设施图分别如图7-6、图7-7所示。

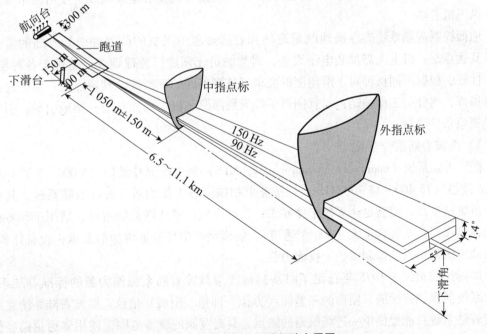

图7-6 标准仪表着陆系统布置图

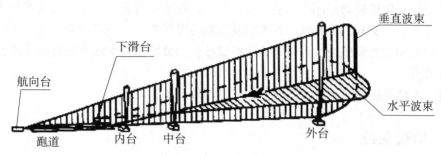

图 7-7 仪表着陆系统的地面设施图

一个完整的仪表着陆系统包括方向引导、距离参考和目视参考系统。仪表着陆系统进近使用两束雷达波帮助飞机进行定位，localiser 波定位机场跑道中线，而 clearancer 波则用于飞机拦截，防止飞机飞出跑道区。传统上，localiser 是一条狭窄的波束（中心线正负 5°），现在，一种名为 Slotted cable localiser 的新技术将这一波束扩宽，从而更多的直接信号可以到达接收装置，而反射和干涉造成的影响就减弱了。Watts Antenna 公司为日内瓦机场安装了世界第一套商业性改进设施，称为 Skyguide，这一系统将波束宽度增加到了 82 m，成功解决了日内瓦机场面临的干扰问题。

2）地面控制进场系统

地面控制进场系统是利用地面雷达和无线电通信引导飞机飞进机场并着陆的系统。它由进场监视雷达和精密进场雷达组成。地面操纵员依据雷达提供的数据，并利用普通无线电通信通道指挥驾驶员进场和着陆。飞机上只需要一些基本的飞行仪表和一部无线电台。如果飞机上的发射机发生故障，驾驶员甚至只利用接收机收听地面操纵员发出的指令也可以操纵飞机着陆。

地面控制进场系统能准确地测量进场和着陆过程中飞机的位置并引导着陆的雷达系统。其优点是：机上无需加装电子设备，对驾驶员无须进行特殊训练；适用于各种场地，机动性好；根据不同机种对下滑角度的要求可选择不同的下滑线。其缺点是：因靠地面管制员指挥，驾驶员工作被动；靠管制员手控天线跟踪飞机，只能一架一架地引导；引导距离受气象条件限制。

3）微波着陆系统

微波着陆系统（microwave landing system，MLS）是工作于 C 波段（5 000～5 250 MHz）和 Ku 波段（15 400～15 700 MHz）并按波束扫描原理工作的新型进近着陆系统。其优点是：系统精度高，能满足全天候工作要求；允许飞机任意选择机场航道，适用于作各种起落的各型飞机；系统容量大（200 个通道），能满足空中交通量增加的要求；设备体积小，对场地要求低；系统抑制多径干扰能力强。

国际民航组织于 1978 年选定了时基扫描波束微波着陆系统作为新的标准着陆系统，这种系统能提供连续的、精确的三坐标（方位、仰角、距离）信息。微波着陆系统克服了仪表着陆系统只能提供单一进场航道的缺点，具有宽阔的覆盖范围，使用多通道路径使飞机可以按弧线进场，相比仪表着陆系统只能一架一架地引导着陆，微波着陆系统极大地提高了一些繁忙机场单位时间的吞吐量。微波着陆系统工作示意图如图 7-8 所示。

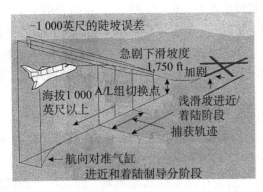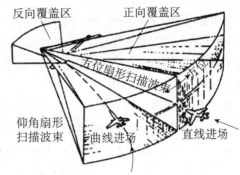

图 7-8 微波着陆系统工作示意图

另一方面，飞机在进近着陆时，会受到来自如在机场地面移动的飞机、机场建筑物内的信号干扰及机场周边地形限制的影响，由于采用了微波信号，其对这些干扰的敏感性要比目前采用的仪表着陆系统小得多，使得在不利天气条件下，也可以保持和增加交通流，在能见度很低的情况下也不需要飞机转场。微波着陆系统同样由地面和机载设备组成。地面设备可分为基本型和扩展型两种。基本型设备包括正向方位台、仰角台、地空数字传输设备、精密测距机；扩展型设备在基本型设备的基础上增加拉平台、反向方位台、360°全方位台。机载设备包括机载微波着陆系统接收机和测距询问器。

4）机场地面探测系统

在大型、高密度机场，为了管理滑行中的飞机情况，装备了一种名为"机场地面探测设备"的专门雷达系统，它能将跑道、滑行道和站坪上飞机位置以图像显示出来。

(1) 近距助航。

尽管全球定位系统（GPS）近几年得到广泛应用，但近距导航仍以甚高频全向无线电信标导航系统（VORTAC）为主。VORTAC 是 VOR（甚高频全向无线电信标）、VOR/DME（甚高频全向无线电信标与测距仪组合）和 TACAN（塔康组合）的统称。其中，VOR/DME 和 TACAN 的工作原理和技术规范有所差异，但它们的作用和使用方法完全一样。

(2) 洲际导航。

目前的洲际导航被称为奥米加导航系统（OMEGA），它是一种超远程双曲线无线电导航系统，其作用距离可达 1 万多 km。只要设置 8 个地面台，其工作区域就可覆盖全球。8 个地面台分布在美国的夏威夷和北达科他州及挪威、利比里亚、留尼汪岛、阿根廷、澳大利亚和日本。第一个地面台，于 1972 年在美国北达科他州建成；最后一个地面台，于 1982 年在澳大利亚伍德赛德建成。

奥米加导航系统是全球范围的导航系统，定位精度为 1.6～3.2 km，它由机上接收装置、显示器和地面发射台组成。飞行器一般可接收到 5 个地面台发射的连续电磁波信号。电波的行程差和相位差有确定的关系，测定两个台发射的信号的相位差，就得到飞行器到两个地面台的距离差，进而确定飞机的位置。

(3) 大洋导航。

适用于广阔海洋的罗兰导航系统最初是出于军事需要，由美国在二战期间开发的，名为罗兰-A。它的作用距离约 1 300 km，工作区定位范围为 926~14 852 m，夜间利用天波，作用距离可达 2 600 km。它广泛地适用在海事应用上，定位误差通常小于 0.25 n mile。20 世纪八九十年代，罗兰-A 逐渐被罗兰-C 所取代。罗兰-C 单元必须能够接收到至少一个主台和两个副台，才能提供导航信息，其信息是基于对射频能量脉冲的到达时间差的测量，脉冲频率范围为 90~110 kHz。

罗兰-D 是美国军用战术机动中程导航定位系统，是在罗兰-C 原理基础上研制成功的最新一代导航系统。经实地试验，罗兰-D 在 463 km 范围内定位准确度为 180 m，在 926 km 范围内定位准确度一般为 463 m，重复性误差为 17 m。目前，这个系统主要是为海上石油开发所需的高精度导航定位实施服务，分别设在北欧的北海海域、西北欧、英国西南部、马来西亚和中国黄海海区。

(4) 卫星导航。

目前，实用化的卫星导航系统有美国开发的全球定位系统（GPS）、欧盟开发的"伽利略"全球定位系统、俄罗斯"格洛纳斯"全球卫星定位系统和中国的北斗卫星导航系统。

GPS 由以下 3 个主要组成部分。

①太空部分。由 26 个绕距离地球大约 10 900 英里的轨道运行的卫星组成。运行的卫星经常成为 GPS 星群。每一个卫星装配了高稳定度的原子钟，且发送一个唯一的代码和导航信息。以超高频传播就意味着其信号尽管受视距限制的影响，但不受天气影响。卫星必须位于水平面之上（被接收机天线"看"到），才可以用于导航。

②控制部分。由 1 个主控站、5 个监控站和 3 个地面天线组成。监控站和地面天线分布在地面上，允许连续的监控和与卫星的通信。每个卫星的导航信息广播的更新和修正在其通过地面天线时传送到卫星上。

③用户部分。由所有和 GPS 接收机有关的部件组成，范围从轻便的手持接收机到永久安装在飞机上的接收机。手机可以通过将自己的代码和卫星的编码信号进行匹配，精确地测量到达的时间。知道了信号传播的速度和准确的传播时间，信号传播的距离可以从它的到达时间来推断。

飞机上的 GPS 接收机要利用至少 4 个良好定位的卫星的信号来得出一个三维方位（纬度、经度和高度）。二位方位（只有纬度和经度）只需要 3 个卫星就可以确定。

7.2.4　空中交通管制系统

1. 目的与任务

空中交通管制系统的主要目的是：①防止飞机在空中相撞；②防止飞机在跑道滑行时与障碍物或其他行驶中的飞机、车辆相撞；③保证飞机按计划有秩序地飞行；④提高飞行空间的利用率。

现代空中交通管制涉及飞行安全的全过程，从驶出机坪开始，经起飞爬升，进入航路，通过报告点到目的地机场降落位置，飞机始终处于监视和管制之下。在这个过程中，管制分为三级：塔台管制、进近管制和区域管制。

（1）塔台管制。塔台设在机场，主要是用于维持机场的飞行秩序，防止发生碰撞。各国的管制范围不一，视空域、飞行量和管制能力而定，在中国通常为 100 km 左右。

（2）进近管制。对处于塔台管制范围和区域管制范围之间的进场或离场飞机实施管制，其范围有时较大，可达 170 km 以上，可以包括几个机场。

（3）区域管制。区域管制也称航路管制，由区域管制中心执行，主要是使航路上的飞机之间保持安全间隔。它能对飞机实施竖向、纵向或横向匹配，以避免碰撞，确保安全。

2. 管制系统

管制系统主要有两类：执行塔台和进近管制的终端区管制系统，执行区域和高空管制的区域管制系统或区域管制中心。

（1）终端区管制系统。终端区管制系统通常包括由一次雷达、二次雷达构成的数据获取分系统、由电子计算机构成的数据处理分系统、由雷达综合显示器和高亮度显示器构成的显示分系统，以及由图像数据传输、内部通信、对空指挥通信构成的通信分系统等，执行塔台和进近两级管制任务。这个系统的主要功能是：对装有应答机的飞机进行自动跟踪；进行代码呼号；显示飞行航迹和有关数据；用于人工输入或直接接收临近管制中心的飞行计划；对输入的计划进行简单处理；进行低高度数据处理。美国的自动雷达终端系统 ARTS–Ⅱ和 ARTS–Ⅲ是典型的终端区管制系统，前者用于中小型机场，后者用于大型机场。

（2）区域管制系统。执行区域管制任务，有时也担负高空管制。它通常包括：由多部远程一次雷达与二次雷达及雷达与飞行计划数据传输设备构成的数据获取和传输分系统，由多部计算机构成的飞行计划和雷达数据处理分系统，由雷达综合显示器、飞行数据显示器和飞行单打印机等组成的显示和数据终端分系统，由内部通信、对外直通电话和对空指挥通信组成的通信分系统。区域管制系统的主要功能是：自动接收、处理多部雷达数据和飞行计划信息；跟踪监视飞机、预测碰撞并提供可选择调配方案；实行区域管制和区域间的自动管制交接；显示各种有关飞行的数据；自动打印飞行进程单和同相邻中心交换飞行数据。美国的国家空域管制系统和法国的自动化综合空中交通雷达管制系统都属于典型的区域管制系统。

3. 空中交通管制系统设备配置

鉴于 ATC 系统国外已发展成熟，我国又有消化、引进国外系统的经验及研制国内空中交通管制系统和设备的基础，遵照国务院、中央军委关于改革我国空中交通管制现行体制的精神，我国 ATC 谱系应分为 3 种程式：独立二次雷达 ATC 系统、机场进近 ATC 系统和区域 ATC 系统。

（1）独立二次雷达 ATC 系统。独立二次雷达 ATC 系统是为体制过渡时期部分民航机场急需而设计的，主要装备在航路上飞行比较密集而目前管制手段十分落后的机场。随着机场飞行量的增加，该系统也可扩充为机场进近 ATC 系统。

（2）机场进近 ATC 系统。机场进近 ATC 系统（包括塔台）主要配置在机场。根据我国特点，该系统也可派生出两种情况。其中一种主要配置在民用机场或军民合用机场，另一种主要配置在军用机场。前者应以民用为主，兼顾军用。它一方面主要能满足目前在体制过渡时期进出本场和过航飞机较多的机场的急需，另一方面在系统结构上又有较大的扩充余地，使之能容易地扩充，适应军民合用的机场管制系统。后者以军用为主，它是一个以管制军事训练和转场飞机同时担负着防空作战共用的平战相结合的系统。它可以和民用ATC系统或军民合用的ATC系统互相交换信息。

（3）区域ATC系统。该系统主要配置在全国大型的区域管制中心，是在新的航行管制体制下军民合用的，且与军队的防空作战系统并行的系统，但彼此之间又可以互相交换信息。在平时能真正地担负航路的空中交通管制，在战时它又能成为防空作战系统的组成部分。对于军民合用的系统来说，系统中主要的单项设备（特别是雷达和显示设备）必须是新研制的能满足军民两用要求的设备。

4. 智能空中交通管制方法

按照空中交通管制手段的区别，交通管制有程序管制、雷达管制和自动化管制3种不同的方法。

（1）程序管制。程序管制是按照事先拟定的飞行计划和飞机的实际飞行进程进行空中交通管制。飞行计划是航空器使用者（航空公司或驾驶员）在飞行前提交给空中交通服务当局的关于这次飞行的详细说明，包括飞行的航路、飞行高度、飞行速度、目的地机场、预计飞行时间、备降机场、携带人员等内容。空中交通管制员根据飞行计划和驾驶员在飞行中的位置报告，填写飞行进程单，通过计算确定飞机之间的相互位置关系，发布指令，调配飞机之间的间隔，保持规定的安全距离和高度差，保证飞机有秩序地安全地飞行。

（2）雷达管制。雷达管制是在机场和航路上安装监视雷达，包括一次雷达和二次雷达。一次雷达系统中的发射机向空中发出高能脉冲波，脉冲波遇到物体被反射回来，通过天线和接收机接收后，在显示器上显示为一个个亮点。二次雷达系统发射的脉冲波则与飞机上安装的应答机相互作用，应答机接收到地面二次雷达发出的询问信号后，很快发出回答信号，这些信号被地面二次雷达天线接收，经过译码，在显示这架飞机的亮点旁显示出飞机的识别号码和高度。空中交通管制员根据这些雷达显示，结合飞行计划和飞行进程，能够很快判明飞机的位置，向空中的飞机发出指令，实施管理。与程序管制相比，管制员可以"看到"飞机，尽快地做出准确判断，因而可以缩小飞机之间的间隔，使机场跑道空域和航路的利用率提高。

（3）自动化管制。自动化管制也称雷达内动化管制，它是将计算机技术和雷达技术结合起来，实现航管雷达的全自动化。在自动化管制系统中，一、二次雷达信息和飞行计划信息都被输入计算机数据处理系统，当自动化管制系统跟踪一架飞机时，管制员可以在雷达屏幕上得到飞机的全部有关数据，包括下一步预计的位置和高度，管制员可以脱离飞行计划和飞行进程单，从而进一步提高工作效率和空域利用率。

7.2.5 航空运输安全管理系统

航空运输安全管理系统的核心理论是风险管理，风险管理的三个步骤"危险识别、风险评估、风险控制与管理"几乎涉及并影响所有的安全管理行为（安全信息管理、安全评估、事故调查、安全临近等），它也是主动安全控制的最有效的方式。

各国空管安全管理体系（safety management system，SMS）的内容略有不同，但总体来看，SMS可分为两大部分：强制执行部分和建议执行部分。通常情况下，一个组织可以通过选择多种方法来实现安全管理的需要，但是绝不存在某一个适合所有组织的单一模型，而应根据规模、复杂度、运行方式、安全文化、运行环节等情况来决定安全管理结构、安全工作思路和方法。

具体来说，空管SMS将包含如下内容：安全文化、安全政策、组织要求、SMS主管、各层人员安全职责、日常安全监督检查、事件调查数据管理、风险管理、安全评估、安全审计、安全提高、质量保证、应急措施、人员培训、自愿（无惩罚）报告、文档管理、实施计划及跟踪评估等。

因此，安全管理体系的建立是在一定范围系统内部基础上的，在航空营运这个运输过程中，取决于飞行、客舱、机务、签派等相关职能部门的正常运行与否。因此，部门之间相互配合、相互协调成为完成生产任务的关键。在已确定的系统内，首先通过运用风险评价的方法对可能发生的危险进行评估，然后利用量化的结果对可能发生的危险进行定性，最后系统化地提出风险控制方法把危险消灭在萌芽状态。通过这样的管理方法持续地对各个部门进行安全管理，从而保证了航空公司的安全正常运行。

7.2.6 航空移动通信系统

（1）空中交通服务（air traffic service，ATS），用于空中交通管制的通信，所交换的信息与飞行安全、飞行正常、遇险和紧急情况有关。ATS通信包括放行许可、放行证实、管制移交、管制移交证实、飞行动态、自动相关监视、航行报告、航路最低安全高度告警、飞行计划申请与修订、地面管制、塔台管制、离场管制、进近管制、航路管制、终端自动情报服务及其他飞行服务业务。

（2）航务管理通信，飞机运营部门与飞机之间的通信，与飞行安全、正常和效率有关。航务管理通信包括气象情况、飞行计划数据、驾驶员/监制员通信、飞行情报、维修情况、管理与放行、配重、飞行中紧急情况、机体及电子设备监测数据、改航情报、滑行、起飞及着陆情况、发动机监视数据、位置情况、起飞、延误情报等。

（3）航空行政通信，飞机运营部门使用的与安全无关的通信，与飞行及空运业务的公务方面有关，如设备与货物清单、座位分配、行李包裹查询。

（4）航空旅客通信，飞机飞行期间，机上旅客与地面之间的通信。这种通信有话音、数据，也是与安全无关的通信。从安全的方面考虑，只提供由旅客呼叫地面的通信。

空中交通管理和服务的发展方向是用自动的数据通信、导航、监视方式代替人工的话音通信，用计算机实时监视、处理和显示飞机的准确位置和状态等。

习题 7

1. 什么是航空智能运输系统？分为哪几类？
2. 航空智能运输系统有哪些子系统？
3. 空中交通管制系统的主要目的是什么？

第8章 水运智能运输系统

8.1 水运智能运输系统概述

8.1.1 水运智能运输系统的概念

水运智能运输系统是指运用先进的卫星导航技术、无线通信技术、有线通信技术、信息技术、控制技术、人工智能技术、水路运输技术及系统工程技术等进行综合集成，实现水路运输优化，水运安全、高效、可靠，港站作业及客货运输信息服务一体化的客货运输系统。

8.1.2 水运智能运输系统的构成

从组织结构来看，水运智能运输系统主要包括：先进的船舶控制系统、船舶自动识别系统、水上交通管制、事故处理与救援系统、船舶导航系统、智能航海系统、货物安全运输监控系统、船舶管理信息系统等，系统构成如图 8-1 所示。

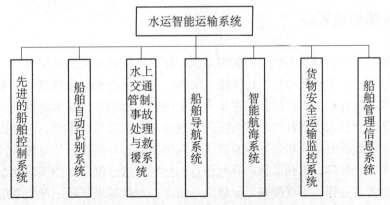

图 8-1 水运智能运输系统的构成

8.2　水运智能运输系统的功能

8.2.1　先进的船舶控制系统

先进的船舶控制系统具备自动导航、自动驾驶、轮机自动控制、自动应答、自动规避、动态跟踪、航行状态自动记录等功能，通过各种传感器和接收器、船上计算机系统和控制执行机构，使船舶能够自动接收外部控制系统发出的各种信息指令，并实时监控船舶本身状态，在船舶操控过程中预防各种安全事故，尤其是由人为失误引发的事故的发生。

8.2.2　船舶自动识别系统

全球无线电应答器系统，也称自动识别系统，是近年来几个国际组织，特别是国际海事组织、国际航标协会、国际电信联盟共同的研究成果，它为船舶提供一种有效的避碰措施，能够极大地增强雷达功能，并且能够不通过雷达而使船舶自动识别系统了解所有装有该系统的船舶的完整的交通动态，它还是一种制定船舶报告计划的方法。

8.2.3　水上交通管制、事故处理与救援系统

该系统具备对所有通航水域中船舶位置和移动状况进行实时监控和智能化管理的功能，根据气象、海况、船舶密度等因素，对覆盖区域内所有船舶的航行状况进行判定，依据重要程度，自动向危及航行安全的船舶发出必要指令，向正常航行的船舶发出航行提示。该系统可对特定水域中发生的泄漏事故进行监控和扩散趋势预报，对海难事故进行立体施救和定向搜寻，对特定水域内事故的救援方案选择和事故灾害影响范围进行计算机辅助决策和评估，为遇险船舶和人员提供救助服务，为水域环境保护提供决策支持。

8.2.4　船舶导航系统

船舶导航系统是引导船舶航行的关键系统，在军用舰船与大型民用船舶上得到普遍应用。现代船舶导航技术涉及导航、计算机、网络、信息融合及海洋管理信息系统等多个学科的前沿技术，这些相关学科的技术进步有力地促进了船舶导航技术的发展。运用现代网络技术与信息融合技术实现各种导航系统的物理连接和信息综合集成，已经成为当前船舶导航系统的主要发展方向。船舶导航系统通过网络将各种导航设备信息传入计算机，利用信息融合技术综合处理，得到最佳的导航信息；然后，通过电子海图实时动态地显示船舶的综合航行态势。这样，不仅提高了导航信息精度，而且扩展了单一导航系统或设备的功能，从而构成高精度、高可靠性、多功能的现代船舶综合导航系统。

一套完整的船舶驾驶台综合导航系统通常由两台雷达,一台综合数据显示系统和两台电子海图显示系统和一台气象信息显示系统组成。

8.2.5 智能航海系统

船舶航行的实际过程如下所述。首先是船舶驾驶员根据航行任务,参阅海图、航海图书资料、气象资料、船舶状况及人员技术状况等,拟定计划航线、计划航速等。然后出港,并由驾驶员根据拟定的航行计划去操纵控制船舶,航驶在计划航线上。海上航行中,由于风、流、浪等的干扰,船舶是否航驶在计划航线,通常是通过定位进行检查,即通过反馈船位信息,调整控制措施,尽可能地保持航迹在计划航线上。如果会遇船舶,或需避让礁石、冰山等,则应随机采取避让措施,当安全驶过让清以后,又恢复原航向,按计划航线航行。只有当收到危险气象,或其他需要改变航行计划的信息时,驾驶员才会改变航线,并按新制定的航线去航行。船舶航行的实际过程如图8-2所示。

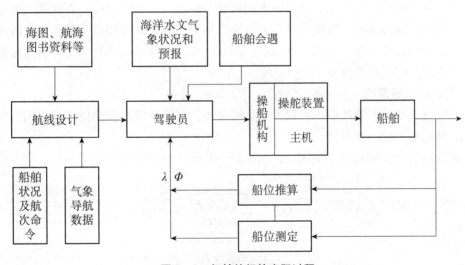

图8-2 船舶航行的实际过程

智能航海系统是船舶自动化的重要组成部分,它包括最佳航线编制系统、自动舵控制系统、自动定位系统、自动避航系统及综合航行管理系统,如图8-3所示。

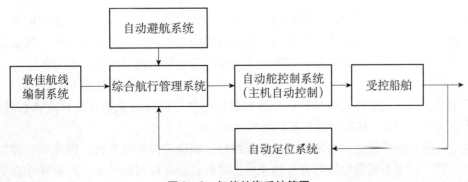

图8-3 智能航海系统简图

1. 最佳航线编制系统

任何一个自动控制系统都是根据人们的意图来自动实施控制的,对于自动驾驶系统,其首要的任务就是根据运输任务、船舶情况、环境条件等编制一条安全经济航线,作为自动操纵船舶的参考输入量。

在智能航海系统中,最佳航线编制系统显然是其中很重要的子系统,分析设计航线的几个主要依据,如障碍物、定位和避让等方面的资料可以在系统中加以储存,并根据有关通告适时加以改正,也可以根据资料与航次装载情况进行校正。相对于一个航次,或一个长航程的一段具体时间,可以认为这些条件不是随机的,从而突出了气象与海况在航线设计中的地位。随着气象学和海洋学的发展,船舶通信导航设备的不断完善,计算机技术、现代控制理论在航海上的应用,以及逐步发展起来的以中、长期天气预报为基础的气象定线技术,气象导航系统应运而生。

船舶气象定线的基本原理是根据船舶性能、载货情况及所取得的天气和海况的预报资料,采用科学的定线方法,选择一条尽量避开大风浪,特别是顶头浪和横浪等不利因素,而又能充分利用有利的风、浪、流等因素的航线,使之达到最佳程度。它涉及气象学、海洋学、造船学、航海学及计算机科学等多方面的知识。而且天气和海况的变化,以及船舶在各种风浪中的性能变化,是相当复杂的。因此,真正要选择一条切合实际的理想航线并不简单,它是一门综合性技术。

2. 自动舵控制系统

自动舵是船舶控制系统中不可缺少的重要设备,它可以通过航向设定使船舶行驶更接近直线,从而更节能、更经济。

自动操舵控制系统是一个双闭环控制系统,其闭环框图如图 8-4 所示。

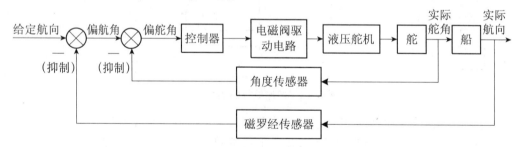

图 8-4 自动舵控制系统闭环框图

通过磁罗经传感器检测船舶实际航向信号,与给定航向信号作比较,若有偏差即偏航角,由控制器通过 PID 算法产生偏舵角。将它与实际舵角相比较,得到实际舵角偏差去控制舵,从而改变航向,如此反复,直至实际航向与给定航向信号二者偏差为 0。

根据自动舵的原理,开发研制了自动舵控制系统,其系统结构如图 8-5 所示。

自动舵控制系统软件的设计思想是控制器通过判断偏航角来控制左打舵或右打舵等,最终实现偏航角为 0,其程序流程图如图 8-6 所示。

由于实际船舶系统常具有不确定性、非线性、非稳定性和复杂性,因此很难建立精确的模型方程,甚至不能直接进行分析和表示。尽管自适应控制的稳定性和鲁棒性在实际应用中还无法完全达到要求,但熟练的舵手运用他们的操舵经验和智慧,能有效地控制船舶。为此，从 20 世纪 80 年代开始，人们就开始寻找类似于人工操舵的方法，这种自动舵就是第 4 代智能舵。目前已提出 3 种智能控制方法，即专家系统、模糊控制和神经控制。

由于这些方法都有各自的优点，因此，近年来自动舵的控制方法正向组合集成型方向发展，如 PID 与模糊控制结合、PID 与神经控制结合、模糊控制与神经控制结合、模糊控制与遗传算法结合、神经控制与遗传算法结合等。

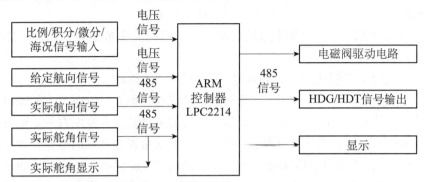

图 8-5　自动舵控制系统结构

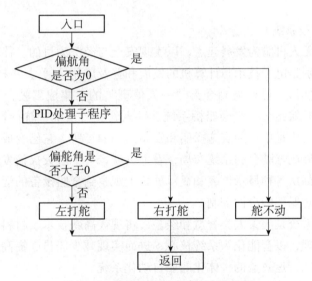

图 8-6　自动舵控制系统程序流程图

3. 自动定位系统

自动定位系统的任务是连续、实时地确定船舶的准确位置，并将船位信息反馈给驾驶自动定位系统的中央处理系统，以便中央处理系统随时检查船只。

4. 自动避航系统

人们把自动避免和水上的碍航物发生碰撞所构成的系统称自动避碰系统，又把自动避免和水下的碍航物发生碰撞所构成的系统，称为自动避礁系统。换句话说，自动避航系统由自动避碰和自动避礁这两个分系统构成。

（1）自动避碰系统。近年来国内外专家学者在该领域的研究方法主要有：应用专家系统、模糊数学及神经网络的人工智能方法来解决避碰方案的自动编制问题。但从研究结果看，有的仍处于研究方法的探讨阶段，有的虽有结果，例如英国利物浦大学和日本东京商船大学都已发布研究出智能化避碰系统的信息,他们都是采用专家系统的方法来确定本船的避让行动的,但因其性能局限等原因未见应用。

(2) 自动避礁系统。要进行避礁操船,首先要测得船舶与前方水下障碍物、暗礁的距离及它们的水深等信息。一般的水下探测可用回声测深仪。回声测深仪只能测得正下方水深信息,而得不到避礁操船所需的信息。所以,以往的避礁操船系统实际上是有计划地避礁操船。但是,由于下面原因,这种方法是不够可靠的。

① 海底是在不断变动的,加上海域辽阔,人们难以完全准确地知道水下障碍物、暗礁的位置及其深度。

② 船位确定系统的精度对有计划的避礁操船有很大影响。

因此,为了实现自动避礁操船,必须研制一种能探知前方一定距离上的障碍物及其上方及左右的水深装置。目前,世界上已研制出一种能测得船前方及左右一定距离上的障碍物的新型暗礁探测声呐,其基本原理是:把超声波发送装置装在船的球鼻首处,向船的行进方向发送超声波,以数米的误差探测前方水中障碍物及障碍物上方水深。为了提高探测精度,超声波射束开角要小,而且必须对水中温度梯度造成的音道屈曲或船舶纵倾影响进行修正。

5. 船舶集成驾驶系统

船舶自动化以无人机舱为发展起点,以实现安全与经济为目的。伴随着人类科学技术的发展与进步,特别是电子技术与计算机的发展和普及应用,通过"未来船舶""智能化船舶"等的研究与实践,已延展到今天"一人值班"的"集成驾驶台"概念。集成驾驶台亦为当今的综合导航系统、组合船桥系统、一人驾驶台系统、航行管理系统等的统称。在这里,驾驶台已不再是单一的实施操船和发布指令的场所,它已变成了整个船舶监视控制中心。这种称为集成驾驶台的系统布局,看上去就像一个航天火箭发射控制中心。值班人员可以在任一时刻从各种显示仪表和显示屏幕上观察到全船设备的运行状态及船舶航行的实际情况,实施对船舶的全面控制。

这种集成驾驶系统是集聚人类智慧和经验,将现代高新技术、材料和航天技术等引入船舶设计与航运管理,以智能化为系统核心,进而实现减少船员、提高操作可靠性、保障航行安全和增进船舶营运效益的一体化船舶自动化系统。

目前的集成驾驶系统主要是对现有的各种设备的组合、信息的综合显示及简单的航行管理,对便于驾驶员观测,减轻其工作负担起到一定的作用。未来的集成驾驶系统中更加强调认知集成而不仅仅是设备的集成,集成驾驶系统中将包括更多的传感器,数据融合技术将对来自众多的传感器的测量数据进行综合处理有很大帮助。专家系统为自动航行和自动避让提供了有力的手段。人工神经网络、遗传算法、及模糊控制理论的不断发展和成熟,也将为集成驾驶系统提供更多的理论工具和控制算法。集成驾驶系统将更加强调信息的深层次处理,充分发挥计算机的快速计算和推理能力,起到态势分析、危险评估、决策支持、智能导航、自动驾驶的作用。

总之,未来的集成驾驶系统成为集导航(定位、避碰)、控制、监视、通信和货物管理于一体的综合航行管理系统,更加重视信息的集成,如 LITTION MARINE SYSTEMS 将其下一代集成驾驶系统命名为综合船舶信息系统(integrated ship information system,

ISIS），并逐步朝着船舶自动驾驶、自动避让及自动靠离码头的智能化和全自动化的方向发展。

8.2.6 货物安全运输监控系统

1. 油船装卸作业监控系统

石油工业和石油化工工业的兴起和持续发展，带来了石油和石油化工产品运输的繁忙。而从国内和国外的运输情况来看，大部分石油和石油化工产品的运输是由油船来完成的。为提高经济效益、增强安全防范，当今的油船除趋向大型化外，也对装卸快速化及相应的装卸作业管理自动化提出了新的要求。油船装卸作业监控装置已被普遍接受，目前已有多种型式的油船装卸作业监控管理系统投入使用，其主要的优点在于：

（1）闭舱装卸作业，有效地保障了船员的安全工作环境；
（2）引进了惰性气体防火防爆技术，保证了油船的安全营运；
（3）保证装卸质量，提高装卸速度，从而控制泊港时间、降低营运成本；
（4）引入在线配载技术，确保船舶装载合理，防止影响船舶强度和稳性的情况发生。

油船装卸作业监测遥控技术在20世纪50年代末期已开始投入研究。从20世纪60年代中期起，一些简单的液位遥测装置逐渐开始推广应用，主要型式有吹气式液位测量装置、浮子式液位测量装置和压力传感器式液位测量装置。20世纪70年代中期后，全新的雷达式原理的液位测量装置推向船舶市场。目前油船装卸作业的监测遥控系统已形成雷达式、压力传感器式和磁浮子式三大主要产品。

油船装卸作业监控系统包括的主要内容有：液货舱的液位、温度、惰性气体压力的监测；压载水舱液位的监测；船舶吃水、纵横倾的监测；液货舱高液位报警；液货舱回收气体的监测报警；货油管系阀门开度和开关的遥控；压载管系阀门开关的遥控；货油泵的监控；实时配载监测。

为方便操作与管理，通常将有关的监测遥控设备都集中到货油控制室，操作人员在货油控制台上进行操作与管理。

瑞典 SAAB 公司以 Saab TankRadar 雷达式液位测量系统为基础推出的油船监测遥控系统 MAC/501 Monitoring&Control System 和挪威 Skapenord 公司以 CARGOMASTER 压力式液位测量系统为基础组合的油船监测遥控系统 Cargo Control and Monitoring 是实用系统中代表着两种不同测量控制型式的典型。

2. 船舶侧推控制系统

船舶侧推装置是指在船舶水线以下横向导筒中的一种特殊的横向推进装置，在控制系统的操纵下可改变其推力的大小和方向，一般的应用情况是在船舶的首部安装侧推装置。事实上，装有船舶侧推装置的船舶在频繁靠离码头时可以省去拖船的帮助，这样即节约了时间，又可以降低营运成本。

3. 船用火灾探测报警系统

为了保障海上航行船舶的防火安全，除了配备完善的灭火设施外更应该配备能早期和有效探测火灾发生的探火装置。为此人们不断地研究开发了各种火灾报警装置，为保障船舶的防火安全起了很大的作用。常用的船上火灾探测器有感温火灾探测器、感烟火灾探测器和感光火灾探测器。

4. 船舶易燃气体、有毒气体探测报警系统

在船舶、石油平台或其他工作现场设有专门的气体探测报警装置，对易燃气体、有毒气体进行连续探测报警，设备采用气体敏感元件 T 系列，配合设计合理的测量电路，性能稳定精确，操作简便可靠，实船应用效果很好。

在油船的实际应用中，大多数需要探测防护的场所如货泵舱、管隧等都是危险区域，要求探测装置为防爆安全设计，因此设备除配有用于一般场合和机器场所的探头外，还有专门设计的防爆安全探头、本安型泵抽吸式探测装置。

5. 船舶消防系统

油船上曾广泛采用货油舱二氧化碳灭火系统，由于货油舱爆炸后均造成破舱，所以现在货油舱已不采用二氧化碳灭火系统，而采用甲板泡沫灭火系统。根据《1974 年国际海上人命安全公约 1981 年修正案》的规定，2 万吨及以上载重吨的油轮应采用甲板泡沫灭火系统和惰性气体系统来取代货油舱二氧化碳灭火系统。

船舶消防系统是为了预防船舶火灾而设计安装的保护设施，由灭火介质、介质供应设备、介质传输管道、控制阀门、终端设备组成。当发生火灾以后，由动力设备向固定的管道供应灭火介质，然后由终端设备向火源喷射达到灭火目的。船舶消防系统是为了提高船舶安全、预防船舶火灾而设计安装的保护设施，是船舶的重要组成部分。

8.2.7 船舶管理信息系统

1. 船舶动力损管系统

船舶动力损管系统最早出现在 1800 年制造的船上，早期的动力损管系统由一些简单的损管报警单元、泵控制单元等组成。一旦船体发生碰撞等造成船舶损坏时，通过一些报警可以大致了解船上一些重要信息，从而通过泵的开停来进行压载水的调节或排水操作而达到船舶在遇到损坏时也能保证其稳性和不流性，减少事故造成的损失，提高船舶的生存能力。

随着科学技术的不断进步，传统的、简单的、分散的监测报警或损管系统越来越暴露出其缺点和不足。一方面，决策者面对大量的报警信号，无法通过损管掌握全船的损坏情况。另一方面，事故发生后，决策者思绪高度紧张，因而不可能做出很正确的决策，同时，在损管过程中也无法随时掌握损害受控情况，无法及时采取新的更进一步的损管措施。这种损害信息的不准确性和非实时性，决策者的片面性及行动的不完整性和不连续性，无法及早地有效地控制损害的扩展，也不能保障船舶的生命力。

近年来，以计算机为基础的综合损管系统正逐渐取代传统的损管系统，特别是各国海军使用的舰船，将最先进的计算机技术与传统的损管系统相结合，组成了现代的损管系统。新的损管系统不但可以快速准确地显示全船的动力设备的运行情况（航行状态及损害的情况），还可以将船舶的灭火系统、通信系统等连接在一起，由计算机进行自动灭火、自动发出信号等。

2. 船舶故障诊断与维修管理系统

船舶故障诊断与维修管理系统随着船舶出现而产生，但长期以来滞后于造船业。船舶维修分为预防性维修和故障维修两种，预防性维修是预防发生故障和失效而计划进行的维修，故障维修是事故发生后所进行的维修。

早期，船舶发生故障进行维修时，需要进行大量的拆卸和安装工作。在某种情况下，非但不能保持或恢复船舶设备的原有性能，而且还会由于修理引起早期故障和由于人为差错而使设备性能下降，甚至造成重大损失。随着科学技术的进步，船舶设备日趋先进复杂，随之而来的故障增多，维修工作量的增大及对维修要求的提高，对故障诊断与维修管理提出更高的要求，促进人们对船舶可靠性理论、可维修性理论、故障机理和故障检测手段进行深入研究。

另一方面，随着科学技术的进步，尤其是计算机自动检测技术的发展，人们将计算机技术运用到故障诊断中。国外从 20 世纪 60 年代末 70 年代初开始这方面的研究，并研制出一些小型的故障诊断系统，如挪威 Norcontrol 公司的 DataTrend。到了 20 世纪 80 年代中后期，随着船舶监控系统的日益完善，微机性能价格比的不断提高，以及人工智能尤其是专家系统技术的相对成熟，人们开发出一些以软件为主导的船舶故障诊断与维修管理系统，比较成功的系统有：芬兰瓦锡兰柴油机公司的 FAKS 系统、德国 MAN B&W 公司开发的 Modts-Geadit 发动机诊断和性能趋势分析系统、日本三菱开发的 SuperPlant 系统等。美国、日本统计资料表明，采用故障诊断技术后可节省 30% 以上的检修费用。国内一些高等院校、科研单位曾进行故障诊断系统的研究，但总体来说，国内尚未开发出较为实用的实时故障诊断与维修管理系统。

习题 8

1. 什么是水运智能运输系统？其系统构成是什么？
2. 水运智能运输系统有哪些子系统？

第 9 章
智能运输系统前沿热点

9.1 道路智能运输系统前沿热点

国民经济的发展和社会的进步,对道路交通服务能力和水平提出了新的需求,而大数据人工智能、移动互联、装备制造、材料科学等技术的发展与融合应用,已成为当前及未来较长时期道路交通领域进步的引擎和技术基础,从而推动道路交通向"智能""绿色""平安""资源化"等方向发展,并最终实现道路作为"智能出行通道""生态环境""资源化平台"等多角色的有机统一。

其中,面向人-车-路协同,具备跨区域多模式交通信息交互与联网联控能力的智能道路交通体系能实现道路系统资源优化利用,确保在新型道路交通组织形式与行车速度不断提升的条件下,道路平安运行与应急处置管理科学化,从而提高道路整体服务水平,这是道路交通发展的重要前沿技术方向之一。此外,基于大数据、人工智能与移动互联技术,实现道路工程规划、设计、建造、健康监测、管养等全时域智能化、标准化,是道路交通领域发展的另一重要前沿技术方向。

与此同时,建设与生态环境协调、与自然环境友好、集约高效、低碳环保、功能健全、布局科学的道路交通体系,实现道路交通的绿色设计、环保施工、低碳运营、生态连通,是当前道路领域的热点技术方向之一。此外,面向经济社会发展新时期对资源和能源利用的新需求,充分挖掘道路交通空间潜力,促进多源异质材料在道路交通领域的价值再发挥,使"有限资源"得到"无限循环使用",并开发基于道路平台的再生能源集成利用技术,实现道路交通体系资源化,是道路交通发展的另一热点技术方向。

9.1.1 新型的智慧交通基础设施系统

随着人工智能技术和现代信息技术的发展,在道路工程设计、建造中采用人工智能和先进的信息技术,为道路的健康运营目标实现提供有力支撑。

在未来,对大数据分析技术进行深度应用,并结合移动互联技术实现对道路交通行为的动态辨识和预测，在多尺度、多目标道路网络规划与设计最优化方面发挥突破性推动作用，从而实现跨区域道路工程建设及管养的智能化、标准化。

充分利用多尺度材料科学、虚拟现实技术、大数据解析等先进研究手段，促进道路交通基础结构与材料性能演变机制等基础理论不断深化，使道路工程本质特征行为得到充分把控，从而实现道路交通设计、建造、管养水平质的提升，显著延长道路结构与功能使用寿命，并为基于物联网的道路交通管理、应急处置等奠定基础。

科技的快速发展和人们需求的驱动对道路的通行和服务水平提出了新的要求。为满足未来道路交通系统无人驾驶的需求，保障安全高效的通行能力，实现"零延迟、零死亡"的目标，需要全面提升人、车、路间的协同程度，使之成为有机的整体。图9-1为智慧公路概念模型。

图 9-1　智慧公路概念模型

运用大数据和多维物联网将实现对道路交通精准把控、智能管理和信息服务，对道路交通体系的组织模式和服务模式的变革发挥基础性作用。采用高集成度的路侧和车载信息单元，提供多模式车车/车路信息收集、传递、接收平台；采用新一代信息技术，实现多源异构信息实时交互和共享；构建基于车路感知的车辆与行人识别技术和基于车路协同的车辆安全控制技术，对以无人驾驶为主体的交通行为进行管控；构建集异常事件提前预警、科学决策和应急救援快速响应于一体的安全行车管控体系，对道路交通的异常行为进行管控。运用基于人工智能的交通设施建设监测技术，建立全时空、多用途道路智能监测网络，实现对道路基础设施实时监测反馈，着力打造道路工程标准化、数字化、智能化、泛在化多位一体技术。

9.1.2　交通运营管理维护系统

在未来，道路交通的安全运营越来越引发人们的重视，道路交通安全、应急处置的智能化、体系化、标准化建设水平将稳步提高。

利用通信、控制、电子信息、大数据解析等技术与道路交通的深度融合与集成应用，使得道路交通智能化水平产生质的提升，对实现道路交通全域空间载运单元的互联互通和综合化智能控制具有决定性影响。采用建立全时空、多用途道路智能监测网络的方式实现对道路运营状况进行全方位的监测（如图9-2所示），及时发现道路异常状况，采取相应的应急措施。

图9-2　道路实时监测

构建基于大数据的道路交通运维养护和服务智能化管理决策平台，应用在路网综合信息采集、运营调度、资产运维养护、公众信息服务和应急指挥。通过大数据智能计算云平台，对多源异构数据处理分析，建立道路交通安全风险发展预测模型及结构评估决策模型，形成安全风险科学评估、预警决策和应急快速响应一体化智能网络系统，实现道路交通的安全化运营。构建集运行态势分析、异常事件提前预警、处置决策科学评估和应急救援快速响应功能于一体的主动管理体系。同时，采用多种应急管控系统的联动方式，进一步提高道路交通安全管理和快速响应能力，更好地维护道路交通安全和营运管理秩序。该技术方案通过交通资讯信息的收集和传递，实现对车流在时间和空间上的引导、分流，避免公路堵塞，加强公路用户的安全，以减少交通事故的发生，并改善高速公路交通运输环境，使车辆在道路上安全、快速、畅通、舒适地运行。

9.1.3　交通服务增值系统

道路交通体系驱动能源形式（如核能、太阳能等）的变革将对道路交通领域能源供给、配送方式带来根本性改变，同时也将给生态环境的保护与优化带来深远的影响。通过对跨学科交叉融合的功能型新材料、新能源进行深度开发，并逐渐应用于道路交通领域，对实现道路交通作为"智能出行通道""生态环境""资源化平台"等多种角色的有机统一具有重要推动作用。

依托国家或区域规划建设通道，建设交通基础设施资产保值与价值提升技术集成应用示范工程，验证耐久可持续道路材料、再生能源技术、智能管养、道路绿色功能叠加、大数据决策支持等技术适用性，为我国交通基础设施绿色环保可持续和资产价值提升提供完善技术体系。运用大数据与人工智能技术对道路交通路域空间和体系进行资源化，实现道路建筑材料的循环利用及废旧资源在道路建设中的再生利用，以及实现道路建设与生态环境的协调发展,最终实现道路服务与资源增值一体化发展。图9-3为太阳能公路概念模型。

图9-3 太阳能公路概念模型

道路建造占用的及可开发利用的自然资源十分可观,对道路废弃资源进行再生利用,以及基于道路空间平台进行再生能源的收集和利用具有巨大的生态意义和社会效益。道路交通的荷载对道路的累计作用会破坏道路结构设施,将这些产生破坏效应的能量进行收集、转化及利用具有十分值得期待的应用前景。未来的新能源电动汽车应用市场潜力巨大,道路交通可提供适用于新能源电动汽车无线充电道路结构和材料新形式。基于道路结构层及道路附属构造物,在道路运营期间,对道路建设路域范围内的太阳能、风能等清洁能源进行收集和利用。利用热电技术对道路服务期间道路结构内部的地热资源进行收集和利用。利用压电技术对道路交通行车荷载作用产生的能量进行转化、收集并利用。通过磁电技术和相匹配的道路结构,对行驶在相应道路结构上的新能源电动汽车进行无线充电。

9.2 轨道交通智能运输系统前沿热点

发展不止,创新不停。新形势下机遇与挑战并存,将关键共性技术、前沿引领技术、现代工程技术、颠覆性技术创新作为突破口,努力实现关键核心技术自主可控,把创新主动权、发展主动权牢牢掌握在自己手中,将智能轨道作为我国轨道发展的新方向。以互联网、物联网、大数据、云/雾/边缘计算、人工智能、增材制造、虚拟/增强/混合现实、新材料、新能源、无人操作和天基位置服务为代表的颠覆性新兴使能/赋能技术与轨道交通的深度融合已成为欧日等发达国家构建下一代轨道交通服务模式和技术体系的主要途径。实现轨道交通运输生产、运营管理、经营决策全过程、全生命周期的高度信息化、自动化、智能化已成为未来轨道交通的主要发展方向,着力打造更加安全可靠、更加经济高效、更加温馨舒适、更加快捷方便、更加节能环保的新一代轨道交通运输系统。智能轨道交通发展总目标如图9-4所示。

图 9-4 智能轨道交通发展总目标

9.2.1 移动装备与基础设施系统

1. 移动装备

在未来，轨道交通移动装备会进一步轻量化、谱系化、模块化、标准化、绿色化和智能化。基于全方位态势感知、自动驾驶、运行控制、故障诊断、故障预测与健康管理等技术，实现轨道移动装备的自感知、自诊断、自决策、自适应、自修复，实现动车组、机车等移动装备的自动及协同运行。

利用 GIS 和 BIM 技术实现列车在途的多种部件、列车运行计划等信息共享，满足列车在途运营信息的需求；基于 RAMSI 技术实现轨道交通装备设计、制造、运维一体化并广泛应用；未来运用人工智能、深度学习等技术，通过对列车关键部件采集到的数据进行分析，建立列车在途信息感知系统；通过数据挖掘技术、深度学习、PHM 全生命周期管理对海量数据分析，预先判断列车运行状态，实现早期故障预警。

在列车运行速度方面，实现列车的超高速运行，形成完全自主化的高速列车系统与配套服务技术、标准和配套产业化能力体系；在列车定位方面，随着未来北斗卫星导航系统（如图 9-5 所示）的全面建成，列车的智能感知将会与北斗卫星导航系统相结合，通过北斗卫星导航系统在各方面服务的开展，实时为列车提供高精度的定位、测速、授时等信息服务，为列车的实时监控提供可能。利用车载设备和地面设备对列车运行状态参数进行实时跟踪检测，基于检测参数利用诊断系统对故障进行查找判断并排除，达到实时信息监控的目的。

图 9-5　北斗卫星导航系统

2. 基础设施

基于新材料、新结构、增材制造、数据科技和智能科技等领域的颠覆性新兴技术，实现既有铁路基础设施性能提升和铁路基础设施设计、建造及运维的一体化、智能化、绿色化技术。基于数据、智能和星基位置服务，实现无人化、远程化、一体化、沉浸式面向线路勘察、测绘、选线和设计的智能协同技术体系和系统装备体系。采用具有智能、绿色、可控、可再生特征的高性能金属、非金属及金属材料技术，实现包括桥梁、隧道、路基、轨道和站房在内的人工结构物设计、建造、运维和性能功能提升；基础设施能源化及其与能源系统融合设计与一体化建造技术取得突破性进展，具备在复杂地质、地理、气候环境及功能需求条件下基础设施正常建设运营的技术能力，确保在服役能力一体化、智能化和无人化技术方面取得突破性进展。

9.2.2　指挥与控制系统

在未来，通信信号系统的网络化、协同化与智能化运维保障技术体系全面形成，无轨旁设施、运能可配置列车运行控制系统技术在我国西部路网和"一带一路"国家和地区得到普遍推广应用；在全网实现多层次、多粒度的协同化、智能化行车指挥技术与系统装备体系，并得到规模化运用；基于智能、数据和星空车地基测控科技的运能可配置列车运行控制系统技术取得突破性进展，新一代轨道交通专用移动通信技术、标准、装备和服务模式体系基本形成；远程化、沉浸式、无人化运维技术取得重大突破并在轨道交通系统中实现工程化应用，具备面向任何国家和地区按需研发、设计、交付和运维通信信号与调度指挥系统的技术能力。

9.2.3　运输服务与安全保障系统

1. 运输服务

未来的运营管理/运输组织/服务的一体化、网络化、集成化技术，以及铁路清洁化、绿色化、智能化技术将受到空前重视。

在运输服务方面，实现面向全网能力发挥和提升及多层次服务需求的客货运产品智能化、协同化、一体化设计技术，并取得突破性进展；不断形成区域轨道交通网络一体化协同运营与服务技术，并推动以支撑轨道交通为骨干的综合交通运输系统的轨道交通运输组织和服务技术的形成。在轨道交通货运服务方面建立覆盖终端用户的高效物流网络，并具备全网追踪的能力，实现货物高效、可靠、安全运输；逐步实现区域轨道交通模式无缝衔接、铁路与水运、航空和公路联程化货运服务及配套系统设备交付能力，形成以轨道交通为骨干的一体化综合交通枢纽体系，实现客运换乘"零距离"、物流衔接"无缝化"、运输服务"一体化"；实现以轨道交通为骨干的 200 km 范围的通勤化交通、500 km 范围的同城化交通、1 000 km 范围的城际化交通、2 000 km 范围的走廊化交通、800 km 以上的高效快捷大容量货物运输，提供安全可靠、优质高效、舒适便捷、准时透明的客货运输服务。对于载运工具，未来应逐步进行适应多样化、超高速和多栖化（如图 9 - 6 所示）导向运输系统的运输组织与服务技术研究，促进客运、货运的高效运输，节省旅客出行时间与货物运输时间。

图 9 - 6　多栖高速列车

2. 安全保障

轨道一体化系统安全保障技术已成为安全领域科技创新的重点方向，在未来应加大力度实现对轨道交通系统安全运营的综合保障。

基于泛在感知及交互的轨道交通安全保障，逐步支撑以风险管控为核心、引领轨道交通安全保障由事件驱动型向主动预防型转型的关键技术的发展，推动安全管理技术体系的全面形成；以数字化、网络化、智能化及数据和 CPS 技术等与轨道交通深度融合的方法为主要途径建立多层次、多粒度、一体化的安全综合保障技术体系，并实现对基础设施、载运装备、在途服务和环境的全过程、全要素、多方位的安全监测，并具备面向轨道交通网络的风险预警、应急处置与救援技术能力。

风险要素在线预警完备率逐步提高，关键对象预测预警准确率不断提升，重大风险有效管控率有效增长，重大事件应急响应率不断提升，救援队伍准时到位率不断攀升，列车故障率不断下降，运维效率逐渐提高，高速列车的安全预警能力与指标不断提升，逐步实现轨道交通致因死亡率、技术致因事故率、灾害致因伤亡率大幅度降低的技术能力。

在未来，我国的轨道交通设计、建设、运营和服务全过程、全要素、多层次、多粒度和一体化系统安全保障基础技术体系达到国际领先水平。

9.2.4 能源系统

低排放、低成本、可持续的节能环保型轨道交通是未来轨道交通发展追求的目标之一。

在未来，不断提高基于 RAMSI 和 PHM 技术的轨道交通牵引供电系统全生命周期服役能力保持与提升技术，不断提高面向高能效、绿色化和智能化的牵引供电核心装备技术水平，推动"源－网－荷－储"协同的智能化、高效能牵引供电技术与装备体系的系统集成和工程化。在列车的运行过程中采用新能源发电（如图 9-7、图 9-8 所示）代替传统的牵引发电，实现轨道交通运营过程的低成本、可持续发展。

图 9-7　新能源发电

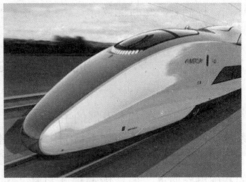
图 9-8　列车加氢

在新线路建设和既有线路的建设和改造过程中，远程化、沉浸式、无人化运维技术并且基于信息、材料和能源领域新兴颠覆性技术的新一代轨道交通能源供给核心技术，实现系统集成和工程化应用，不断具备新型、超高速、多栖化导向运输系统能源供给的标准化和工程化技术。

在载运装备方面，采用非接触连续供电技术，不断推动在高比能量储能的非接触间歇供电技术方面取得突破性进展，逐步降低综合能源系统牵引耗能水平，实现轨道交通的绿色环保运营。

在轨道交通架构层面，对轨道交通车辆结构件进行拓扑优化并对其制备技术进行研究；采用基于拓扑优化设计的金属、复合材料、填充材料等，实现车体轻量化设计、制造及检测；在除噪方面，运用超材料的轻量化吸声降噪方案及智能化车内环境优化技术（如图9-9所示），实现高比能效。

图9-9　车内服务智能化

在电力供给方面，采用智能微电网，综合使用可再生能源发电技术（风力发电、光伏发电、生物质能、潮汐能等）、能源管理系统和输配电基础设施高度集成的新型电网，提高能源效率、供电的安全性和可靠性，减少电网的电能损耗和对环境的影响。在轨道交通系统综合运用智能微电网技术，实现分散的分布式电源整合，利用储能装置和控制保护装置实时调节系统的波动，维持网络内部的发电和负荷的平衡，保证电压和频率的稳定，节能降耗，提高列车运行能效。

9.3　航空智能运输系统前沿热点

未来航空领域的技术发展的主要目标是更安全、更密集和更灵活。为此，需要实现空管系统、航空装备的协同化、精细化、智慧化。

协同化发展的实质是互联共享、协同决策，重点是全系统信息共享，实现以网络为中心的基础设施服务。信息传输模式将从点对点传输逐步过渡到网络传输，大幅度降低成本。同时统一处理各种类型、结构和协议的空管信息，以支持顶层应用。其涉及的主要技术有宽带通信、航空通信网、基于大数据的多源数据融合等。

精细化发展的实质是性能驱动、多元精准，重点是基于四维航迹的运行（TBO）。TBO的实现与应用涉及空管交通系统中的方方面面，包括核心技术的攻关、机载设备的研制、地面系统研制及运行许可、飞行管制运行程序的升级、管制部门运行流程和航空公司运行流程的改进等，是一个复杂的系统工程。其涉及的主要技术有面向定时到达的机载四维飞行引导技术、航班航迹运行的全生命周期管控、航迹运行的数字化管制技术、基于异构网络的空中交通环境监视与态势共享技术、四维航迹运行的飞行实验与综合验证等。

智慧化发展的实质是局部自治、系统可控，重点是实现无人机、有人机的混合运行及运载工具的智能化。未来的空域运行将从现在的无人机受到严格政策限制逐步过渡到无人机完全融入国家空域，包括中高空的民航客机飞行空域及低空的通航飞行空域，其涉及的主要技术有通信与控制链路、感知与避让及系统集成与测试技术。同时大数据时代对智能交通技术发展提出了新的要求，需要解决如何从多源异构的实时海量信息中挖掘出面向交通系统运行改善需求的信息情报和知识资源的重要问题，实现交通系统运行态势的精确感知和智能化调控。飞行器智能化主要通过航空电子、机载通信单元、智能一体化终端、人机统筹等实现人机合一的智能化。

9.3.1　航空大数据系统

互联网和信息技术的快速发展引发了数据量呈几何级别的增长，大数据已深入渗透了社会的各行各业，也为航空业的发展带来了新的机遇与挑战。航空交通系统在经济全球化的不断加速和客货运输需求量持续增长的情况下，逐步呈现出大规模、网络化、强耦合的发展特点。作为一个具有强关联性、高动态性、系统流量与结构紧耦合的网络化复杂巨系统，航空交通系统的局部突发事件可能导致大范围级联失效的传播，航空交通系统的应急调控能力亟须提高。

大数据相关技术可以有效解决上述问题，从多源异构海量信息中挖掘信息情报和知识资源，从而实现空中交通系统运行的精细化评估与调控，是大数据技术在空中交通领域的应用发展方向。航空大数据技术重点研究航路网数据的实时获取与传输、空中交通多源数据融合、大数据环境下交通行为建模、分析、预测与挖掘等技术，为空中交通系统的安全、有序、高效运行提供数据支持。通过大数据技术可以实现航空路网的高效优化，提高航空交通系统的应急能力，提高空域容量，极大地促进航空运输业的发展。

9.3.2　空事卫星系统

由于航空运输涉及的区域广阔，包含了沙漠、海洋、城市、平原、山地等，各地区发展不均衡，基础设施条件不同，难以实现全航路全周期的航空监视和空管服务，空事卫星系统（如图9-10所示）依靠卫星平台的优势，通过合理规划卫星轨道、构建卫星网络，可以实现对目标区域高、中、低空100%的全覆盖，为大范围航空用户提供通信、导航、监视等信息服务，增强现有空管系统能力，确保民航飞行安全。为了实现星基的通信、导航、监视，需要实现的技术包括空事卫星系统体系结构和一体化设计技术、星上载荷技术及集成仿真与测试技术等。

在未来，综合运用新一代航空宽带移动通信网络技术实现通信方式从话音通信逐步向数据通信过渡、从点对点通信向航空通信网过渡；采用IP作为地面网络数据通信的核心技术完成航空固定电信网络向航空信息处理系统的全面过渡、地面语音通信向VoIP过渡，最终实现地基通信向星基通信的过渡。

不断推动从路基导航向星基导航的过渡，形成以全球卫星导航系统为主用导航源、陆基导航设施为备份导航源的导航系统构架；逐渐完善航路陆基导航设施布局，在维持甚高

图 9-10 空事卫星系统

频全向信标台和测距仪规模基础上,稳步推进全球卫星导航系统在航路导航的应用,满足空中交通服务航路需求,最终实现从单频率、单星座导航向多频率、多星座、多元导航融合过渡。

未来将会部署大量的合作监视系统,包括 ADS-B 广播式自动相关监视系统(地基与空基)、多点定位系统、广域多点定位系统。通过协调各类监视系统,利用从航空器获取的数据实现基本安全网功能,并且确保加强地面合作。将多基地一次监视雷达用于空中交通服务,大幅节约成本。在机场和指挥塔运用远程视觉监视技术,实现地面塔台向远程塔台、虚拟塔台的过渡。在空中监视方面,充分使用基于空间的广播式自动相关监视。在未来,ADS-B 技术将被应用于偏远地区空域的自主间隔保持,同时基于空事卫星的星基 ADS-B 业务将逐步取代现有的陆基 ADS-B,以提供更加全面的飞行监视。

9.3.3 先进飞行器系统

未来智能化飞行器(如图 9-11 所示)可以随时感测周围环境,提出决策建议,同时可以预测未来可能发生的变化,并做出相应计划建议,可以视为一个智能体。因此飞行器系统智能化是未来先进飞行器的发展趋势,也是民用航空运输系统发展的新方向、新思路。未来的先进飞行器不仅可以实现环境感知与规避、自动目标识别、鲁棒控制、自主决策、路径规划、语义交互等能力,还可以多机协同智能体,以无人机系统"蜂群"作战运用为目标,重点突破协同指挥控制技术、协同态势感知生成与评估技术、协同路径规划技术、协同语义交互技术等技术,实现无人机系统之间、无人机系统与有人作战系统之间的高度协同,达到自动控制"蜂群"中各无人系统的平台状态。

先进飞行器的发展,主要体现在单机飞行智能化、多机协同智能化和任务自主智能化

图 9-11　未来智能化飞行器

3 个层面。协调的决策，包括无需地面控制人员的调度而实现不同飞机之间的直接数据交换和避开相互的飞行路线，解决了中央控制的航空运输系统在不确定性和容错性方面的内在限制。多机协同智能具体以无人机系统"蜂群"作战运用为目标，重点突破协同指挥控制技术、协同态势感知生成与评估技术、协同路径规划技术、协同语义交互技术等技术，实现无人机系统之间、无人机系统与有人作战系统之间的高度协同，达到自动控制"蜂群"中各无人机系统的平台状态、任务进度、各编队之间的协同状态的目的。

9.4　水运智能运输系统前沿热点

随着物联网、人工智能、大数据、云计算等相关技术的不断发展和完善，必将推动水路交通进入信息化、绿色化、智能化发展的新阶段，与之对应的智能船舶、智慧港口将取代原始的水路交通模式，成为水路交通的新时代特征。未来水路交通发展必将趋于智能化、绿色化、网联化。

9.4.1　水运大数据系统

水运大数据主要包括：船舶大数据、海事大数据、航道大数据、水运物流大数据这 4 个方面。

1. 船舶大数据

通过获取大量的航行环境信息、船队船舶运营状态和能耗等数据，采用数据分析与挖掘方法，分析主机速度、航行环境、船舶装载、航行时间约束及港口运行效率等因素对船队能效的影响。在此基础上，通过建立考虑多因素影响的船队能效模型与运营的经济效益模型，提出船队航行优化管理方法，包括最优航速、最佳航线及最佳装载的决策等，以提高整个船队的经济效益和能效水平，如图 9-12 所示。

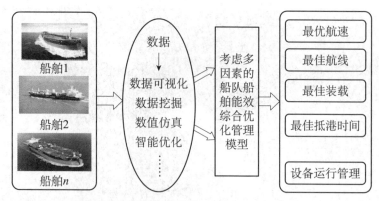

图 9-12　基于大数据的船队船舶优化管理

2. 海事大数据

船舶辅助导航技术国家联合工程研究中心与中国科学院计算技术研究所专项中心共建海事大数据处理中心，基于海量 AIS 数据及航运大数据处理技术，建立离线处理集群和在线分析集群，以 Hadoop 分布式为计算框架，实现海量航运历史数据的快速写入、读取、实时数据快速计算等工作，相比传统的以关系型数据库为框架的存储系统执行效率大大提高。

以多源数据融合为基础，面向存量数据导入和实时的增量数据导入，着重对相关区域、交通流、船舶、港口特性及相关航线进行分析，包括对港口安全、轨迹异常等进行研究，建立港口与港口、港口与航线、船舶与港口、船舶与船舶的实体关系，实现对多源数据从采集到知识挖掘的层层过渡，如图 9-13 所示。

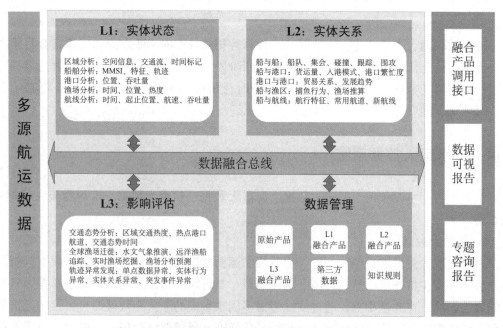

图 9-13　多元航运数据的分析与挖掘

3. 航道大数据

智能航道的核心是从全面数据化后的航道中，对所获得的关于航道的海量数据进行专业化的数据分析、数据挖掘，进而实现从数据到信息、从信息到知识、从知识到洞察力的过程。而大数据正是从海量数据中挖掘出知识，进而帮助决策和洞见未来的一类技术。因此，航道大数据是智能航道发展的重要引擎。图 9-14 为航道大数据采集系统架构图，系统共包含 4 个部分：处理中心、指令下发中心、数据生命周期管理中心和后台管理中心。

处理中心：处理中心接收设备发送的数据，并解析成业务系统需要的数据，是采集系统的主要模块，包括收发器、接收模块、处理模块、分发模块 4 个子模块。

指令下发中心：根据业务系统查询的智能采集设备的协议信息进行指令组装，并通过网络或短信方式将指令下发到智能采集设备。

数据生命周期管理中心：对数据采集和下发指令的整个流程进行日志信息的采集，并利用大数据处理技术分析日志信息，以及对采集数据生命周期进行全面监控。

后台管理中心：配置智能采集设备的配置信息，包括协议信息和设备信息，其中协议信息包括协议描述、协议字段和数据体，设备信息包括设备所属协议、转换格式、转发主题。

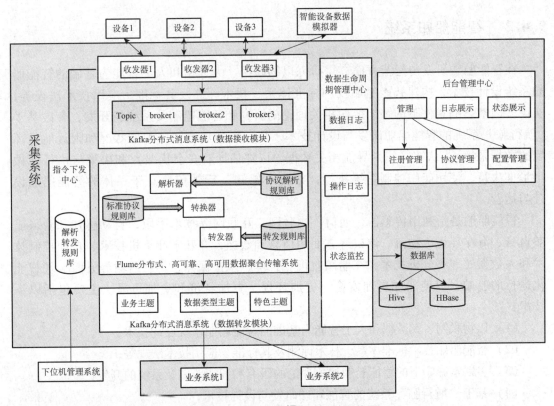

图 9-14 航道大数据采集系统架构图

4. 水运物流大数据

大数据的挖掘和共享技术的发展推动信息服务平台的转型升级,从而带动航运业盈利模式和服务方式的转变,实现航运业体系结构的转型升级。利用大数据平台,提高航运服务效率和质量是航运业新一轮快速发展的推动力。利用大数据作为工具,建立第三方服务平台,既节约资源,又能提高服务品质。

水运物流大数据技术所涉及的热点技术主要有:大数据采集与存储技术、大数据分析与挖掘技术、大数据分析平台设计技术等。这些热点技术在船舶管理、智慧航道建设、海事行为分析和安全保障及水运物流优化服务等方面的应用主要体现在:基于大数据的船队优化管理,基于大数据的智慧航道建设,基于大数据的交通流量、船舶、港口特性及航线分析,基于大数据的港口安全、轨迹异常分析,基于大数据提高航运服务效率与质量,基于大数据的航运物流供需能力匹配与规划等。

此外,在管理方面,注重效益,利用 IT 技术,确保班轮准班率的管理要求:跟踪船舶动态;联系和安排靠离泊作业;协调码头现场作业;全球干、支线网络的开放和衔接;集中和优化班轮营运干、支线网络资源;制定世界各地网络运价;统一全球海运空箱调运计划,在各港空箱保有量的基础上做好箱子的集中管理和控制,有效控制和降低成本。

9.4.2 智能船舶系统

在智能船舶研发与运营方面,需研究以物联网、大数据和人工智能为基础的智能船舶系统设计技术,构建智能船舶技术标准体系、技术评测及其标准、应用技术法规等,实现多因素影响条件下的智能船舶相关理论的研究和智能船舶及系统的开发,突破基于"航行脑"系统的智能船舶研发与设计技术,从而实现集感知(船舶状况和附近航行环境的数据采集)、认知(识别导航相关数据,以评估导航安全状况)和决策与执行(做出最佳决策,使用船舶控制系统执行,并向"感知"反馈信息)于一体的智能船舶设计与运营。

智能船舶是指利用传感器、通信、物联网、互联网等技术手段,自动感知和获得船舶自身、海洋环境、物流、港口等方面的信息和数据,并基于计算机技术、自动控制技术和大数据处理和分析技术,在船舶航行、管理、维护保养、货物运输等方面实现智能化运行的船舶,以使船舶更加安全、更加环保、更加经济和更加可靠。主要包括以下技术:

(1) 以物联网、大数据和人工智能为基础的智能船舶系统设计技术;
(2) 智能船舶技术标准体系、技术评测及其标准、应用技术法规等;
(3) 多因素影响下的智能船舶相关理论的研究和智能船舶及系统的开发;
(4) 基于"航行脑"系统的智能船舶研发与设计技术;
(5) "航行脑"的驾驶行为与船舶运行控制技术;
(6) 基于人工智能的无人船自主航行技术等。

运输船舶的智能化将遵循从增强辅助驾驶发展为部分自主与远程遥控驾驶,再到全自动驾驶的渐进式发展路线,如图 9-15 所示。

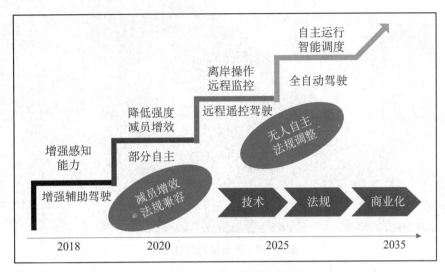

图 9-15 智能船舶的发展路线

1. 增强辅助驾驶

为了满足船舶在能见度不良的情况下正常行驶,提高行驶安全性,并降低驾驶员和监管员的操作压力,设计岸基监管系统,为驾驶员提供视觉增强功能(如图 9-16 和图 9-17 所示),以支持其在能见度不良的情况下,辅助障碍物识别、碰撞预警。

图 9-16 船舶视觉增强辅助视角

图 9 – 17　安全辅助驾驶系统

2. 部分自主与远程遥控驾驶

部分自主是指船上有海员的远程控制船舶,需要有人员在另一个地方进行控制和操纵,但船上也需要配备一定数量的海员;而远程遥控是指船上没有海员的遥控船舶,船舶的控制和操纵在另一个地方进行,同时船上不用配置海员,如图 9 – 18 所示。

图 9 – 18　部分自主或远程遥控驾驶示意图

部分自主或远程遥控船舶应具有感知能力,即具有能够感知船舶自身及周围环境信息的能力,此外,还应具有实现操控中心进行远程操控的能力。船舶的运行状态及感知的信息会传送到操控中心,操控中心根据模型及智能算法,在大量数据分析的基础上进行船舶的航行决策,然后,通过发送指令控制船舶的航行状态,或由船上的少量船员进行辅助操纵船舶。

开航前,管理人员将船舶货物积载和挂靠港等信息输入后,使用航行计划功能得到一份航行计划和燃油计划。航行中,既可以自动执行最佳航速计划,又保留了手动设定航速的功能;根据实时的天气和洋流预测、抵离港时间和实际航行路线偏离情况等,对比航行计划,自动调整航速、航线计划及发动机模式;向管理人员报告航程信息、燃油计划和航行计划的执行情况等。航行中记录的信息在经过计算后得出船舶累积节省的燃油量,并在管理人员界面生产一份报告,并可通过直观的图表显示。另外,该系统还集成了设备远程诊断的功能。通过船舶远程管理功能模块,将设备状态报告给岸上管理人员进行远程诊断、在线维修及软件的升级,能有效减少设备维护和维修费用,提高维修工作的执行效率,延长设备寿命周期。

3. 全自动驾驶

具有感知、认知和决策功能的"航行脑"的开发是实现智能船舶完全自主的基础和前提。"航行脑"的开发可在不同空间下协同完成无人驾驶功能,如图9-19所示。其中,"感知空间"完成对周边环境和自身状态的信号获取;"认知空间"从感知空间各类信号中抽取出与航行相关的要素,形成航行态势;基于航行态势约束,"决策执行空间"通过控制系统使船舶达到或接近期望状态,并将当前状态反馈给"感知空间"。

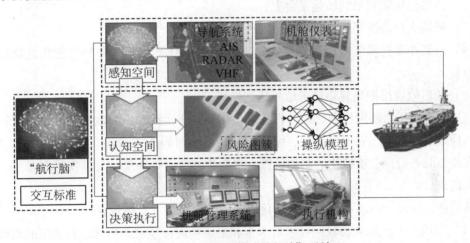

图 9-19 智能船舶"航行脑"系统

搭载"航行脑"的完全自主航行智能船舶具有以下特点和功能:

(1) 具有感知能力,即具有能够感知船舶自身及周围环境信息的能力;

(2) 具有记忆和思维能力,即具有存储感知信息及管理知识的能力,并能够利用已有的知识对信息进行分析、计算、比较、判断、联想、决策;

(3) 具有学习和自适应能力,即通过专家知识及与环境的相互作用,不断学习积累知识并适应环境变化;

(4) 具有行为决策能力,即对自身状况及外部环境作出反应,形成决策并指导船岸人员,甚至控制船舶。

9.4.3 智慧港口系统

在智慧港口研发与运营方面,借助物联网、传感网、云计算、决策分析优化等技术手段对港口各核心的关键信息进行透彻感知、广泛连接和深度计算，从而实现各个资源与各个参与方之间的无缝连接与协调联动，对港口管理运作做出智慧响应，形成信息化、智能化、最优化的现代港口。基于港口供应链从上到下的延伸，智慧港口具有全面感知、广泛互联、高度共享、智能决策、自主装卸、深入协同等功能特点，具体体现在如下4个方面：

（1）智慧码头实现作业的自动化；

（2）智慧口岸实现通关一体化；

（3）智慧物流实现全程可视化；

（4）实现智慧商务使得服务便利化。

青岛港将大型海港码头和互联网、物联网、大数据平台深度结合起来以后形成"超级大脑"，如图9-20所示，主要实现以下几个方面的功能：

（1）在船舶靠泊前，全自动码头操作系统依据船舶信息，自动生成作业计划并下达指令；

（2）桥吊把集装箱吊到转运平台上；

（3）机器人自动拆锁垫；

（4）门架小车把集装箱吊运到自动导引运输车（AGV）上，AGV再把集装箱运送到指定位置；

（5）最后轨道吊把集装箱精准地吊送到堆场。

通过综合应用物联网技术、云计算技术、移动互联网技术、大数据技术及人工智能技术等，建设更加智能、安全、高效、绿色的中小型内河码头智慧港口，如图9-21所示，它由在线云服务门户、虚拟化的基础设施、虚拟化的数据资源层、公共支撑服务层、应用服务层组成。

智慧港口所涉及的前沿技术在自动化码头的综合应用主要体现在：

（1）利用人工智能和物联网技术对卡车和集装箱进行监控，当其达到预定的地理围栏时进行报警；

（2）基于物联网技术对货物进行跟踪；

（3）利用云计算、大数据、人工技能技术计算并显示卡车预计达到时间；

（4）利用物联网技术把卡车连接到码头运营商的系统；

（5）利用大数据分析技术优化集装箱到卡车的作业计划，以减少等待时间；

（6）利用移动通信技术为卡车司机提供由停车场经营者分享的停车信息；

（7）利用云计算和大数据分析对作业与行程进行管理；

（8）利用移动通信技术为卡车司机提供交通及基础设施信息；

（9）利用区块链技术的水运物流管理。

此外，智慧港口将逐步具有以下功能：远程控制、智能闸口、智能车辆调度、整合的港口IT系统、智能船舶、智能的多式联运、集卡高效配载、货物可视化追踪、物流货物电商、云端配载、供应链金融及一站式服务等。

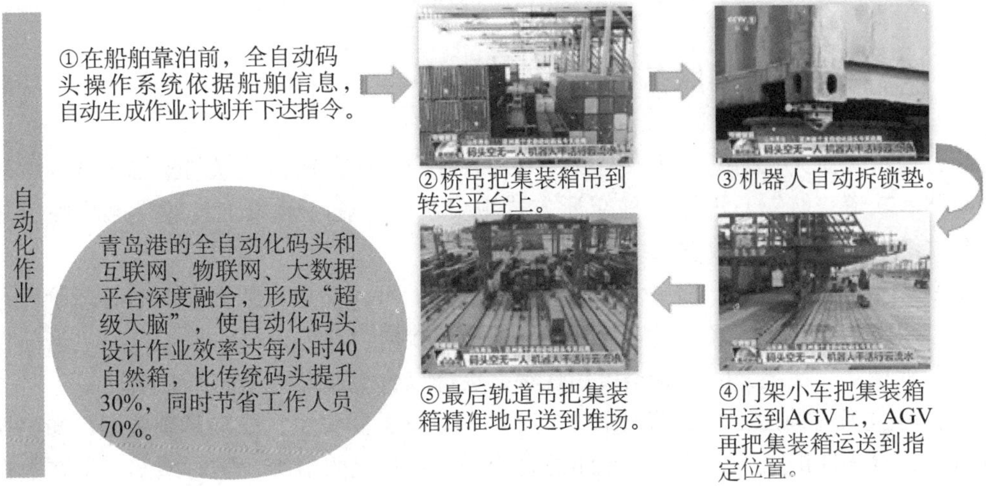

自
动
化
作
业

① 在船舶靠泊前，全自动码头操作系统依据船舶信息，自动生成作业计划并下达指令。

② 桥吊把集装箱吊到转运平台上。

③ 机器人自动拆锁垫。

④ 门架小车把集装箱吊运到AGV上，AGV再把集装箱运送到指定位置。

⑤ 最后轨道吊把集装箱精准地吊送到堆场。

青岛港的全自动化码头和互联网、物联网、大数据平台深度融合，形成"超级大脑"，使自动化码头设计作业效率达每小时40自然箱，比传统码头提升30%，同时节省工作人员70%。

图 9-20 青岛港智慧港口

图 9-21 内河码头智慧港口建设示意图

9.5 综合智能运输系统前沿热点

北斗卫星导航系统、新一代通信、可信计算、移动互联、云计算、大数据、物联网、空天临地交通通信网等新一代信息技术的深度应用与跨界融合将推动综合交通运输生产方式和发展模式的革命性变化，综合交通工程科技领域正孕育一批具有重大产业变革前景的颠覆性技术。综合交通基础设施、运输工具、运行管理与服务都将在新一代信息技术的深入渗透下催生出新业态、新格局：陆海空交通资源将在信息技术的支持下全面整合，形成信息共享、资源协调、优势互补的网联化、协同化、智慧化立体综合交通系统；运载工具快速向智能化转型，无人驾驶、遥驾驶、空地一体立体交通等新型交通系统不断涌现，并进入公众日常生活；移动互联网和数据集成与处理技术有效支撑综合交通信息泛在获取、交互、融合与决策，同一交通方式的系统要素之间协调组织，不同交通方式之间互联互通、综合协同，交通运输行业服务品质和科学治理能力全面提升。

9.5.1 综合运输协同服务系统

综合运用交通大数据高效获取与安全管理、综合交通大数据关联与挖掘等技术，建设涵盖道路、轨道、航空、水路 4 种交通方式主要基础设施、运载工具的交通物联感知体系，建立综合运输服务大数据系统，主要包括：

（1）以数据高效处理、服务和业务应用为目标，针对交通大数据获取和管理阶段存在的问题，研发高效数据汇聚、实时数据质量监控和数据管理等方面的技术，解决当前行业分割、管理独立、系统分散的数据应用现状，促进综合交通大数据的产业化发展。

（2）建立所有载运工具、跨交通方式之间的数据关联关系，瞄准基础数据、知识挖掘与提取、异常事件识别等方向，立足于综合交通运行状况的多维、实时感知，拟在数据标识与关联、高效搜索与表达、知识挖掘与融合、异常状态检测与事件主动关联 4 个关键技术突破。

（3）推动大数据技术在交通基础设施建设、运营与管理全生命周期中的应用是挖掘利用综合交通大数据的目的之一，将是实现工程管理能力现代化的有效路径，更是发展综合交通大数据的重要目标。

智能交通运输通过通信技术、计算机技术的合成在建立信息化的基础上进行现代化、智能化技术实现智能交通，在各种交通运输工具、枢纽客货运输线站及运输管理均实现信息化的基础上，进行信息资源交流和共享，为实现大型交通枢纽的协同运行打下基础。图 9-22 为上海虹桥综合运输交通枢纽。

图 9-22 上海虹桥综合运输交通枢纽

针对综合交通系统的高效运行需求，重点攻克多源交通信息共享和多方式交通协同服务、枢纽接驳转运协同优化等关键技术，实现综合交通信息个性化服务，航班、公交和轨道交通等多方式按需动态组织与柔性调度，研发枢纽接驳转运智能化装备，为大型交通枢纽协同运行效率、综合交通系统可靠性和应急能力提升提供技术支撑。建成综合交通信息共享与服务平台，应急联动和协调指挥调度决策支持平台、大型枢纽货运场站接驳转运协同优化的方法体系。

研究多源数据信息耦合下的运输协调与服务决策技术、多主体模式的交通重点枢纽布局与协同运行优化技术、跨区域协同式交通运输资源应急处理技术、多方式综合运输一体化管理技术，来实现以数据驱动的综合交通运输规划技术，进而提升我国综合交通运输系统的弹性。构建综合交通运输网络规划决策支持系统，为跨区域多方式综合交通运输网络一体化规划提供技术支持，从而建成安全便捷、畅通高效、绿色智能的现代综合交通运输网络体系。

通过应用信息技术，搭建公共物流综合信息平台，促进信息流、物资流、资金流的整合，实现货源、运力等信息的共享，提升运营组织管理水平，提高运输生产效率。利用信息技术、智能化技术来建立大型交通枢纽的综合信息平台，实现枢纽信息系统集成与各交通方式实现信息系统之间的交互，统一协调整个区域的交通组织。

9.5.2 综合运输紧急救援与安全系统

现代社会激增的运输需求使得综合交通技术应运而生，该技术用于协调轨道交通、道路、水路、航空和管道多种运输方式的竞争与协作。综合交通的发展趋势是以安全、高效、绿色的运输为理念，兼顾自然环境、区域发展与城市建设的整体利益，构建低排放、低成本、高效率、高协同的环境友好型交通运输网络。结合共享出行、绿色出行、智慧出行等新兴出行需求，提供个性化、定制化、需求响应的综合交通服务模式，进而推动技术领域革新，引导综合交通向高端化、智能化、网络化转变，实现综合交通集成化发展。

综合运输紧急救援与安全包括紧急事件救援与处理、综合运输安全及维修决策支持、综合防灾、综合运输网络风险预警与评估4个功能域构成，如图9-23所示。

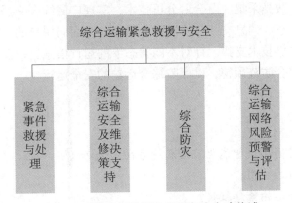

图9-23 综合运输紧急救援与安全功能域

（1）紧急事件救援与处理：应用移动位置服务（location based service，LBS）技术对事故地点进行准确定位，通过地理信息系统迅速提供周围的地形图、人文景观、供水边界、医疗机构及消防部门等相关信息；利用数据、图像传输等技术向主管部门及时准确地传递事故现场的动态图像及相关情况，加强对事故现场的实时监控；建立紧急事件信息库和救援知识库，通过智能化分析，提供紧急事件处理方案的辅助决策支持；使用各种输出功能进行资源的合理调配，优化调度指挥救援设备，合理选择救援路线，提供紧急救援服务和维修服务，以及进行事后故障原因分析。

（2）综合运输安全及维修决策支持：利用先进的综合运输安全监测系统，定期或实时地对道路、轨道交通、航空、水路等多种运输方式与运输安全直接相关的设备状态进行智能化的监测，通过信息的采集、传输及获取，建立全路安全数据库并由运输安全信息系统对上述监测信息进行统一管理，使与综合运输安全有关的装备处于监控之中；制定安全标准，由行车安全信息系统智能化地对各类数据进行分析，对各种设备的安全状态进行评估，以掌握全路的安全状况全貌；建立维修决策支持系统及预警系统，根据评估结果中的危险等级向管理部门及时提出对移动设施、固定设备的维修决策建议，提高维修的针对性和有效性；建立自动化的维修系统，通过计算机数据接口，将详细的检测数据及维修决策建议提供给检修站段，配合维修计算机网络管理的建立，进行故障分析处理，及时排除安全隐患。

（3）综合防灾：基于 GIS 技术建立和维护全路综合防灾数据库，包括各种运输方式沿途的环境背景图库、沿途的暴雨、地震、泥石流、滑坡、崩塌、冻土、风沙等灾害的专题地图库、线路工程图、灾害防治工程及防灾物资储备点分布图、各类预报预警设备分布图，并实时监测各区段的地震、泥石流、风速、滑坡、雨量和水位情况等灾害数据，通过建立应用分析模型（灾害的预测预报模型、灾害的减灾决策模型、灾害的评估模型等），对全路综合防灾数据库进行深度挖掘，提供灾害预报及灾害评估，为灾害易发地提供预防灾害发生的决策支持，并在灾害发生时提供有效的救灾决策支持；同时通过对事故进行仿真模拟，为事故预防办法的制定和事故总结分析提供辅助支持。

（4）综合运输网络风险预警与评估：应用视频或传感器技术，对各种运输方式的运行状况进行实时监控，利用数据传输、网络等技术向相应部门传递相关图像和数据，采用综合交通网络多源异构数据采集－融合－分析技术，实现广域综合交通运输网络安全运行态势智能解析、信息共享、信息交互与协同服务平台，为面向用户的多模式交通协同信息服务和安全风险防范提供技术支撑。针对不同状态下的运行信息进行及上传递，对不安全因素进行不同等级的综合防范预警，以保障综合运输的安全运行。

习题 9

1. 请简述道路交通领域智能化前沿发展方向。
2. 简述智能港口的应用。
3. 如何实施综合运输紧急救援？

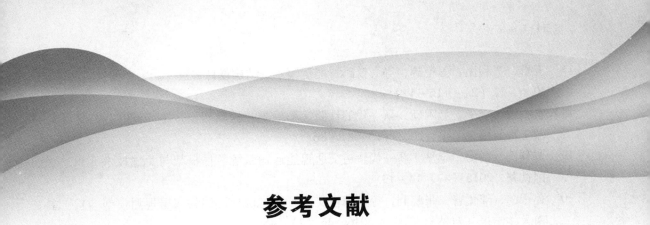

参考文献

[1] 胡思继,邵春福. 交通运输学 [M]. 2版. 北京:人民交通出版社,2018.

[2] 国家发展和改革委员会交通运输司. 国家《中长期铁路网规划》内容简介 [J]. 铁道知识,2005,5(4):18-21.

[3] 冯凯. 城市智能交通系统的发展现状与趋势 [J]. 环球市场信息导报,2017(1):111-112.

[4] 王晓原,孙锋. 智能交通系统 [M]. 成都:西南交通大学出版社,2018.

[5] 陆化普. 城市群交通一体化面临的课题和挑战 [J]. 中国水运,2016,37(5):10-11.

[6] 陆化普. 对智能交通系统的理解与分析 [J]. 人民公交,2014(9):42-45.

[7] DIMITRAKOPOULOS G, DEMESTICHAS P. Intelligent transportation systems [J]. IEEE vehicular technology magazine,2010,5(1):77-84.

[8] 阮帅帅,高华. ITS发展现状及对策研究 [J]. 汽车零部件,2014(11):44-45.

[9] 王笑京. 智能交通的可持续发展 [J]. 中国公路,2017(3):53-54.

[10] 王笑京,程世东. 中国智能交通系统发展迎来新机遇 [J]. 中国公路,2016(17):54-55.

[11] 陆化普. 我国大都市圈和城市群发展的现状与课题 [J]. 中国国情国力,2017(9):9-13.

[12] WILLIAMS B. Intelligent transportation systems [J]. Proceedings of SPIE - the international society for optical engineering,2018,5(4):63-67.

[13] 史天运,张洪宇,贾利民. 日本铁路智能运输系统(RITS):CyberRail框架及研究现状 [J]. 中国铁道科学,2003,24(6):82-88.

[14] 李平,张莉艳,杨峰雁,等. 国外铁路智能运输系统研究现状及分析 [J]. 中国铁道科学,2003,24(4):12-17.

[15] 贾利民,聂阿新,王富章. 铁路智能运输系统:现状、挑战与发展 [J]. 交通运输系统工程与信息,2001,1(3):207-211.

[16] 李平,张莉艳,贾利民,等. 铁路智能运输系统的研究 [J]. 中国铁道科学,2004,25(1):62-66.

[17] 王卓，贾利民，王艳辉，等．铁路智能运输系统结构设计方法［J］．中国铁道科学，2006，27（2）：116－119．

[18] 贾利民，李平，聂阿新．新一代的铁路运输系统：铁路智能运输系统［J］．交通运输工程与信息学报，2003（1）：81－86．

[19] 贾利民，秦勇，李平．新一代轨道交通智能运输系统总体框架与关键技术［J］．中国铁路，2015（4）：14－19．

[20] 孙智源，陆化普，张晓利，等．城市交通控制与诱导协同的双层规划模型［J］．东南大学学报（自然科学版），2016，46（2）：450－456．

[21] 陆化普．城市交通系统的智能化：关键技术与发展展望［J］．综合运输，2012（3）：11－16．

[22] 陆化普，孙智源，屈闻聪．大数据及其在城市智能交通系统中的应用综述［J］．交通运输系统工程与信息，2015，15（5）：45－52．

[23] 王东柱，杨琪，王笑京．物联网交通领域应用标准体系研究［J］．交通运输研究，2015（5）：1－8．

[24] 于革，贾利民，秦勇，等．城市轨道交通应急处置决策支持系统研究［J］．铁路计算机应用，2013，22（7）：40－43．

[25] 肖雪梅，王艳辉，贾利民．轨道交通路网运营安全评估与预警系统设计［J］．综合运输，2013（8）：61－68．

[26] 周慧娟，贾利民，李红艳，等．检测数据全息可视化系统设计与实现［J］．铁道运输与经济，2013，35（1）：17－23．